STUDIEN ÜBER AUFGABEN DER FERNSPRECHTECHNIK

Von Max Langer

Abteilungs-Direktor der Siemens & Halske AG
Berlin-Siemensstadt

3. Teil

WÄHLERZAHLBERECHNUNG

2. Auflage

MÜNCHEN UND BERLIN 1943

VERLAG VON R. OLDENBOURG

Vorwort

Es hat sich als zweckmäßig erwiesen, die Studien über die Berechnung der Ausrüstung von Fernsprechanlagen als besonderen Teil herauszugeben weil sie sowohl für den Ortsverkehr als auch für den Fernverkehr gelten und weil sie immer umfangreicher werden. In diesem Teil sollen alle gesammelten Erfahrungen der Praxis und alle wertvollen Ergebnisse der Messungen des Fernsprechverkehrs unter Mitbenutzung der schon bekannten Werte untersucht und geordnet werden, und es wird auf Grund der Ergebnisse ein Vor schlag für eine Vereinfachung des Berechnungsverfahrens abgeleitet. Dabei soll eine genauere Berechnung der Ausrüstung unter Ersparung von Aufwand und Arbeit bei Verminderung der Fehlerquellen erreicht werden. Alle Berechnungen sollen sich auf den mittleren Verkehrswert einer großen Gruppe stützen. Es wird sich empfehlen, dieses Verfahren zu prüfen und gegebenenfalls künftig anzuwenden. Der Einfluß der zukünftigen Entwicklung, wie die Einführung der Gemeinschaftsumschalter und der Nachrichtenstellen, die Ausbreitung des Selbstwählfernverkehrs und des Wählerbetriebes über Fernleitungen, auf die Ausnutzung der Wählerämter wird gezeigt. Diese Entwicklung ist bei der Berechnung zu berücksichtigen. Für die Berechnung der Wählerausrüstung des Fernverkehrs wird der Beweis erbracht, daß dieselben Berechnungsverfahren wie im Wählerortsverkehr angewendet werden können.

Berlin, April 1942.

Der Verfasser.

Inhaltsverzeichnis

.

Einleitung

Die Größe der Ausrüstung einer Fernsprechanlage hängt hauptsächlich von der Zahl der Anschlüsse, von der Größe des Verkehrs und von der Betriebsgüte ab. Die Zahl der Anschlüsse ist eine durch den Umfang der Anlage gegebene Größe, bei der nur die vorzusehenden Reserven, die die künftige Entwicklung bei der jeweiligen Erweiterungsmöglichkeit der Anlage berücksichtigen müssen, festzulegen sind. Der Verkehr dagegen mit seinen vielen Schwankungen ist recht schwierig zu beurteilen und erfordert deshalb ein eingehendes Studium, bei dem die Erfahrungen der Praxis ausreichend zu verwerten sind. Die Betriebsgüte, mit der die Anlage arbeiten soll, ist ebenfalls sehr wichtig und muß mit ihren Einflüssen genau erkannt werden. Bevor daher die Berechnung der Ausrüstung einer Fernsprechanlage in Angriff genommen werden kann, sind die Einflüsse des Verkehrs mit seinen Faktoren und den vielen Schwankungen zu erforschen und zahlenmäßig zu erfassen, auch der Einfluß der Betriebsgüte ist zu untersuchen.

Der Fernsprechverkehr zeigt allgemein ein ganz eigenartiges Verhalten. Er schwankt stark und vollkommen willkürlich, so daß zunächst irgendeine Gesetzmäßigkeit aus seinem Verhalten gar nicht zu erkennen und abzuleiten ist. Wenn man sich mit dem Verkehr in den Fernsprechanlagen näher befaßt, so findet man, daß nicht nur der Verkehr, sondern auch die Leistung der Betriebsmittel willkürlich und scheinbar regellos schwankt. Alle Faktoren des Verkehrs und alle seine Wege, durch die er verläuft, sind diesen Schwankungen ausgesetzt. Um aus diesen Schwankungen eine Gesetzmäßigkeit abzuleiten, muß man den Verkehr messen, in Einheiten ausdrücken und die Ergebnisse in bestimmter Weise ordnen, wobei die richtige Ordnung für die Erkenntnisse der Schwankungen von der größten Wichtigkeit ist.

Der Verkehr einer Anlage, eines Amtes, eines Teiles eines Amtes, einer Gruppe oder eines Anschlusses wird allgemein in Belegungsstunden gemessen und als Verkehrswert dieser Anlage, dieses Amtes, dieser Gruppe oder dieses Anschlusses angegeben. Vielfach wird der Verkehr auch in Belegungszahlen mitgeteilt, die den Belegungsstunden gleichwertig sind und sich nur durch einen gleichbleibenden Faktor, der mittleren Belegungsdauer, unterscheiden. Wird der Verkehr in Gesprächszahlen mit mittlerer Gesprächsdauer angegeben, so müssen diese Werte in Belegungswerte umgerechnet werden, weil sich die Größe der Ausrüstung nach Belegungswerten, die alle Belegungen umfassen, und nicht nach Gesprächswerten richtet. Da die Größe der Ausrüstung einer Anlage von dem Verkehr der Hauptstunde, die den größten Verkehr des Tages führt und auch Hauptverkehrsstunde, HVSt genannt wird, abhängt, beansprucht die HVSt mit ihrem Verkehr das weitaus größte Interesse. Die Belegungsstunden der HVSt werden in Verkehrseinheiten, VE, gemessen und angegeben. Eine VE ist daher eine Belegungsstunde in der HVSt. Die HVSt tritt nicht zu einer bestimmten Tageszeit auf, sondern schwankt und fällt in verschiedene Zeiten. Diese Zeiten erstrecken sich aber nicht über den ganzen Tag, sondern liegen in der weitaus größten Zahl der Fälle in der Vormittagszeit von 8 bis 12 Uhr, die deshalb auch als Hauptverkehrszeit bezeichnet wird. Die HVSt fällt in diese Zeit und kann sowohl von 8 bis 9 als auch von 11 bis 12 Uhr oder in den Zwischenzeiten, z. B. 9^{10} bis 10^{10} Uhr, liegen. Der Verkehrswert der HVSt wird daher in VE, derjenige irgendeiner anderen Zeit, deren Dauer bezeichnet werden muß, z. B. während des Tages über 24 Stunden, in Belegungsstunden angegeben.

Der Verkehrswert der HVSt, W, setzt sich aus den Faktoren C, t_m und k zusammen. C (call) bedeutet die Zahl der Belegungen je Tag eines Amtes, einer Gruppe oder eines Anschlusses, c die Zahl der Belegungen in der HVSt irgendeiner dieser Gruppen, t (time) die Zeitdauer einer Belegung, t_m die mittlere Zeitdauer aller Belegungen und k die Konzentration, das ist das Verhältnis des Verkehrs der HVSt zum Tagesverkehr. Ein beliebiger Verkehr berechnet sich aus $C \cdot t_m$ in Belegungsstunden während irgendeiner Zeit, der Verkehrswert der HVSt berechnet sich zu $W = C \cdot t_m \cdot k = c \cdot t_m$ in VE, denn $c = C \cdot k$.

Wie der Verkehr mit seinen Faktoren gemessen und die Gesetzmäßigkeiten desselben daraus abgeleitet, erfaßt und trotz der großen Schwankungen in genauen Zahlen ausgedrückt werden, soll zunächst in den nachfolgenden Abschnitten behandelt werden. In weiteren Abschnitten wird dann die Bedeutung der Betriebsgüte untersucht sowie die Verkehrswertberechnung und die damit zu ermittelnde Wählerzahl bei einer gewissen Betriebsgüte gezeigt, wobei ein vereinfachtes Verfahren empfohlen wird. Die Bildung großer vollkommener und unvollkommener Bündel sowie die Bedeutung verschiedener Verkehrsarten werden erläutert und deren Berechnung angegeben.

1. Die Messung und Auswertung des Verkehrs

Es ist zunächst zweckmäßig, festzulegen, was eigentlich gemessen werden soll. Zur Beurteilung des Verkehrs ist die Kenntnis der Grundgrößen desselben, das sind C, t_m und k oder nur c und t_m einer ganzen Anlage, einer Gruppe derselben oder von Anschlüssen notwendig. Weiter ist die Kenntnis erforderlich, wie sich dieser Verkehr verteilt und wie die gegenseitigen Beziehungen der Teile einer Anlage zueinander sich verhalten. Außerdem muß man wissen, ob und welche Verluste oder Wartezeiten bei allen diesen Beobachtungen aufgetreten sind. Alle diese Messungen und Beobachtungen sind von Interesse und daher auszuführen.

Der Verkehr wird grundsätzlich in Belegungsstunden, am zweckmäßigsten mit schreibenden Strommessern gemessen. Jedem Verbindungsglied einer zu messenden Gruppe wird ein eigener Stromkreis mit einem bestimmten Widerstand und bei gleicher Spannung, daher gleichem Strom, zugeteilt, der beim Belegen geschlossen und am Schluß der Belegung wieder geöffnet wird, so daß der bestimmte Strom während der Belegung fließt. Die Belegungsströme aller Verbindungsglieder der zu messenden Gruppe werden gemeinsam über den Strommesser geleitet, der aber durch nur geringen Widerstand keine Rückwirkung auf die Einzelströme ausüben darf. Der Strom über den Strommesser ist dann proportional der Zahl der belegten Verbindungsglieder. Es ergibt sich ein Stromdiagramm, aus dem die Gesamtbelegungsstunden dieser Gruppe für jede beliebige Zeit ausplanimetriert werden können. Aus diesem Diagramm kann auch die Zahl der Belegungen, wenn die Angabe des Strommessers nicht zu klein ist, ausgezählt und auch

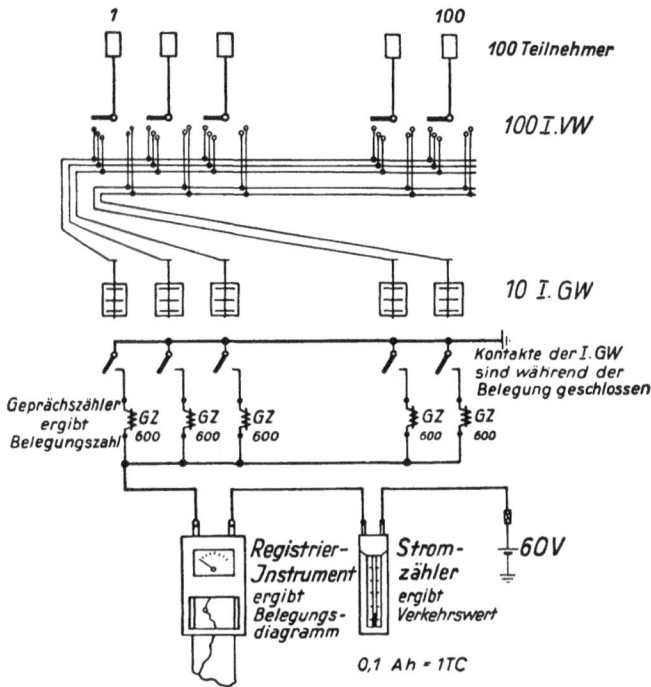

Abb. 1. Messung des Verkehrs von 100 Teilnehmern, denen zehn I. GW fest zugeordnet sind.

die HVSt ersehen werden, die den größten Verkehr innerhalb einer Stunde umfaßt. Ist die einzelne Angabe des Strommessers bei großen Gruppen zum Auszählen der Belegungen zu klein, so müssen noch besondere Belegungszähler vorgesehen werden, die aber in kurzen Zwischenräumen abzulesen sind, weil die Lage der HVSt vor der Messung nicht bekannt ist. Wegen des kurzzeitigen Ablesens sind die Belegungszähler etwas unbequem. Man

9

erhält C, c und die gesamten Belegungsstunden $C \cdot t_m$ und $c \cdot t_m$ und kann daraus

$$t_m = \frac{C \cdot t_m}{C} = \frac{c \cdot t_m}{c}$$ berechnen. Man erhält k, wenn die Belegungsstunden der HVSt durch die Belegungsstunden des gesamten Tagesverkehrs dividiert werden. $k = \dfrac{c \cdot t_m \ (\text{HVSt})}{C \cdot t_m \ (\text{V 24 St})}$. In gleicher Weise können jede Gruppe, jede Richtung und die ganze Anlage gemessen und die einzelnen Werte bestimmt werden, wobei aber auf etwaige Verluste zu achten ist, die an den Wählern der vorhergehenden Stufe auftreten. Diese Verluste werden an durchdrehenden Wählern erkannt, die keine freien Verbindungsglieder der nächsten Stufe finden konnten. Auch diese Verluste müssen mit der Zeit ihres Auftretens aufgeschrieben werden.

Abb. 1 zeigt die Anordnung des schreibenden Strommessers mit den einzelnen Stromkreisen der Verbindungsglieder. Belegungszähler sind ebenfalls dargestellt wie auch ein gemeinsamer Stromzähler, der die Gesamtbelegungsstunden ersehen läßt. Bei den Zählern ist die kurzzeitige Ablesung, wie schon angegeben, erforderlich.

Abb. 2 zeigt das erhaltene Stromdiagramm eines 10er-Bündels mit der Auswertung der HVSt von Minute zu Minute. In gleicher Weise können alle Diagramme ausgewertet und daraus die Zahl der Belegungen, die Verkehrswerte und die mittlere Belegungsdauer errechnet werden.

Alle Gruppen einer Anlage können in dieser Weise ausgewertet und daraus alle wünschenswerten Angaben, wie auch die gegenseitigen Beziehungen der Ämter, abgeleitet werden.

Man kann auch zur Verkehrsmessung Belegungs- und Zeitzähler je Verbindungsglied verwenden, wie Abb. 3 zeigt. Die Zeitzähler sind über einen gemeinsamen Sekundenkontakt geführt und zählen daher die Belegungszeit in Sekunden. Da man vorher nicht die Lage der HVSt kennt, sind alle Zähler kurzzeitig abzulesen. Aus diesen Angaben können dann die Faktoren des Ver-

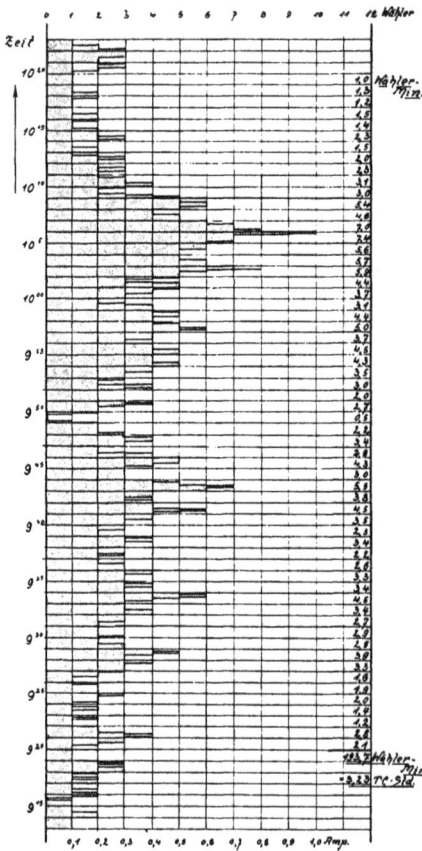

Abb. 2. Belegungsdiagramm von zehn 1. GW einer Hundertergruppe.

kehrswertes ermittelt werden. Das kurzzeitige Ablesen der Zähler ist unbequem, worauf schon hingewiesen wurde.

Es sind auch Mehrfachschreiber für diesen Zweck entwickelt worden, bei denen 10, 20 oder noch mehr Elektromagnete mit Schreibfedern auf einem gemeinsamen, breiten, entsprechend der Zeit bewegten Papierstreifen Linien zeichnen. Die Elektromagnete sind an Stelle der Belegungszähler eingeschaltet und schreiben während der Dauer der Belegung. Aus dem erhaltenen Strichdiagramm können ebenfalls alle Werte ersehen und ausgewertet

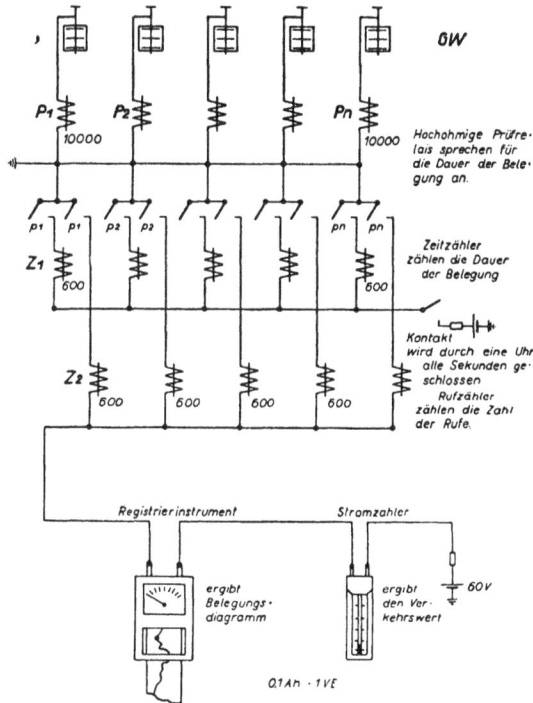

Abb. 3. Verkehrsmessung an GW großer Gruppen.

werden. Auch diesem Mehrfachschreiber gegenüber ergibt der Stromschreiber ein übersichtlicheres Bild, das den Gleichzeitigkeitsverkehr und die HVSt leichter erkennen läßt. Abb. 4 zeigt die Meßanordnung mit Strichschreiber, deren Schreibmagnete über hochohmige Relais durch Stöpsel an die zu messenden Wähler angeschaltet werden.

Es sind viele Verfahren zur Messung des Verkehrs entwickelt worden, wovon sich das zuerst mitgeteilte Verfahren als zweckmäßig ergeben hat. Es bringt eine bleibende Aufzeichnung des Verkehrs, aus der jederzeit die gewünschten Angaben abgeleitet werden können.

Gemessen wird zweckmäßig der Verkehr der HVSt einer großen, möglichst 2000er-Gruppe, weil dabei die zutreffenden Mittelwerte erhalten werden.

Da die HVSt in den weitaus meisten Fällen in die Hauptverkehrszeit von 8 bis 12 Uhr fällt, wird die Messung während dieser Zeit ausgeführt. Man erhält die HVSt und kann die Werte der einzelnen Faktoren daraus ableiten. Zur Bestimmung der Konzentration ist neben der HVSt der betreffende Tagesverkehr zu messen. Wenn die erhaltenen Werte Anspruch auf Zuverlässigkeit haben sollen, so müssen sie als Mittelwerte aus sehr vielen Messungen wirklicher HVSt abgeleitet werden. Als beste Grundlage für die Bestimmung der Ausrüstung einer Anlage ist der mittlere Verkehrswert der HVSt einer 2000 er-Gruppe anzusehen.

Wenn derartige Verkehrsmessungen ausgeführt und ausgewertet werden, so erhält man eine große Zahl von vollkommen ungeordneten, stark schwankenden Verkehrswerten, aus denen zunächst nichts Besonderes zu ersehen ist. Erst die Ordnung dieser Verkehrswerte in bestimmter Weise läßt eine Gesetzmäßigkeit erkennen. Wichtig ist, zur Beurteilung die richtige Ordnung zu finden, wie es in den nachfolgenden Abschnitten gezeigt werden wird.

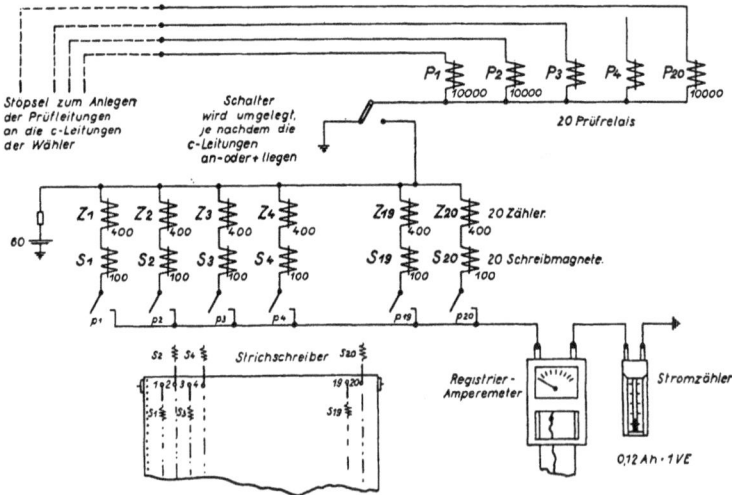

Abb. 4. Verkehrsmessung mit Strichschreiber.

2. Die Schwankungen des Verkehrs und der Leistung der Betriebsmittel

Der Fernsprechverkehr mit allen seinen Faktoren c, t und k unterliegt bekanntlich, wie alle anderen Verkehrsmittel, erheblichen Schwankungen, die zunächst leicht, z. B. durch schreibende Geräte, zu messen und gut darzustellen sind, weil es sich um eine einzige Art von Schwankungen handelt. Diese allgemeinen Verkehrsschwankungen sind abhängig von der Zeit, z. B. von der Stunde, dem Tag oder Monat, von ruhigen und bewegten Zeiten usw. Schwierig werden Messung, Darstellung und Beurteilung der Schwankungen

12

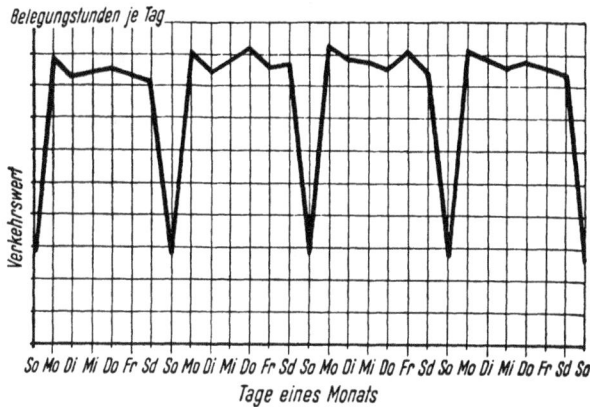

Abb. 5. Schwankungen des Verkehrs einer Fernsprech-Wähleranlage
im Verlauf eines Monats.

erst, wenn die ermittelten Verkehrswerte mit den dafür erforderlichen Betriebsmitteln in den Wählerämtern in Verbindung gebracht werden sollen,
weil dann zu den Verkehrsschwankungen noch Schwankungen besonderer
Art hinzukommen. In den Wählerämtern schwankt nicht nur der Verkehr,
sondern es schwanken auch die Leistung der Betriebsmittel, die Gefahrzeit und
die Verluste, wodurch das Verständnis der Schwankungen erheblich erschwert
wird. Erst das Zusammenwirken der Schwankungen, das nicht einfach darzustellen ist, bringt die Schwierigkeit. Auf die Schwankungen des Verkehrs
und der Leistung der Betriebsmittel hat ferner die Größe der Gruppen und
damit die Größe des Verkehrs einen Einfluß, wie später nachgewiesen werden
wird. Da aber in den weitaus meisten Fällen der Verkehr mit der Größe der
Gruppen wächst, spricht man gewöhnlich von dem Einfluß der Gruppen-

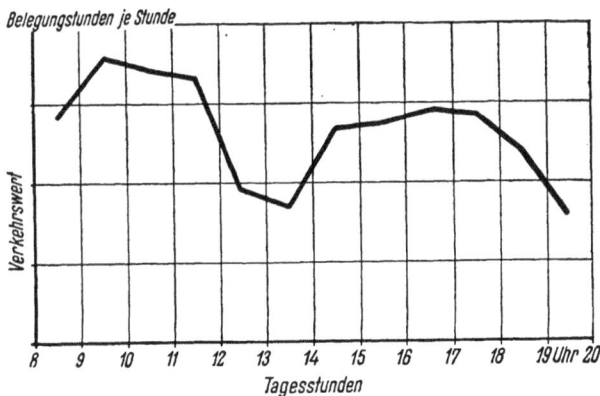

Abb. 6. Schwankungen des Verkehrs einer Fernsprech-Wähleranlage
im Verlauf eines Tages.

13

größe, meint dabei aber strenggenommen den Einfluß des der Gruppengröße entsprechenden Verkehrs.

Bei der Beurteilung der Schwankungen muß man besondere Einflüsse ausschalten, wie z. B. den Verkehr von Münzfernsprechern oder sonstigen überlasteten Anschlüssen; denn dieser Verkehr unterliegt nicht mehr dem reinen Zufall, da Wartezeiten der Sprechgäste von mitunter erheblicher Dauer einen Ausgleich des Verkehrs herbeiführen. Es ist sehr interessant und nützlich, die Verkehrsschwankungen und die Schwankungen der Leistung der Betriebsmittel in den einzelnen Gruppen getrennt und gemeinsam zu untersuchen, weil sie in der hier angewendeten Betrachtungsweise noch nicht so bekannt sind; gleichzeitig werden dadurch Beweise für bestehende Erkenntnisse erbracht.

Abb. 5 zeigt zunächst die einfache Schwankung des Gesamtverkehrs einer Fernsprech-Wähleranlage über einen Monat in Belegungsstunden je Tag. Aus der Schaulinie kann man deutlich den Einfluß der verschiedenen

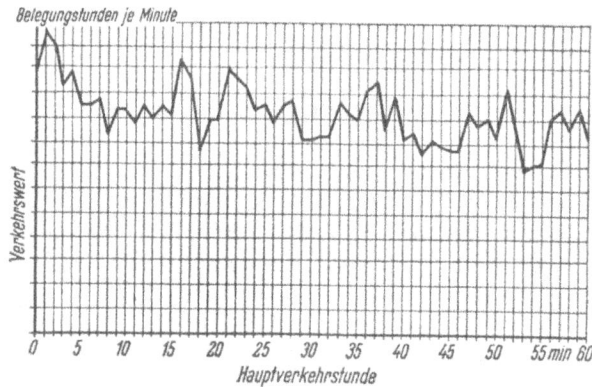

Abb. 7. Schwankungen des Verkehrs einer Fernsprech-Wähleranlage in einer Hauptverkehrsstunde.

Tage auf die Größe des Verkehrs ersehen. Gewöhnlich tritt sonntags der kleinste und montags der größte Verkehr auf. Zur Wochenmitte fällt der Verkehr ab und steigt mitunter am Ende der Woche wieder an. Abb. 6 zeigt den Verkehr einer Fernsprech-Wähleranlage während eines Tages in Belegungsstunden je Stunde. Aus der Kurve können wieder die Schwankungen des Verkehrs in den einzelnen Stunden ersehen werden. Am Vormittag ist der Verkehr am stärksten, über Mittag fällt er stark ab, am Nachmittag steigt er wieder an, ohne aber den Vormittagswert zu erreichen. Das sind allgemeine Merkmale des Tages- und Stundenverkehrs, die sich stets wiederholen. Abb. 7 zeigt die Schwankungen des Verkehrs innerhalb einer HVSt in Belegungsstunden je Minute. Die HVSt ist dadurch bestimmt, daß sie den größten Verkehrswert von 60 hintereinander liegenden Verkehrsminuten umfaßt. Der Verkehr der HVSt ist schon sehr ausgeglichen und zeigt sonst keine weiteren Merkmale.

14

Da sich die erforderlichen Betriebsmittel stets nach dem Verkehr in der stärksten Stunde richten müssen, wird ganz allgemein der Verkehr der HVSt allen Untersuchungen und Berechnungen zugrunde gelegt. Es beziehen sich daher alle nachfolgenden Untersuchungen auf die HVSt. Die Messung und Beurteilung aller dieser Schwankungen sind, wie schon erwähnt, verhältnismäßig einfach, weil es sich nur um eine Art von Schwankungen handelt, die leicht in Kurven darzustellen ist, wie aus den bisherigen Schaubildern ersehen werden kann.

Ist der Gesamtverkehr einer Anlage in der HVSt bekannt, so muß daraus der Verkehr der einzelnen Gruppen ermittelt werden; denn eine Fernsprechanlage ist in viele Gruppen unterteilt. Ein Amt mit 10 000 Teilnehmern umfaßt etwa 250 Gruppen, die aber teilweise gleichartig sind. Die Schwankungen des Verkehrs und der Leistung der Betriebsmittel richten sich nach dem Verkehr je Gruppe. Man muß daher den Verkehr und die jeweilige Wählerleistung je Gruppe untersuchen. Zunächst sollen kleine, dann große Gruppen, in allen Fällen aber soll die Leistung der Betriebsmittel nur in vollkommenen Bündeln untersucht werden.

HVSt	Verkehrswerte in VE in den 100er-Gruppen										Summe
	1	2	3	4	5	6	7	8	9	10	
1.	1,27	1,67	1,60	2,07	**2,32**	2,54	1,54	1,98	2,13	2,60	19,72
2.	1,87	1,75	1,86	1,94	2,00	2,44	1,52	1,88	1,88	2,57	19,71
3.	1,72	**1,30**	2,18	2,31	1,46	1,86	2,50	1,99	1,85	2,02	19,19
4.	2,12	1,37	**3,01**	1,63	1,38	2,43	1,94	**1,17**	1,58	1,81	18,44
5.	1,05	1,35	2,23	1,75	1,19	**1,51**	**2,85**	2,36	2,83	**3,65**	20,77
6.	**1,02**	1,67	**1,40**	**3,42**	1,01	2,00	2,11	2,34	**2,84**	2,51	20,32
7.	**2,93**	1,90	1,79	2,14	1,96	2,25	2,05	1,92	1,92	2,45	21,31
8.	1,19	1,75	2,24	2,08	1,60	**2,55**	2,18	2,70	2,36	2,77	21,42
9.	2,31	1,39	2,60	**1,59**	1,43	2,25	**1,30**	**3,10**	**1,29**	**1,47**	18,73
10.	1,46	1,36	2,11	3,14	1,61	2,31	1,99	1,50	2,35	1,79	19,62
11.	1,58	2,20	1,66	2,85	1,77	2,13	1,82	1,71	1,46	1,58	18,76
12.	1,29	**2,49**	1,64	2,89	1,39	2,45	1,82	1,96	1,48	1,53	18,94
Mittelwerte	1,65	1,68	2,02	2,32	1,59	2,22	1,97	2,05	2,00	2,22	19,72

Tafel 1.
Verkehrswerte einer 1000er-Gruppe mit 10 Untergruppen in 12 Hauptverkehrsstunden in VE.

In Tafel 1 ist der Verkehr von 10 verschiedenen 100er-Gruppen in 12 HVSt, die sich auf die gesamte große Gruppe beziehen, angegeben. Aus diesen vielen Werten, die ganz unregelmäßig und willkürlich verteilt sind, ist zunächst keine Gesetzmäßigkeit zu erkennen. Zur Beurteilung muß man die einzelnen Werte der Größe nach ordnen und zu Kurven zusammensetzen. Durch Ordnen von vielen HVSt erhält man eine regelmäßige

Schwankungslinie, zu deren Beurteilung und zum Vergleich mit anderen Schwankungskurven der Begriff „wahrscheinliche Abweichung" eingeführt ist, deren Ableitung Abb. 8 erkennen läßt. Die wahrscheinliche Abweichung wird gebildet aus dem halben Unterschied der Werte bei 75% und 25% der Beobachtungen. In allen dafür in Betracht kommenden Schau-

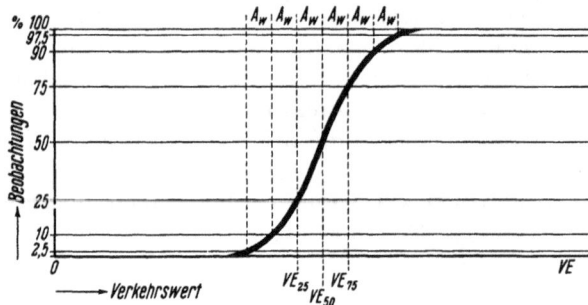

Abb. 8. Schwankungsuntersuchungen.
A_w = wahrscheinliche Abweichung.

bildern sind zu diesem Zweck die Linien bei 25% und 75% durchgezogen wodurch die Werte leicht ablesbar sind. Man erhält daher die wahrscheinliche Abweichung A_w aus:

$$A_w = \frac{VE_{75} - VE_{25}}{2} \text{ in VE.}$$

Da nun diese Werte für verschieden große Mittelwerte von VE verschieden sind, muß man, um Vergleichsgrundlagen zu schaffen, „Bezugsabweichungen" zu den Mittelwerten bilden. Die Bezugsabweichung B_a ergibt sich aus:

$$B_a = \frac{A_w}{VE_{50}} \cdot 100 \qquad \text{in } \%;$$

sie stellt also den, Vomhundertsatz der Schwankungen, bezogen auf den Mittelwert dar. Diese Bezugsabweichungen sind unmittelbar miteinander vergleichbar. Zur Beurteilung der Schwankungen gehören aber sehr viele Messungen, wenn das Ergebnis Anspruch auf allgemeine Bedeutung haben soll. Den nachstehenden Untersuchungen liegen mehrere 1000 Messungen von HVSt vieler Gruppen zugrunde, bei denen keine Verkehrsverluste, die die Ergebnisse beeinflussen könnten, auftraten. Trotz der vorliegenden zahlreichen Messungen würden manche der nachfolgenden Kurven noch ausgeglichener sein, wenn weitere Beobachtungen zur Verfügung gestanden hätten.

In Abb. 9 sind zunächst die Schwankungen der Verkehrswerte in den HVSt von fünf verschiedenen 100er-Gruppen, d. s. Gruppen mit je 100 Teilnehmern, aus einer großen Zahl von Beobachtungen der Größe nach geordnet und in Kurven aufgezeichnet. Man ersieht daraus, daß die zunächst scheinbar ganz willkürlichen Schwankungen doch bestimmten Gesetzen folgen und daß

16

sie bei den verschiedenen Gruppen überraschend gleichmäßig sind. Es geht daraus weiter hervor, daß der Verkehr um einen bestimmten Mittelwert bei 50% der Beobachtungen regelmäßig schwankt. Die aus den Messungen errechneten Mittelwerte sind in Abb. 9 für die verschiedenen Kurven besonders angegeben. Aus den Kurven ergibt sich unter anderem: In der ersten

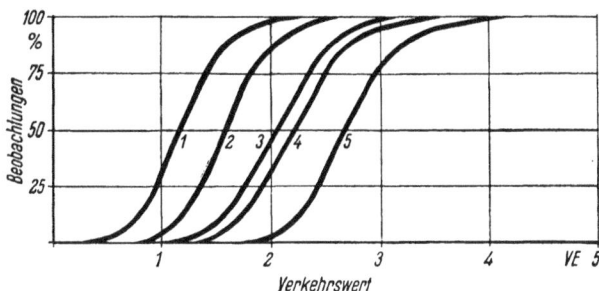

Abb. 9. Schwankungen des Verkehrswertes von 100er-Gruppen in den Hauptverkehrsstunden.

Gemessener Verkehrswert bei 50% der Beobachtungen in Gruppe 1 = 1,22 VE,
,,   ,,   ,, 50% ,,   ,,   ,, ,, 2 = 1,63 VE,
,,   ,,   ,, 50% ,,   ,,   ,, ,, 3 = 2,12 VE,
,,   ,,   ,, 50% ,,   ,,   ,, ,, 4 = 2,28 VE,
,,   ,,   ,, 50% ,,   ,,   ,, ,, 5 = 2,73 VE.

Gruppe haben bis 25% der Beobachtungen einen Verkehrswert von etwa 0,95 VE bzw. Belegungsstunden je Hauptverkehrsstunde und weniger, in der fünften Gruppe bis 75% der Beobachtungen einen solchen von etwa 2,95 VE und weniger.

Die wahrscheinlichen Abweichungen der Kurven 1 bis 5 schwanken zwischen 0,22 und 0,28 VE.

Die Bezugsabweichungen haben für die Kurven den Wert $B_a = 19\%$, 15%, 14%, 12% und 10%, d. h. die wahrscheinlichen Abweichungen betragen demnach etwa 19...10% des jeweiligen Mittelwertes. Mit zunehmender Größe des Verkehrs werden die Bezugsabweichungen und damit die relativen Schwankungen kleiner.

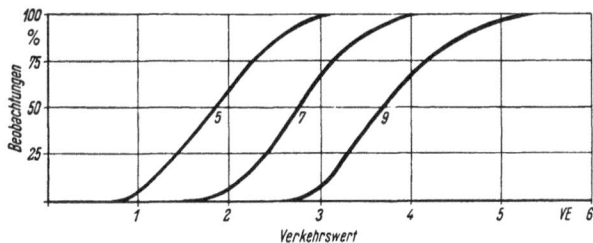

Abb. 10. Schwankungen der Wählerleistung kleiner Gruppen in den Hauptverkehrsstunden bei gleicher Wählerzahl.

5 = Schwankungen der Wählerleistung bei 5 Wählern,
7 =   ,,   ,,   ,,   ,, 7 ,, ,
9 =   ,,   ,,   ,,   ,, 9 ,, .

Neben diesen Schwankungen des Verkehrs treten aber noch andere Schwankungen auf, wenn zu den Verkehrswerten die erforderlichen Betriebsmittel, also die Zahl der Wähler oder Leitungen, betrachtet werden sollen; denn für einen bestimmten Verkehrswert werden nicht immer die gleichen Wählerzahlen benötigt. Die erforderliche Wählerzahl für einen bestimmten Verkehr schwankt also ebenfalls, wodurch erst die erheblichen Schwierigkeiten für die Erkenntnis auftreten.

Die Schwankungen der Wählerzahl bei gleichem Verkehrswert kann man in Schwankungen der Wählerleistung ausdrücken. In Abb. 10 sind die Schwankungen der Wählerleistung bei gleicher Wählerzahl für 5, 7 und 9 Wähler angegeben. Man ersieht, daß die Wählerleistung etwa schwankt:

bei 5 Wählern von 0,8 bis 3 VE mit einem Mittelwert von 1,85 VE bei 50% der Beobachtungen,

bei 7 Wählern von 1,5 bis 4 VE mit einem Mittelwert von 2,75 VE bei 50% der Beobachtungen,

bei 9 Wählern von 2,5 bis 5,2 VE mit einem Mittelwert von 3,67 VE bei 50% der Beobachtungen.

Die wahrscheinlichen Abweichungen der Kurven schwanken zwischen $A_w = 0,38$ VE und $A_w = 0,42$ VE. Ermittelt man die Bezugsabweichungen, also den Vomhundertsatz der Schwankungen, bezogen auf den Mittelwert, so liegen diese bei den Kurven 5, 7, 9 bei $B_a = 22\%$, 13% und 11%. Die Schwankungen der Wählerleistung bei kleinen Verkehrswerten sind also im Durchschnitt ein wenig größer als diejenigen des Verkehrswertes und nehmen mit wachsendem Verkehr ab. In jeder Gruppe schwankt demnach sowohl der Verkehr als auch die Wählerleistung.

Um weiter die Beziehungen zwischen Verkehrswerten und erforderlichen Wählerzahlen zu untersuchen, müssen auch die zusammengesetzten Schwankungen, also die Schwankungen der Verkehrswerte bei schwankenden Wählerleistungen, aufgezeichnet werden. Da hier zwei Schwankungen zusammentreffen, kann keine einfache Kurve entstehen.

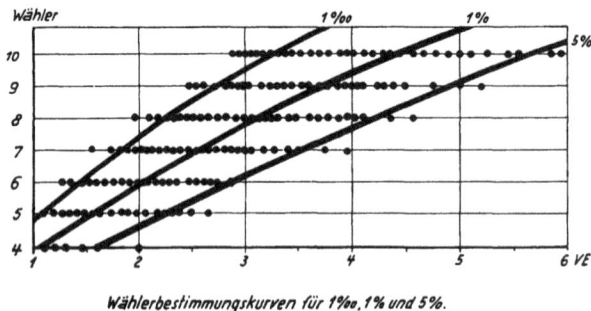

Wählerbestimmungskurven für 1‰, 1% und 5%.

Abb. 11. Schwankungen des Verkehrswertes und der Wählerleistung kleiner Gruppen in den Hauptverkehrsstunden mit Wählerbestimmungskurven für $1^0/_{00}$, $1^0/_0$ und $5^0/_0$ Verlust.

18

In Abb. 11 sind die beobachteten HVSt als Punkte eingetragen, und zwar die jeweils in den HVSt erforderliche Wählerzahl der 100er-Gruppen in Abhängigkeit von dem gemessenen Verkehrswert der betreffenden HVSt. Es ergibt sich auf jeder Wählerlinie ein großes Streufeld von HVSt, mit dem zunächst nichts anzufangen ist. Ferner ist die Häufigkeit der HVSt je Meßpunkt aus diesem Schaubild nicht zu ersehen, weil zum Teil viele Punkte aufeinander oder dicht nebeneinander liegen, so daß sie zeichnerisch nicht darzustellen sind; sie kann aus Abb. 10 ersehen werden. Würde man aus den Meßpunkten eine Schwerlinie bilden, so sagt diese Schwerlinie in bezug auf die Betriebsgüte ebenfalls nichts aus. Man muß eine Linie, um sie für die Wählerzahlberechnung verwerten zu können, als Begrenzung der Wählerzahl so legen, daß auf die Gesamtbeobachtungen bezogen ein bestimmter Verlust an Belegungen ablesbar ist. In dieser Weise sind zunächst die bekannten Wählerbestimmungskurven ermittelt worden, die später dann durch zahlreiche Beobachtungen der wirklichen Verluste bestätigt wurden. In Abb. 11 sind diese Wählerbestimmungskurven für $1^0/_{00}$, $1^0/_0$ und $5^0/_0$ Verlust in das Streufeld eingezeichnet, und es ist zunächst ohne weiteres ersichtlich, daß sie wahrscheinlich diesen Bedingungen entsprechen werden.

Eine überschlägige Prüfung ergibt folgendes: Jede HVSt von 2 bis 5 VE umfaßt etwa 100 bis 200 Belegungen, so daß bei $1^0/_{00}$ Verlust jede 5. bis 10. HVSt, bei $1^0/_0$ Verlust jede HVSt mit kleinen Verlusten, bei $5^0/_0$ Verlust dagegen jede HVSt mit verhältnismäßig großen Verlusten behaftet ist; dabei soll noch darauf hingewiesen werden, daß im Durchschnitt in diesen Gruppen in jeder 18. bis 36. Sekunde eine neue Belegung vorkommt. Man kann nun die Frage aufwerfen, welche Verluste auftreten, wenn z. B. 3 VE $\pm 5^0/_0$ mit einer begrenzten Wählerzahl von 7, 8 oder 9 Wählern geleistet werden sollen. Angenähert kann die Rechnung in folgender Weise durchgeführt werden: Begrenzt man die Wählerzahl auf 9 Wähler, so bringen in dem Bereich von 3 VE $\pm 5^0/_0$ nach den zugrunde liegenden Messungen 5 HVSt, die je 10 Wähler erfordert haben, Verluste, und zwar geht je Stunde mindestens 1 Belegung, zusammen gehen also mindestens 5 Belegungen verloren. Da dies aber die Mindestzahl der Verluste ist, muß mit einem Zuschlag von vielleicht $150^0/_0$ gerechnet werden, also mit einem Verlust von 12 Belegungen. In dem Bereich von 3 VE $\pm 5^0/_0$ sind aber angenähert folgende HVSt gemessen worden, die nicht alle in Abb. 11 eingezeichnet wurden:

5 HVSt benötigten 10 Wähler,

15 ,,   ,,   9 ,,

25 ,,   ,,   8 ,,

15 ,,   ,,   7 ,,

im ganzen also 60 HVSt, die je etwa 120 Belegungen, zusammen also 7200 Belegungen, umfassen. Da 12 Belegungen verlorengehen sollen, wäre das ein Verlust von etwa $1,7^0/_{00}$. Begrenzt man die Wählerzahl auf 8 Wähler, so treten Verluste ein bei den HVSt, die 9 und 10 Wähler erfordert haben, und zwar mindestens je 1 Belegung bei 9 und mindestens je 2 Belegungen bei

10 Wählern; das sind mindestens $5 \cdot 2 + 15 \cdot 1 = 25$ Belegungen, bei einem Zuschlag von 150% also 62 Belegungen; dies ergibt, auf 7200 bezogen, einen Verlust von etwa 0,9%. Begrenzt man die Wählerzahl auf 7 Wähler, so kommen Verluste in den HVSt vor, die 8, 9 und 10 Wähler benötigen, und zwar mindestens je 1 Belegung bei 8 Wählern, mindestens je 2 Belegungen bei 9 Wählern und mindestens je 3 Belegungen bei 10 Wählern; $5 \cdot 3 + 15 \cdot 2 + 25 \cdot 1 = 70$ Belegungen bei 150% Zuschlag ergeben 175 Belegungen und, auf 7200 bezogen, etwa 2,5% Verlust.

Für einen anderen Verkehr läßt sich die Rechnung in gleicher Weise durchführen.

Die Lage der Wählerbestimmungskurven mit ihren zugrunde gelegten Verlusten erscheint demnach richtig.

Das Streufeld läßt die Schwankung der Wählerleistung deutlich ersehen; denn dieselbe Wählerzahl leistet ganz verschiedene VE. Man kann daraus bis zu einem gewissen Grade die Ableitung der Kurven in Abb. 10 erkennen. Abgesehen von sehr wenigen Streupunkten, liegt die weitaus größte Zahl der HVSt-Werte zwischen den Wählerbestimmungskurven von $1^0/_{00}$ und $5^0/_0$; man kann sagen, daß die Wählerbestimmungskurven von $1^0/_{00}$ und $5^0/_0$ die Hauptschwankung der jeweiligen Wählerleistung angeben, wie ebenfalls ein Vergleich mit Abb. 11 bestätigt. Die Wählerbestimmungskurven umfassen also die Schwankungen der Wählerleistung.

Um in der Praxis den Verkehr, die Wählerleistung und die Betriebsgüte einer Wähleranlage genau beurteilen zu können, muß der Verkehr in vielen HVSt gemessen, die jeweils dafür erforderliche Wählerzahl ermittelt und ferner müssen die unter Umständen aufgetretenen Verluste zu der in Betracht kommenden Zeit beobachtet werden.

Der Einfluß der Gruppengröße soll jetzt auf derselben Grundlage bei größeren Gruppen, also stärkerem Verkehr, im Vergleich zu kleineren Gruppen untersucht werden.

Abb. 12 zeigt die Schwankungen des Verkehrswertes großer Gruppen; Kurve 1 stellt die Schwankungen für eine 1000er-Gruppe und Kurve 2 die Schwankungen für eine 2000er-Gruppe dar. Auch hierbei fällt die Regelmäßigkeit der Abweichungen auf.

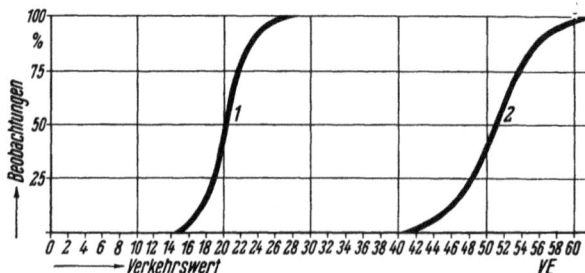

Abb. 12. Schwankungen des Verkehrswertes großer Gruppen in den Hauptverkehrsstunden.

1 = 1000er-Gruppe; gemessener Verkehrswert bei 50% der Beobachtungen = 20 VE,
2 = 2000er-Gruppe; gemessener Verkehrswert bei 50% der Beobachtungen = 51 VE.

Die wahrscheinliche Abweichung der Kurve 1 beträgt etwa $A_w = 1,1$ VE, die der Kurve 2 etwa $A_w = 2,3$ VE. Die Bezugsabweichung der Kurve 1 beträgt etwa $B_a = 5\%$, die der Kurve 2 etwa $B_a = 4\%$. Man findet also bestätigt, daß die Bezugsabweichungen mit zunehmender Größe des Verkehrs kleiner werden. Eine Gegenüberstellung der Kurven kleiner Gruppen in Abb.9 mit denen der Kurven großer Gruppen in Abb. 12 wird dies besonders zeigen:

Abb. 9, Kurve 1: Mittelwert der Messungen = 1,22 VE, Bezugsabweichung $B_a = 19\%$,

Abb. 9, Kurve 2: Mittelwert der Messungen = 1,63 VE, Bezugsabweichung $B_a = 15\%$,

Abb. 9, Kurve 3: Mittelwert der Messungen = 2,12 VE, Bezugsabweichung $B_a = 14\%$,

Abb. 9, Kurve 4: Mittelwert der Messungen = 2,28 VE, Bezugsabweichung $B_a = 12\%$,

Abb. 9, Kurve 5: Mittelwert der Messungen = 2,73 VE, Bezugsabweichung $B_a = 10\%$,

Abb. 12, Kurve 1: Mittelwert der Messungen = 20,0 VE, Bezugsabweichung $B_a = 5\%$,

Abb. 12, Kurve 2: Mittelwert der Messungen = 51,0 VE, Bezugsabweichung $B_a = 4\%$.

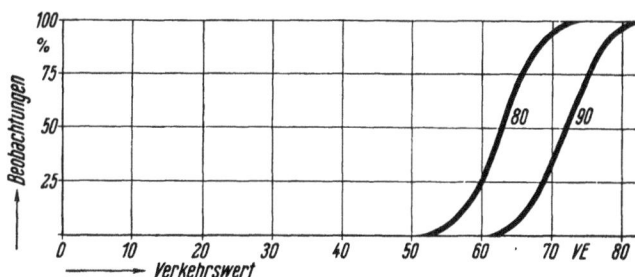

Abb. 13. Schwankungen der Wählerleistung großer Gruppen in den Hauptverkehrsstunden bei gleicher Wählerzahl.

80 = Schwankungen der Wählerleistung bei 80 Wählern,
90 = „ „ „ „ 90 „ .

Mit zunehmender Größe des Verkehrs werden demnach die Schwankungen, bezogen auf den Mittelwert bei 50% der Beobachtungen, kleiner. Je größer daher der Verkehr wird, desto ausgeglichener ist er, was wohl bisher bekannt, aber in dieser Form nicht nachgewiesen worden war.

Die Schwankungen der Wählerzahl bei einem bestimmten Verkehr großer Gruppen, ausgedrückt in Schwankungen der Wählerleistung bei gleicher Wählerzahl, zeigt Abb. 13. Es sind dort die Schwankungen bei 80 und 90 Wählern in Kurven dargestellt. Die Wählerleistung schwankt etwa:

bei 80 Wählern von 54 bis 72 VE mit einem Mittelwert von 63 VE bei 50$^0_0$ der Beobachtungen,

bei 90 Wählern von 62 bis 82 VE mit einem Mittelwert von 72 VE bei 50$^0_0$ der Beobachtungen.

Die wahrscheinliche Abweichung bei 80 Wählern beträgt etwa $A_w =$ 2,5 VE, bei 90 Wählern etwa $A_w = 3$ VE. Die Bezugsabweichung bei 80 Wählern beträgt etwa $B_a = 4^0_0$, bei 90 Wählern ebenfalls etwa $B_a = 4\%$.

Im Vergleich mit den Kurven kleiner Gruppen in Bild 10 findet man folgende Bezugsabweichungen:

Bezugsabweichung bei 5 Wählern $B_a = 22^0_0$ (Abb. 10),

,,   ,, 7   ,, $B_a = 13\%$ (Abb. 10),

,,   ,, 9   ,, $B_a = 11^0_0$ (Abb. 10),

,,   ,, 80 und 90 Wählern $B_a = 4^0_0$ (Abb. 13).

Mit zunehmender Größe des Verkehrs werden daher die Bezugsabweichungen kleiner, und die Schwankungen der Wählerleistung verringern sich

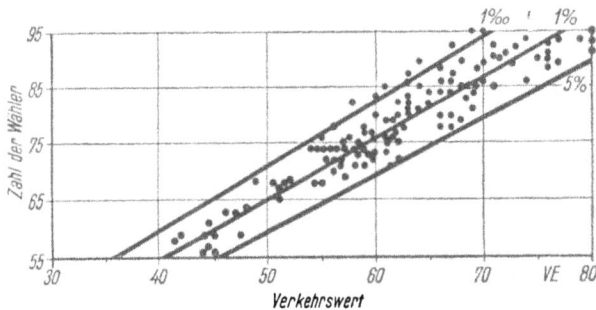

Abb. 14. Schwankungen des Verkehrswertes und der Wählerleistung großer Gruppen in den Hauptverkehrsstunden mit Wählerbestimmungskurven für 1^0_{00}, 1^0_0 und 5^0_0 Verlust.

ebenfalls ganz erheblich. Dabei ist die Schwankungsabnahme der Wählerleistung größer als die Schwankungsabnahme des Verkehrs, d. h. große Gruppen haben, oder besser großer Verkehr hat einen günstigen Einfluß auf die Verkehrschwankungen, einen noch günstigeren aber auf die Schwankungen der Wählerleistung. Auch dieser bereits bekannte Einfluß wird hier bestätigt und bewiesen.

Die zusammengesetzten Schwankungen, bestehend aus Verkehrs- und Wählerleistungsschwankungen, sind für starken Verkehr in Abb. 14 gezeichnet. Es sind die HVSt als Punkte eingetragen, und zwar die benötigte Wählerzahl in Abhängigkeit vom Verkehrswert. Man erhält wieder ein Streufeld, dessen Schwerlinie in bezug auf die Betriebsgüte nichts aussagen würde. Man muß vielmehr Schaulinien derart eintragen, daß bei entsprechender Begrenzung der Wählerzahl bestimmte Verluste, bezogen auf die gesamten Beobachtungen eintreten würden. Es sind wieder die Wählerbestimmungs-

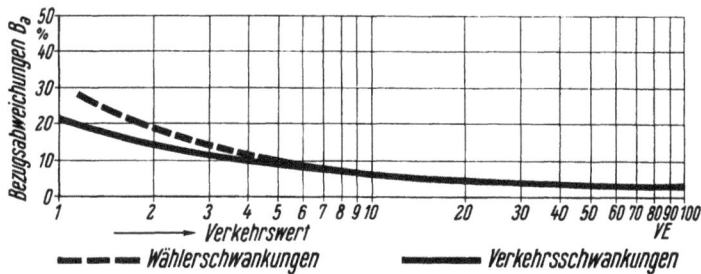

Abb. 15. Bezugsabweichungen der Verkehrs- und Wählerschwankungen.

kurven für $1^0/_{00}$, $1^0/_0$ und $5^0/_0$ Verlust eingetragen, deren Lage dem Augenschein nach richtig ist. Es sei noch darauf hingewiesen, daß jede HVSt etwa 1500 bis 3000 Belegungen umfaßt und daß im Durchschnitt alle 1 bis 2,5 s eine neue Belegung vorkommt.

Eine Überschlagrechnung der Verluste, wie sie für Abb. 11 aufgestellt wurde, kann hier ebenfalls durchgeführt werden. Es soll festgestellt werden, welche Verluste bei 60 VE $\pm 5^0/_0$ eintreten, wenn eine Begrenzung der Wählerzahl auf 80, 75 und 70 Wähler vorgenommen wird. Bei Begrenzung auf 80 Wähler kommen nach den zugrunde liegenden Messungen Verluste in 10 HVSt vor, bei Begrenzung auf 75 Wähler in 40 HVSt und bei 70 Wählern in 60 HVSt. 60 HVSt umfassen im Mittel bei 60 VE etwa 144 000 Belegungen. Bei 80 Wählern haben die 10 mit Verlusten behafteten HVSt mindestens je 4 verlorene Belegungen, also insgesamt 40 Belegungen. Der Zuschlag muß mehr als dreimal so groß sein wie derjenige bei den kleinen Gruppen, weil die Schwankungen bei so großen Gruppen, wie bisher ermittelt wurde, auf weniger als den dritten Teil herabgegangen sind. Der Zuschlag wird daher zu $500^0/_0$ angenommen, so daß sich insgesamt 240 verlorene Belegungen oder, bezogen auf 144 000 Belegungen, ein Verlust von etwa $1,7^0/_{00}$ ergeben. Bei 75 Wählern treten in 40 HVSt Verluste auf, und zwar mindestens 7 verlorene Belegungen

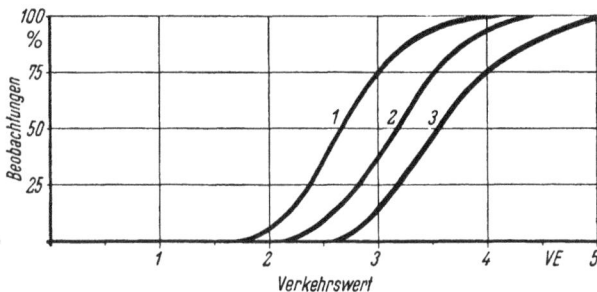

Abb. 16. Schwankungen des Verkehrswertes in den Hauptverkehrsstunden in I. GW-, II. III. GW- und LW-Stufen.

1 — LW-Stufe; gemessener Verkehrswert bei $50^0/_0$ der Beobachtungen = 2,7 VE,
2 — II./III. GW-Stufe; gemessener Verkehrswert bei $50^0/_0$ der Beobachtungen = 3,2 VE,
3 — I. GW-Stufe; gemessener Verkehrswert bei $50^0/_0$ der Beobachtungen = 3,6 VE.

je HVSt; das ergibt 280 verlorene Belegungen und bei einem Zuschlag von 500% etwa 1680 verlorene Belegungen oder 1,2% Verlust. Bei 70 Wählern zeigen 60 HVSt Verluste mit je 10 verlorenen Belegungen, also insgesamt 600 verlorene Belegungen; bei einem Zuschlag von 500% ergibt dies etwa 3600 verlorene Belegungen oder 2,5% Verlust. Diese Ergebnisse sind nur sehr angenähert, weil nur eine sehr begrenzte Zahl von HVSt verwendet wurde. Die Wählerbestimmungskurven umfassen bei diesem Verkehr ebenfalls die Schwankungen der Wählerleistung, die auch hier, wie der Augenschein zeigt, zwischen den Wählerbestimmungskurven für $1^0/_{00}$ und $5^0/_0$ Verlust liegen.

In Abb. 15 sind die Bezugsabweichungen der Verkehrsschwankungen und Wählerleistungsschwankungen in Kurven für verschiedene Verkehrswerte aufgetragen. Man ersieht deutlich bei kleinen Verkehrswerten die größeren Schwankungen der Wählerleistung, die mit wachsenden Verkehrswerten stark abnehmen und sich den Verkehrsschwankungen angleichen

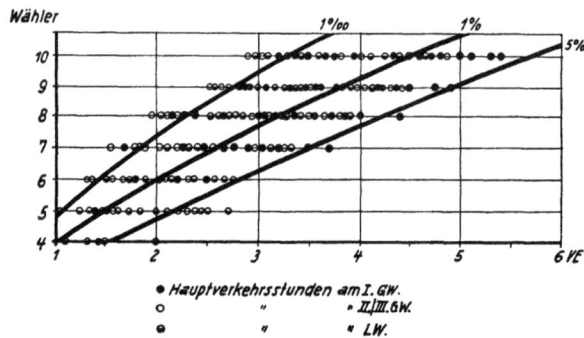

Abb. 17. Schwankungen des Verkehrswertes und der Wählerleistung in den Hauptverkehrsstunden in I. GW-, II./III. GW- und LW-Stufen mit Wählerbestimmungskurven für $1^0/_{00}$, $1^0/_0$ und $5^0/_0$ Verlust.

Die zunehmende Leistung der Betriebsmittel mit zunehmender Bündelgröße wird als sogenanntes Bündelungsgesetz bezeichnet.

Es kann weiter die Frage aufgeworfen werden, ob sich die Schwankungen des Verkehrswertes in den verschiedenen Wählerstufen eines Amtes, also an den I. GW, II. und III. GW sowie an den LW, voneinander unterscheiden. Zur Untersuchung dieser Frage sind in Abb. 16 Verkehrskurven verschiedener Wählerstufen bei angenähert gleichem Verkehr einander gegenübergestellt.

Kurve 1 zeigt die Verkehrsschwankungen an den LW, Kurve 2 an den II./III. GW, Kurve 3 an den I. GW. Die wahrscheinlichen Abweichungen betragen für Kurve 1 etwa $A_w = 0,30$ VE, für Kurve 2 etwa 0,36 VE, für Kurve 3 etwa 0,40 VE, die Bezugsabweichungen für Kurve 1 etwa 12%, für Kurve 2 etwa 11,5%, für Kurve 3 etwa 11%. Die Schwankungen liegen daher vollkommen in dem Rahmen des Üblichen, so daß man sagen kann, daß die Verkehrsschwankungen in den verschiedenen Wählerstufen bei etwa gleicher Verkehrsgröße praktisch keine Unterschiede zeigen.

24

Daß die Schwankungen der Wählerleistung in den verschiedenen Wähler-stufen ebenfalls keine Unterschiede zeigen, läßt Abb. 17 erkennen, in dem die HVSt der verschiedenen Wählerstufen unterschiedlich dargestellt sind. Die Schwankungen in allen Wählerstufen erstrecken sich über den ganzen Streu-bereich, so daß irgendein Unterschied nicht feststellbar ist. Die Wähler-bestimmungskurven sind zum Vergleich ebenfalls mit eingezeichnet.

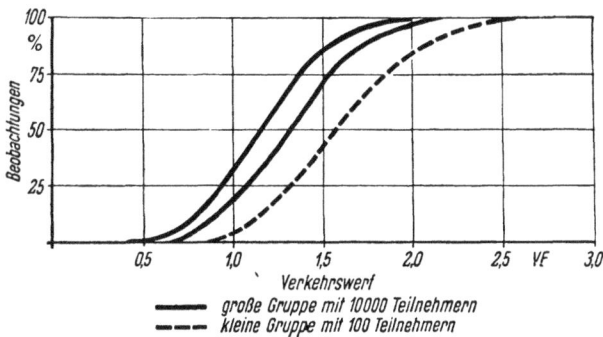

—— große Gruppe mit 10000 Teilnehmern
- - - kleine Gruppe mit 100 Teilnehmern

Abb. 18. Schwankungen des Verkehrswertes großer und kleiner Gruppen in den Haupt-verkehrsstunden.

Abb. 18 zeigt, daß Verkehrsschwankungen nicht von der Gruppengröße, sondern nur von der Stärke des Verkehrs abhängen. Es ist der Verkehr von 10000 Teilnehmern nach einer besonderen Dienststelle veranschaulicht. Die Verkehrsgröße entspricht etwa derjenigen einer gewöhnlichen 100er-Gruppe. Abb. 18 zeigt die Verkehrsschwankungen in zwei ausgezogenen Kurven, deren Werte zu verschiedenen Zeiten aufgenommen wurden. Die Mittelwerte bei 50% Beobachtungen betragen etwa 1,16 VE und 1,32 VE, die wahrschein-lichen Abweichungen A_w etwa 0,22 und 0,24 VE, die Bezugsabweichungen B_a etwa 18% und 17%. Die Werte liegen also vollkommen in dem Rahmen der Werte des entsprechenden Verkehrs, so daß also die Verkehrsschwankungen unabhängig davon sind, ob der Verkehr von 100 oder 10000 Teilnehmern herrührt. Zum Vergleich ist noch die Kurve einer 100er-Gruppe gestrichelt miteingezeichnet, woraus die Gleichartigkeit der Schwankungen ohne weiteres zu erkennen ist.

Man könnte alle bisher untersuchten Kurven mit ihren Schwankungen auf eine einheitliche Grundlage beziehen, wodurch der Vergleich nach einer gewissen Richtung noch deutlicher ermöglicht würde. Setzt man z. B. alle Mittelwerte bei 50% der Beobachtungen gleich 100% und trägt die entspre-chenden Kurven (Verkehrswerte, Wählerleistung, Konzentration) entspre-chend ein, so liegen alle Kurven bei 100% der Waagerechten aufeinander, und die Abweichungen können einfach miteinander verglichen und klar ersehen wer-den. In Abb. 19 sind drei der früher gezeigten Kurven mit Bezugsabweichun-gen von 20%, 10% und 5% dargestellt. Die Möglichkeit einer einfachen Be-urteilung und die Bedeutung von 20%, 10% und 5% Bezugsabweichungen kommen darin deutlich zum Ausdruck. Da aber diese Art von Kurven über die Größe des eigentlichen Mittelwertes, der aber zur Beurteilung sehr wichtig ist, gar nichts aussagt, ist bisher die Darstellung mit fester Angabe des Mittelwertes bevorzugt worden.

Aus den Beobachtungen, Darstellungen und Untersuchungen können folgende Schlüsse gezogen werden, die die bisherigen Erkenntnisse bestätigen

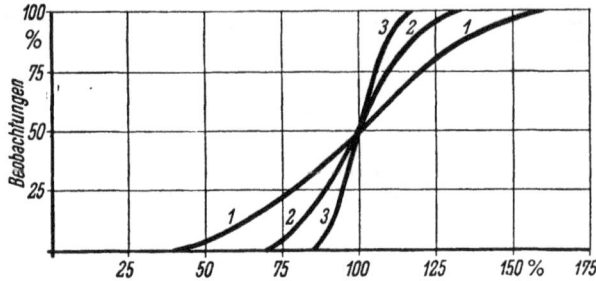

Abb. 19. Schwankungskurven, bezogen auf den Verkehrswert bei 50% der Beobachtungen.

1 = Bezugsabweichung von 20%,
2 = „ „ 10%,
3 = „ „ 5%.

und zum Teil erweitern: In den Wählerämtern schwankt sowohl der Verkehrswert als auch die Leistung der Betriebsmittel. Die Schwankungen sind in beiden Fällen abhängig von der Größe des Verkehrs. Mit zunehmendem Verkehr werden die Schwankungen, sowohl des Verkehrswertes als auch der Wählerleistung, bezogen auf den Mittelwert, kleiner. Dabei nimmt die Schwankung der Wählerleistung, die bei kleinem Verkehr größer ist, stärker ab als die Schwankung des Verkehrswertes. Die Verkehrs- und Wählerleistungsschwankungen in allen Wählerstufen sind gleichartig und von derselben Größenordnung. Die bisher verwendeten Wählerbestimmungskurven mit ihrer Betriebsgüte werden bestätigt.

3. Die Faktoren des Verkehrswertes und ihre Schwankungen

Zu den Faktoren des Verkehrswertes gehören: $C =$ Zahl der Belegungen irgendeiner Gruppe allgemein während irgendeiner Zeit, oder c in der HVSt, $t_m =$ mittlere Dauer der Belegungen und $k =$ Konzentration. Diese Faktoren schwanken im Fernsprechverkehr sehr stark, und es ist deshalb mit einigen Schwierigkeiten verbunden, die richtigen Mittelwerte dafür zu ermitteln.

Diese Faktoren mit ihren Schwankungen sollen daher untersucht und Zahlen dafür mitgeteilt werden.

Die Zahl der Belegungen C ist unmittelbar proportional dem Verkehrswert, weil t_m, wie noch nachgewiesen werden wird, zu allen Zeiten des Tages bei genügender Zahl von Beobachtungen gleich ist. Alle im vorigen Ab-

26

schnitt bekanntgegebenen Verkehrskurven können daher auch bei einem
entsprechenden Maßstab als Schwankungskurven für die Zahl der Belegungen
während des Tages oder in der HVSt angesehen werden. Die HVSt des Verkehrs gilt daher auch für diejenige der Zahl der Belegungen, die während
der Tagesstunden, Tage, Monate und Jahre schwankt. Die Zahl der Orts-
belegungen ist gewöhnlich verschieden von der Zahl der Fernbelegungen, wie
auch der Verkehrswert des Ortsverkehrs gewöhnlich verschieden vom Verkehrswert des Fernverkehrs ist. Wie sich diese Zahlen in den Ortsnetzen
Deutschlands stellen, kann aus dem ,,Archiv für Post und Telegraphie",
Berlin 1927, entnommen werden. Aus diesen Angaben wurden Kurven abgeleitet, die in Abb. 20 dargestellt sind und die mittlere Gesprächszahlen in verschieden großen Ortsnetzen für Orts- und Fernverkehr je Anschluß angeben.
In kleinen Ortsnetzen mit weniger als 50 Anschlüssen ist die Zahl der täglichen
Ferngespräche größer als die der Ortsgespräche, bei 50 Anschlüssen sind die

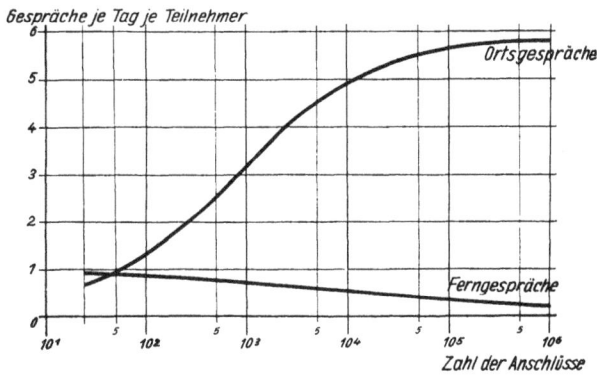

Abb. 20. Verteilung der Orts- und Ferngespräche in verschieden großen Ortsnetzen.

beiden Gesprächszahlen etwa einander gleich, dann nimmt die Zahl der Ortsgespräche mit der Größe der Ortsnetze schnell zu, die Zahl der Ferngespräche
langsam ab. Die Zahl der täglichen Gespräche je Anschluß nähert sich mit
zunehmender Größe der Ortsnetze einem gleichbleibenden Wert, der für Ortsgespräche etwa 5,8, für Ferngespräche etwa 0,2 beträgt. Die Werte beziehen
sich auf selbsthergestellte oder angemeldete und ausgeführte Orts- und Fernverbindungen, die zu Gesprächen geführt haben, und nicht auf allgemeine
Belegungen irgendwelcher Art.

Zur Bestimmung der Verkehrswerte müssen diese Angaben in Belegungszahlen umgewertet werden, weil sich die Amtsausrüstung nach Belegungswerten und nicht nach Gesprächswerten richtet.

Zur Umwertung der Gesprächszahlen in Belegungen sind Zuschläge zu
machen, die die unvollständigen Verbindungen, wie Besetztverbindungen,
Verbindungen, bei denen der verlangte Teilnehmer sich nicht meldet oder die
vorzeitig abgebrochen werden, sowie Dauerbelegungen durch Leitungs-

schlüsse, berücksichtigen. Für Besetztverbindungen kann man etwa 10 bis 20%, für nicht antwortende Teilnehmer etwa 4 bis 6%, für vorzeitig abgebrochene Verbindungen etwa 3% rechnen. Das würde einen Zuschlag von 15 bis 28% für Ortsverkehr ergeben. Für Fernverkehr genügt ein Zuschlag von etwa 3%, weil bei diesem viele Einflüsse des Ortsbetriebes nicht vorhanden sind. Der jeweilige Zuschlag richtet sich nach der Anlage selbst, ob die Teilnehmer vertraut mit der Handhabung der technischen Einrichtungen sind, nach dem Vomhundertsatz der Geschäftsanschlüsse, ob bei diesen selbsttätig eine freie Leitung beim Anruf ausgesucht wird, weil dadurch die Zahl der Besetztfälle erheblich herabgedrückt wird, und auch vom Zustande des Leitungsnetzes, damit nicht viele Dauerbelegungen zu berücksichtigen sind. Diese unvollständigen Verbindungen haben, abgesehen von Dauerbelegungen, aber eine nur kurze Dauer, wodurch die mittlere Belegungsdauer kleiner als die mittlere Gesprächsdauer wird, was bei dieser zu berücksichtigen ist. Im allgemeinen wird daher der Verkehrswert durch die unvollständigen Verbindungen nicht im gleichen Verhältnis wie die Zahl der Belegungen gesteigert. Gelegentliche Dauerbelegungen z. B. durch Leitungsschlüsse haben im allgemeinen in guten Netzen durch ihre geringe Zahl keine große Bedeutung.

Die mitgeteilten Gesprächszahlen beziehen sich auf eine Mischung von Wohnungs- und Geschäftsanschlüssen, wie sie in Deutschland vorhanden ist; sie sind daher Mittelwerte. Sie werden sich in Zukunft etwas ändern, wenn durch die allgemeine Einführung von Gemeinschaftsumschaltern die Zahl der Wohnungsanschlüsse stark steigen wird.

Die Zahl der Gespräche je Anschluß und Tag ist für die verschiedenen Arten von Anschlüssen sehr verschieden. Wohnungsanschlüsse haben den kleinsten, Geschäftsanschlüsse den größten Verkehr. Während Wohnungsanschlüsse gewöhnlich nur etwa 1 Gespräch je Tag führen, sind Geschäftsanschlüsse teilweise mit 30 bis 50 Gesprächen und noch mehr je Tag behaftet, wobei es sich nur um die vom Teilnehmer selbst eingeleiteten Gespräche handelt. Da man im allgemeinen den ankommenden Verkehr in gleicher Größe annehmen kann, sind die Teilnehmerleitungen mit dem doppelten Verkehr belastet. Bei den stark beanspruchten Geschäftsanschlüssen können Schwierigkeiten in der Abwicklung des Verkehrs eintreten, weil durch die hohe Belastung des Anschlusses die Zahl der Besetztfälle sehr hoch werden kann. Die Verwaltungen begrenzen daher den zugelassenen Verkehr einer Leitung in verschiedener Weise. Hat der Teilnehmer mehrere Leitungen mit freier Auswahl untereinander als Mehrfachanschluß, so wird der Besetzteinfluß durch die Bündelung der Leitungen stark herabgesetzt.

In Deutschland wird ein Anschluß als überlastet angesehen, wenn er mehrere Tage hintereinander mehr als 7mal je Tag besetzt gefunden wird. Um die Bedeutung dieser Zahl zu verstehen, sind folgende Überlegungen anzustellen: Wenn eine Leitung mit $\frac{24}{60}$ VE belastet wird, so treten etwa 65% Verluste auf. Da über die Teilnehmerleitungen doppeltgerichteter Verkehr verläuft, kommen auf jede Richtung, gleichen Verkehr vorausgesetzt, $\dfrac{12}{60}$ VE. Dieser

Verkehr wird bei $t_m = 1{,}5$ min von $\dfrac{12}{1{,}5} = 8$ Belegungen je Richtung in der

HVSt verursacht. Bei dieser Belastung treten je Richtung $8 \cdot 0{,}65 = 5{,}2$
Verluste auf, daher entstehen $5{,}2$ Besetztfälle. Nimmt man gemäß Abschnitt 7
an, daß je Tag $1{,}4$mal soviel Besetztfälle vorkommen wie in der HVSt, so sind
das $5{,}2 \cdot 1{,}4 = 7{,}3$ Fälle. Man kann daher aussagen, daß bei etwa 8 Belegungen einer doppeltbeanspruchten Leitung je Richtung 7 Besetztfälle
je Tag in jeder Richtung zu erwarten sind. Eine doppeltbeanspruchte Leitung
kann dann im Jahr je Richtung bei $12{,}5\%$ Konzentration mit $8 \cdot 8 \cdot 300 =$
$19\,200$ Belegungen belastet werden, bei der je Tag etwa 7 Besetztfälle zu erwarten sind. Übersteigt die Belastung diesen Wert, so muß der Teilnehmer
weitere Leitungen beantragen.

Bei Mehrfachanschlüssen ist der Verlust bei gleicher Leistung erheblich
geringer. Angenommen, ein Teilnehmer habe 5 Leitungen einer Nebenstellen-
anlage mit selbsttätiger Auswahl einer freien Leitung und denselben Verkehr
von $\dfrac{24}{60}$ VE je Leitung, so beträgt die Gesamtleistung $\dfrac{5 \cdot 24}{60} = 2$ VE. Wenn
5 Leitungen 2 VE leisten müssen, ergibt sich ein Verlust von nur 5%, also
nur $\dfrac{5}{65}$ von $7 = 0{,}54$ Besetztfälle je Richtung. Damit ist auch für diesen Fall
die Wirksamkeit der Bündelung nachgewiesen und erklärt, warum bei Mehrfachanschlüssen mit Auswahl freier Leitungen die Zahl der Besetztfälle gewöhnlich klein ist. Um 7 Besetztfälle je Tag und je Leitung zu erreichen,
kann der Mehrfachanschluß erheblich höher belastet werden.

In privaten Betriebsanlagen liegt die Zahl der Belegungen zwischen
10 bis 20 und unter Umständen noch höher, abhängig von der Ausnutzung
der Fernsprecheinrichtungen durch den Betrieb.

Die mittlere Belegungsdauer t_m, die während des ganzen Tages gleich
ist, liegt in Wählerortsanlagen bei gewöhnlichen Verbindungen zwischen $1{,}2$
und $1{,}8$ min. In Handanlagen ist sie größer und beträgt bis $2{,}5$ min und unter

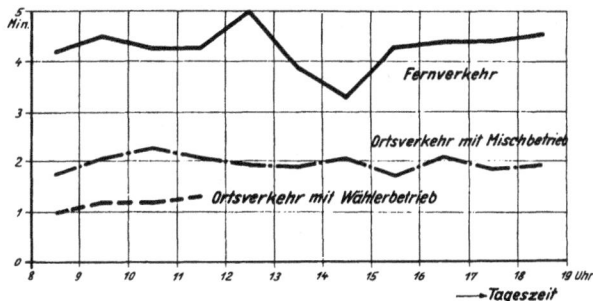

Abb. 21. Schwankungen der mittleren Belegungsdauer t_m während des Tages.

Umständen noch mehr, abhängig von der jeweiligen Schnelligkeit der Verbindungsherstellung und Trennung. Arbeiten Wähleranlagen noch teilweise mit Handanlagen zusammen, so ist bei diesen gemischten Anlagen aus diesem Grunde t_m größer als in reinen Wähleranlagen und kann mit etwa 2 min in Rechnung gesetzt werden. Bei Dienstverbindungen zur Auskunfts-, Störungs- und Meldestelle ist im allgemeinen die mittlere Belegungsdauer kürzer und beträgt etwa 1 min. Die mittlere Belegungsdauer ist im Gegensatz zur Belegungszahl unabhängig von der Größe der Ortsnetze. Sie ist in ihrer Größe im Orts- und Fernverkehr verschieden, zeigt aber trotzdem ein gleichartiges Verhalten. Wie sich t_m im Orts- und Fernverkehr während der einzelnen Tagesstunden bei vielen Messungen verhält, läßt Abb. 21 erkennen. Es ist die mittlere Belegungsdauer im reinen Wählerbetrieb mit etwa 1,2 min, im Mischbetrieb bei $1/3$ Wähler- und $2/3$ Handbetrieb mit etwa 2 min und im Fernverkehr mit Handbetrieb und Vorbereitung der Verbindungen mit etwa 4,2 min dargestellt. Man sieht wohl die verschiedene Größe von t_m bei den Verkehrsarten, aber auch die je Verkehrsart praktisch gleichbleibende Größe während der Tagesstunden. Die kleinen noch vorhandenen Schwankungen beruhen nur auf einer nicht genügenden Zahl von Messungen, die für diese Kurven mit mehr als 20000 Messungen noch verhältnismäßig klein ist. Man wird z. B. aus den Schwankungen im Fernverkehr nicht schließen können, daß kurz nach der Hauptverkehrszeit die mittlere Belegungsdauer ansteigt, um kurz darauf erheblich abzufallen, obgleich viele Stunden eine derartige Charakteristik zeigen. Da diese größeren Schwankungen außerhalb der Hauptverkehrszeit liegen und in diesen Zeiten der Verkehr erheblich kleiner als zur Hauptverkehrszeit ist, wie in Abschnitt 20 gezeigt werden wird, standen zur Mittelwertsbildung an diesen Stellen weniger Belegungen als während der Hauptverkehrszeit zur Verfügung. Es ist demnach in dieser Zeit ein nicht so vollkommener Verkehrsausgleich wie in der Hauptverkehrszeit vorhanden.

Wenn die mittlere Belegungsdauer aus einer geringen Zahl von Messungen, bei der noch kein vollkommener Verkehrsausgleich vorhanden ist, abgeleitet wird, so ist sie nicht gleichbleibend, sondern ebenfalls Schwankungen unterworfen. Abb. 22 zeigt die Schwankungen der mittleren Belegungsdauer im Orts- und Fernverkehr, wenn etwa 500 Belegungen verschiedener Gruppen zur Bestimmung des Wertes der mittleren Belegungsdauer herangezogen werden. Eine Summe solcher Werte ergibt derartige Schwankungskurven. Bei der Messung nicht nur von 500, sondern sehr vieler Belegungen in den Gruppen gleichen sich die Schwankungen aus, und man er-

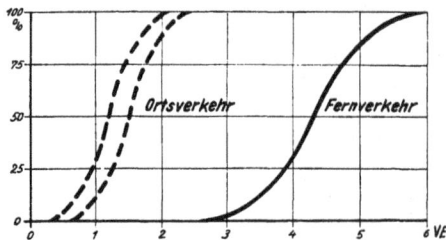

Abb. 22. Schwankungen der mittleren Belegungsdauer t_m im Orts- und Fernverkehr bei geringer Beobachtungszahl.

hält eine gerade Linie und damit eine gleichbleibende wirkliche mittlere Belegungsdauer. Damit ist nachgewiesen, daß zur richtigen Bestimmung der mittleren Belegungsdauer sehr viele Messungen gehören.

Wie sich die tatsächliche Belegungsdauer der einzelnen Belegungen im Ortsverkehr verhält, wenn eine große Anzahl von Belegungen zur Unter-

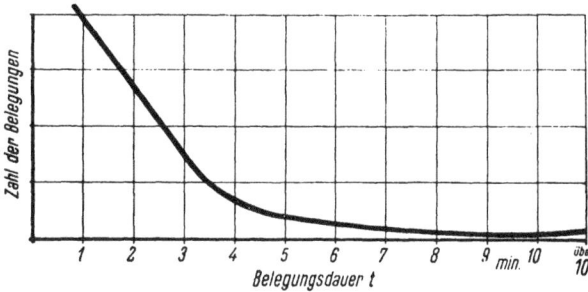

Abb. 23. Schwankungen der Belegungsdauer t.
Mittlere Belegungsdauer t_m 1,8 min,
längste Belegungsdauer $t > 30$ min.

suchung herangezogen wird, zeigt die Häufigkeitskurve der Abb. 23. Die Belegungsdauer jeder einzelnen Verbindung ist sehr verschieden, ihre Häufigkeit kann aus dem Bilde ersehen werden. Bei der dem Bilde entsprechenden mittleren Belegungsdauer von $t_m = 1,8$ min waren einzelne Belegungen von mehr als 30 min beobachtet worden. Andererseits sind auch viele kurze Belegungen, z. B. Besetztverbindungen, die nur wenige Sekunden dauern, vor-

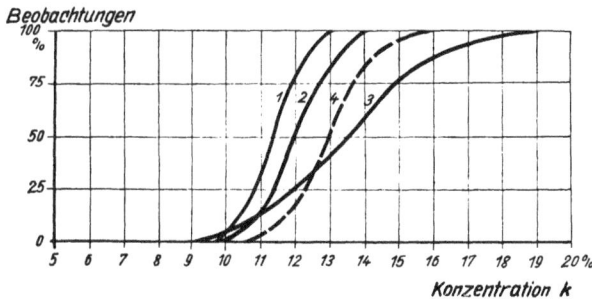

Abb. 24. Schwankungen der Konzentration k kleiner und großer Gruppen im Ortsverkehr.
1 = 2000er-Gruppe
2 = 1000er-Gruppe
3 = 100er-Gruppe
4 = 2000er-Gruppe einer Betriebsanlage.

handen. Die Häufigkeit nimmt mit zunehmender Dauer schnell ab, so daß sehr lange Belegungen recht selten beobachtet werden. Im allgemeinen liegt die mittlere Belegungsdauer im Ortsverkehr mit Wählerbetrieb zwischen 1,2 und 1,8 min, mit Mischbetrieb bei etwa 2 min, im Fernverkehr zwischen 3,5 und 4,5 min, abhängig davon, ob die Fernverbindungen von der Fernbeamtin mit Vorbereitung oder sofort hergestellt werden, wobei die Vorbereitung die größere Belegungszeit verursacht; in privaten Betriebsanlagen liegt die mittlere Belegungsdauer zwischen 0,7 und 1 min.

Die Konzentration stellt keinen gleichbleibenden Wert dar, sondern ist verschieden für verschieden große Gruppen, bei denen außerdem dieser Wert auch noch verschieden schwankt. Diese Schwankungen werden nicht mit zunehmender Zahl von Messungen, wie bei der mittleren Belegungsdauer, geringer, sondern bleiben vollkommen erhalten. Sehr viele Messungen ergeben nur eine in sich ausgeglichenere Schwankungskurve. Abb. 24 zeigt die Schwankungen der Konzentration verschieden großer Gruppen des Ortsverkehrs mit 100, 1000 und 2000 Teilnehmern, Abb. 25 diejenigen des Fernverkehrs mit 200 und 1000 Teilnehmern.

Es ergibt sich, daß sowohl für den Ortsverkehr als auch für den Fernverkehr im allgemeinen die Konzentration des Verkehrs mit abnehmender

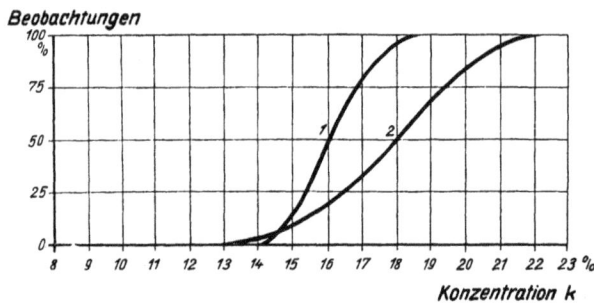

Abb. 25. Schwankungen der Konzentration k einer großen und kleinen Gruppe im Fernverkehr.

1 = 1000er-Gruppe
2 = 200er-Gruppe.

Gruppengröße wächst, ebenso aber auch die Schwankungen derselben, die recht erheblich sind. Außerdem ist die Konzentration des Fernverkehrs erheblich größer als beim Ortsverkehr. Demnach kann man für kleine Gruppen bis etwa 5 VE mit einer mittleren Konzentration von 13 bis 14%, für große Gruppen, größer als 20 VE, mit 11 bis 12%, im Fernverkehr für kleine Gruppen mit etwa 18%, für große Gruppen mit etwa 16% Konzentration rechnen.

Die Schwankungen der Faktoren der Verkehrswerte sind daher ganz erheblich, so daß irgendwelche Messungen, deren Zahl nicht groß ist, meistens zu falschen Ergebnissen führen. Nur das Ergebnis sehr vieler Messungen kann Anspruch auf Richtigkeit haben, wie es an den Schwankungen der mittleren Belegungsdauer nachgewiesen worden ist. Wirkliche Mittelwerte können nur auf Grund sehr vieler Messungen richtig ermittelt werden. Darin liegt eine Schwierigkeit des Fernsprechverkehrs. Man muß daher bei der Verwendung der Faktoren zur Bestimmung der Verkehrswerte mit großer Vorsicht verfahren. Um diese Schwierigkeiten zu umgehen, soll man nicht die einzelnen Faktoren, sondern gleich den mittleren Verkehrswert der I. GW einer 2000er-Gruppe messen und zur Bestimmung der Ausrüstung verwenden. Dadurch vereinfacht man das Verfahren und beseitigt viele Fehlerquellen.

32

4. Die Berechnung der Verkehrswerte

Bei der Bestimmung der Ausrüstung eines Wähleramtes besteht die größte Schwierigkeit in der richtigen Berechnung der Verkehrswerte für die verschiedenen Amtsgruppen und Wählerstufen. Liegen die Verkehrswerte fest, so ist die Ermittlung der erforderlichen Wählerzahl sehr einfach, denn sie braucht nur aus den Wählerbestimmungskurven entsprechend den errechneten Verkehrswerten bei der zugrunde zu legenden Betriebsgüte abgelesen zu werden. Es ist daher sehr wichtig, zuerst die richtigen Verkehrswerte zu ermitteln. Dem stellen sich aber erhebliche Schwierigkeiten in den Weg, weil über den jeweiligen Verkehr gewöhnlich nicht ausreichende Unterlagen bekannt sind. Folgende Fälle können in der Praxis beobachtet werden:

1. Der Verkehr ist allgemein nicht richtig bekannt, und es müssen deshalb viele Annahmen gemacht werden.

2. Die unter Umständen angegebenen Werte für C, t_m und k sind unzureichend oder angreifbar, weil sie unter anderen Voraussetzungen ermittelt worden sind. Sie gelten z. B. für Handbetrieb und müssen für Wählerbetrieb umgewertet werden, was sowohl für Orts- als auch für Fernverkehr zutrifft. Besonders bei k muß die Gruppengröße angegeben werden, für die sie gelten soll

3. Der Einfluß der Wohnungs- und Geschäftsanschlüsse, sog. Mehrfachanschlüsse, sowie der Münzfernsprecher ist nicht ausreichend bekannt.

4. Die Beziehungen der verschiedenen Ämter eines Ortsnetzes zueinander sind unzureichend angegeben.

5. Der Verkehr zu den einzelnen Dienststellen ist nicht genügend bekannt.

6. Es sind Gesprächswerte angegeben, während sich die Wählerzahlen aus Belegungswerten ergeben.

7. Die zukünftige Entwicklung sowohl des Orts- als auch des Fernverkehrs ist nicht oder unzureichend berücksichtigt. Es werden zuwenig oder zuviel Reserven vorgesehen.

Außer diesen Werten, die zur Bestimmung der Verkehrswerte einer Anlage bekannt sein müssen, sind aber auch die eigenartigen Verkehrsabstufungen zu beachten und zu berücksichtigen. Jede Wählerstufe hat, ganz abgesehen von den Verkehrsab- und -zuflüssen, einen anderen Grundverkehr, weil die Wählereinstellung in den verschiedenen Stufen nacheinander erfolgt, wobei die I. GW den größten, die LW den kleinsten Verkehr führen, wie es später noch behandelt wird.

Zur Errechnung aller erforderlichen Verkehrswerte für die verschiedenen Verkehrsrichtungen, Gruppen und Wählerstufen ist daher eine große Anzahl von Angaben erforderlich, die wahrscheinlich größtenteils nicht vorhanden oder mit gewissen Fehlern behaftet sein werden. Es wird daher in den meisten Fällen nicht zu umgehen sein, die fehlenden Angaben aus den

Erfahrungen der Praxis zu ersetzen, wozu aber eine große Summe von Erfahrungen gehört. Es erfordert deshalb ein großes Geschick, den richtigen Verkehrswert für jeden einzelnen Fall zu ermitteln. Natürlich könnte man in derartigen Fällen überall mit großen Sicherheiten rechnen, dann wird aber die Anlage viel zu groß, und es wird viel zuviel Kapital festgelegt, das zu verzinsen ist. Rechnet man knapp, aber nicht ganz geschickt, so wird an manchen Stellen die Ausrüstung zu gering, an anderen Stellen wieder zu groß sein. Außerdem muß auch die künftige Entwicklung in Rechnung gezogen werden, denn eine Fernsprechanlage bleibt nicht in ihrem augenblicklichen Zustande bestehen, sondern ist ständigen Vergrößerungen und Veränderungen ausgesetzt, die in Rechnung gezogen werden müssen. Anschlüsse kommen ständig dazu, Verkehrsinteressen verschieben sich, was alles bei der Planung zu beachten ist. Zu diesem Zweck sind gewisse Reserven vorzusehen, die nicht zu klein, aber auch nicht zu groß sein sollen und die sich nach der leichten Erweiterungsmöglichkeit des Wählersystems richten. Bei den großen Kapitalien, um die es sich vielfach handelt, sollte man so genau wie nur irgend möglich rechnen. Es fragt sich daher, wie kann dies erreicht werden.

Zunächst müssen alle vorliegenden Angaben des Verkehrs einer genauen Prüfung unterzogen werden, ob sie mit den vorliegenden Erfahrungen übereinstimmen. Dann müssen unter Umständen diese Angaben berichtigt und die fehlenden Angaben auf Grund der praktischen Erfahrungen ergänzt werden. Diese praktischen Erfahrungen sind schon im vorhergehenden Abschnitt 3 mit den Untersuchungen und Schwankungen der einzelnen Faktoren mitgeteilt worden und können hier verwendet werden. Aus diesen Untersuchungen ergibt sich, daß die Werte sehr streuen und stark schwanken und daß deshalb weite Grenzen für die Beurteilung der Verkehrswerte vorliegen. Es liegt daher eine große Unsicherheit vor, wenn der mittlere Verkehrswert aus den veränderlichen Faktoren errechnet werden soll. Die Unsicherheit wird um so größer, je kleiner die Gruppe ist, auf die sich die Angaben für den Verkehr beziehen. Um diese Unsicherheit auszuschalten, sollte man das Rechnen mit den stark schwankenden und daher etwas unsicheren Faktoren vollkommen umgehen und den mittleren Verkehrswert der HVSt einer großen Gruppe angeben, weil in der großen Gruppe der richtige Mittelwert in einfacher Weise gemessen werden kann. Dieses Verfahren ist sehr zu empfehlen und sollte überall angewendet werden.

Wenn der mittlere Verkehrswert einer großen Gruppe nicht angegeben ist, aber die einzelnen Faktoren bestens bestimmt sind, so errechnet man den Verkehrswert der HVSt $W = C \cdot t_m \cdot k = c \cdot t_m$ in VE, worin t_m in Stunden einzusetzen ist. Dieser errechnete Verkehrswert muß noch genau geprüft werden, ob er ein wirklicher Mittelwert ist, für welche Gruppengröße er gilt und ob er durch Gruppenzuschläge oder -abzüge angepaßt werden kann.

Von der größten Wichtigkeit ist es, den wirklichen mittleren Verkehr, der im Amt entsteht, als Grundlage des Verkehrs des Amtes, auf den sich alle weiteren Rechnungen aufbauen, richtig zu ermitteln. Die angegebenen Ver-

34

kehrswerte beziehen sich entweder auf eine kleine, gewöhnlich 100er-Gruppe oder auf eine große, gewöhnlich 1000er- oder 2000er-Gruppe. Für beide Gruppen gilt wohl das gleiche C je Tag und Anschluß und das gleiche t_m, aber die Konzentration k für kleine und große Gruppen ist verschieden und damit auch c je HVSt. Auch wenn nur der Verkehr der HVSt bekannt ist, muß angegeben werden, auf welche Gruppengröße sich dieser Verkehr bezieht. Die beste Grundlage erhält man, wie schon empfohlen, wenn der mittlere Verkehrswert einer 1000er- oder 2000er-Gruppe in sehr vielen HVSt gemessen, gemittelt und angegeben wird und nicht irgendein anderer Wert. Man erhält dann für die 100er-Gruppe durch Teilung einen wirklichen Mittelwert, der, mit dem Gruppenzuschlag versehen, eine richtige Bemessung der Vorwahlstufe ermöglicht. Auch die Errechnung des Verkehrswertes der anderen Wählerstufen ist bei diesem Verfahren gut begründet, denn sie baut sich auf diesen Wert auf.

Wird der Verkehrswert je 100er-Gruppe angegeben, so ist damit noch nicht gesagt, wie dieser Verkehrswert innerhalb der großen Gruppe im Vergleich zu den Verkehrswerten der anderen 100er-Gruppen liegt. Alle zu einer großen 1000er- oder 2000er-Gruppe gehörenden 100er-Gruppen haben, auch

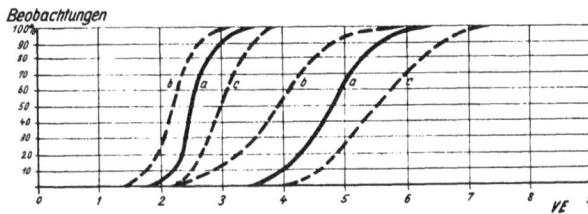

Abb. 26. Schwankungen von Verkehrswerten.

a) Schwankungen der mittleren Verkehrswerte von 10 gleichartigen 100er-Gruppen
b) Schwankungen der Verkehrswerte der schwächsten 100er-Gruppe
c) Schwankungen der Verkehrswerte der stärksten 100er-Gruppe.

wenn sie gleichmäßig mit entsprechenden Anschlüssen belegt sind, einen unterschiedlichen mittleren Verkehrswert. Abb. 26 läßt diesen Zustand erkennen. Die Kurven a geben die Schwankungen des mittleren Verkehrswertes einer 100er-Gruppe, errechnet aus je einer 1000er-Gruppe mit schwachem und starkem Verkehr, an. Man sieht, daß auch die Mittelwerte selber schon erheblich schwanken. Diese Mittelwerte werden gebildet aus den Verkehrswerten von je 10 Gruppen zu je 100 Anschlüssen. Die Verkehrsschwankungen der HVSt der 100er-Gruppe mit dem kleinsten und dem größten Verkehr aus jeder 1000er-Gruppe wurden ebenfalls in das Bild eingetragen, woraus die größte Streuung der Verkehrswerte der 100er-Gruppe um die jeweilige mittlere Verkehrsschwankung zu erkennen ist. Die Verkehrsschwankungen der anderen 100er-Gruppen liegen zwischen diesen beiden Grenzlinien. Man ersieht, daß trotz gleichartiger Gruppen die Verkehrswerte doch erheblich schwanken. Es ergibt sich daher die Frage, zu welchen

3*

Verkehrswerten gehört der angegebene Verkehrswert und welcher Verkehrswert von 100er-Gruppen sollte zweckmäßig angegeben werden.

Es besteht allgemein die Neigung, aus Sicherheitsgründen möglichst einen nicht zu kleinen gemessenen Verkehrswert einer Gruppe mit starkem Verkehr anzugeben, der aber nicht der Mittelwert aller Gruppen ist. Wird aber mit diesem Wert gerechnet, so wird die Ausrüstung natürlich viel zu groß. Der Verkehrswert je 100er-Gruppe müßte als Mittelwert aus vielen Messungen vieler 100er-Gruppen ermittelt werden, was in allen Fällen viel zu zeitraubend und umständlich ist und deshalb nicht gemacht wird. Aus diesem Grunde kann ein angegebener Verkehrswert je 100er-Gruppe nicht befriedigen, weil seine wirkliche Lage innerhalb der Verkehrsschwankungen der Gruppen nicht bestimmt ist. Da die bekanntgegebenen Verkehrswerte je 100er-Gruppe deshalb keine Mittelwerte sind, sondern gewöhnlich Werte der größten 100er-Gruppe, werden zur Erlangung eines wirklichen Mittelwertes an den I. GW Abzüge gemacht. Wenn daher die Faktoren des Verkehrswertes richtig bekannt sind, so muß doch zur Bestimmung der wirklichen mittleren Verkehrswerte an den I. GW, die die Grundlage der Berechnung aller Verkehrswerte der Gruppen und Wählerstufen bilden, genau die Gruppengröße, auf die sich die Angaben beziehen, festgelegt werden. Der mittlere Verkehrswert der I. GW einer 2000er-Gruppe, der stets gemessen und gemittelt werden sollte, bildet, wie schon empfohlen, die beste Grundlage aller Verkehrswertberechnungen. Es werden dabei die vielen Fehlerquellen ausgeschieden, die bei der Berechnung der Verkehrswerte aus den Faktoren immer noch bestehen. Wird dieser Wert angegeben, so wird zur Berechnung der Zahl der Ausgänge aus den 100er-Gruppen der durch Teilung ermittelte Verkehrswert, der als wirklicher mittlerer Verkehrswert der 100er-Gruppen bezeichnet werden soll, durch Gruppenzuschläge vergrößert. Trotz dieser Vergrößerung soll die Zahl der Ausgänge reichlich bemessen werden, um die großen Schwankungen der verschiedenen 100er-Gruppen gemäß Abb. 26 dabei mit zu berücksichtigen. Bei Vorwählern VW spielt die Vergrößerung der Zahl der Ausgänge bezüglich der aufzuwendenden Mittel keine Rolle, im Gegensatz zu Anrufssuchern AS, deren Zahl in solchen Fällen vergrößert werden müßte. Es ist sehr wichtig, alle diese Gründe bei der Bestimmung der Ausgänge der 100er-Gruppen zu berücksichtigen.

Bei der Berechnung des Verkehrswertes der einzelnen Wählerstufen müssen aber noch die Verkehrsabstufungen innerhalb der Wählerstufen durch die verschiedenen Einflüsse beachtet und in Rechnung gezogen werden. Während die I. GW mit dem größten Verkehrswert belastet sind, nimmt dieser in jeder Stufe ab. Die LW sind daher mit dem kleinsten Verkehr belastet. Diese scheinbar geringfügigen Unterschiede sind teilweise recht erheblich und dürfen deshalb nicht vernachlässigt werden. Die nachfolgende Untersuchung wird das bestätigen.

1. Nimmt ein Teilnehmer seinen Sprechhörer von der Gabel, so vergeht eine kleine Zeit, bevor er mit der Wahl beginnt. Mitunter wird

erst nach dem Abheben die Nummer des verlangten Teilnehmers im Verzeichnis aufgesucht. Rechnet man hierfür eine mittlere Verzögerungszeit von 7 s, so macht das bei einer mittleren Belegungsdauer von 90 s 7,8% der Belegungszeit aus.

2. Beim Herstellen der Verbindung werden die verschiedenen GW und der LW nacheinander eingestellt, was je Stufe etwa 2,5% der Belegungszeit ausmacht.

3. In der HVSt entstehen bis zu 25% Besetztverbindungen. Wenn das Besetztzeichen vom I. GW gegeben und mit etwa 7 s gewertet wird, so macht das etwa 2% des Verkehrswertes aus.

4. Rufe zu Auskunfts-, Störungs- und sonstigen Dienststellen sowie zum Fernamt, unter Umständen mit sofortigem Meldefernverkehr, belasten gewöhnlich nur die I. GW und zweigen dort zu diesen Stellen ab. Ebenso belasten Dauerbelegungen durch Leitungsschlüsse oder Fehler beim Abstauben oder sonstigen Hantierungen der Teilnehmer am Sprechgerät nur die I. GW, was bis zu 15% ausmachen kann.

Der Verkehrswert, der zu den II. GW weiterfließt, kann aus diesem Grunde bis 25% kleiner als der der I. GW sein. Bei der Berechnung der Verkehrswerte dürfen diese Eigenarten, deren Größe sich nach der jeweiligen Anlage richtet, nicht vernachlässigt werden.

Weiter müssen bei der Berechnung der Verkehrswerte der Wählerstufen die Verkehrsab- und -zuflüsse richtig erfaßt werden. Hinter den I. GW

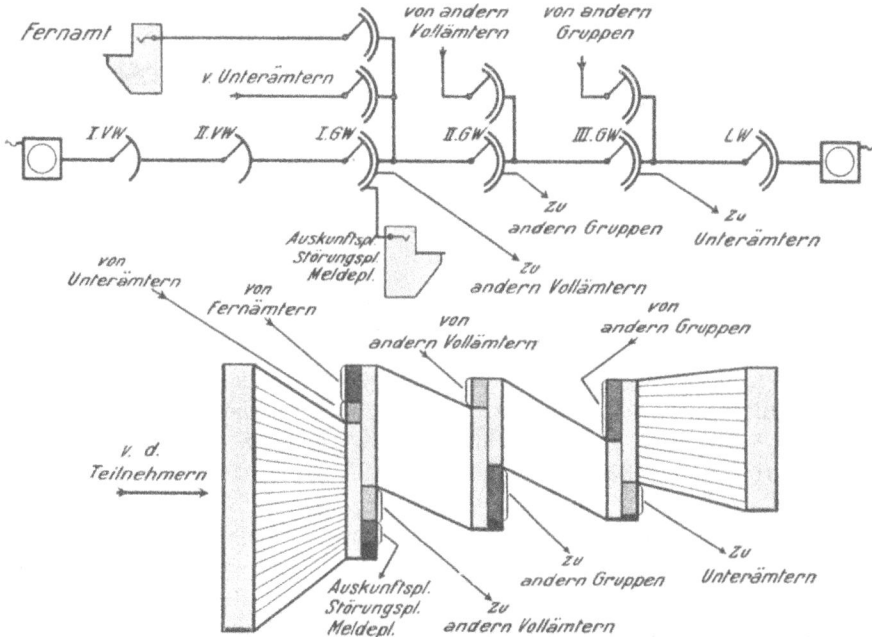

Abb. 27. Verteilung der Verkehrswerte auf die Wählerstufen eines Vollamtes.

fließt gewöhnlich der Verkehr zu anderen Ämtern, hinter den späteren GW zu weiteren Ämtern und auch zu Unterämtern. Ebenso läuft Verkehr von diesen Ämtern in die entsprechenden Wählerstufen wieder ein. Wenn sich der Verkehr bei gleichen Interessen gleichmäßig verteilt, so fließt soviel Verkehr zu wie ab, der Verkehrswert bleibt dann unverändert. Wenn aber zu- und abfließender Verkehr bei unterschiedlichen Interessen verschieden sind, so muß der Verkehrswert der betreffenden Stufe entsprechend berichtigt werden. In einer Wählerstufe kommt der Fernverkehr hinzu, der einen erheblichen Einfluß haben kann. Von dieser Stufe an muß dieser Verkehr dem Ortsverkehr aller weiteren Stufen hinzugerechnet werden.

Wie die Verteilung der Verkehrswerte auf die Wählerstufen eines Amtes mit den Zu- und Abflüssen sich auswirkt, darüber gibt Abb. 27 einen Anhalt.

Bei der Berechnung der Verkehrswerte aller Gruppen und Wählerstufen eines Amtes sind daher viele, teilweise recht erhebliche Einflüsse zu beachten. Da die Verkehrswerte die Grundlage für die Bestimmung der Größe der Ausrüstung bilden, müssen sie mit der größten Umsicht ermittelt werden.

5. Die Berücksichtigung der Verkehrsschwankungen durch die Gruppenzuschläge

Die Verkehrswerte werden allgemein als Mittelwerte behandelt, werden als solche gemessen und sollen auch zur Beurteilung und Berechnung der Ausrüstung einer Anlage als solche angegeben werden. Einzelne beobachtete Verkehrswerte haben zur Beurteilung des Verkehrs infolge der großen Verkehrsschwankungen keinerlei Bedeutung. Die Berechnung der Verkehrswerte zur Bestimmung der Ausrüstung einer Wähleranlage gründet sich daher auf Mittelwerte, wie es im vorhergehenden Abschnitt gezeigt worden ist.

Man erhält aber verschiedene Mittelwerte abhängig davon, wie diese Werte bestimmt wurden. Der Mittelwert einer 100er-Gruppe kann einmal aus vielen Messungen der HVSt dieser Gruppe, er kann aber auch aus dem gemessenen Mittelwert einer 1000er-Gruppe durch Teilung in 10 Teile erhalten werden. Beide Mittelwerte sind verschieden und unterscheiden sich um so mehr, je geringer der Verkehr ist. Der erste Mittelwert bezieht sich nur auf die einzelne gemessene Gruppe, der zweite ergibt einen mittleren Wert aus 10 derartigen Gruppen, die alle etwas verschieden sind und deren einzelne HVSt außerdem nicht in dieselbe Zeit fallen, wodurch dieser Wert kleiner als der erste wird, was sehr zu beachten ist. Es fragt sich, welcher von diesen Mittelwerten ist für die Bestimmung der Ausrüstung der zweckmäßigere.

Der einzelne gemessene Wert einer Gruppe kann ein etwas ausgefallener Wert sein, oder es müssen alle 10 Gruppen einzeln gemessen und ausgewertet werden, was recht umständlich ist. Der zweite Wert ergibt einen mittleren Wert aller 10 Gruppen, er muß aber wegen der verschiedenen Lage der HVSt der einzelnen Gruppen besonders behandelt werden. Der zweite Wert ist vorzuziehen, weil er einfacher zu messen ist und weniger Fehlermöglichkeiten enthält. Während der erste Wert als mittlerer Verkehrswert bezeichnet wird, kann der zweite Wert als wirklicher mittlerer Verkehrswert bezeichnet werden.

Die zur Bestimmung der Wählerzahl entwickelten Kurven geben für jeden mittleren Verkehrswert eine bestimmte Wählerzahl bei einem gewissen Verlust an Belegungen an. Das bedeutet, daß in sehr vielen HVSt, bei denen der zugrunde gelegte Verkehrswert geleistet wird, im Mittel die vorausgesetzten Verluste an Belegungen nicht überschritten werden. Wenn aber der wirkliche mittlere Verkehrswert zur Bestimmung der Wählerzahl zugrunde gelegt wird, so muß dieser noch besonders behandelt werden.

Zu diesem Zweck sind Zuschlagskurven entwickelt worden, die einen Zuschlag zum wirklichen mittleren Verkehrswert, abhängig von seiner Größe angeben, der so bestimmt ist, daß die zulässigen Verluste im Mittel bei vielen Beobachtungen erreicht werden. Diese Zuschlagskurven, die in Abb. 28 dargestellt sind, berücksichtigen daher die großen Verkehrsschwankungen kleiner Bündel. Sie beruhen darauf, daß beim Verkehrszusammenfluß mehrerer kleiner Bündel zu einem großen Bündel die HVSt der kleinen Bündel gewöhnlich nicht in dieselbe Zeit fallen und sich deshalb die mittleren Verkehrswerte, die sich auf die jeweilige HVSt beziehen, nicht summieren. Es tritt daher

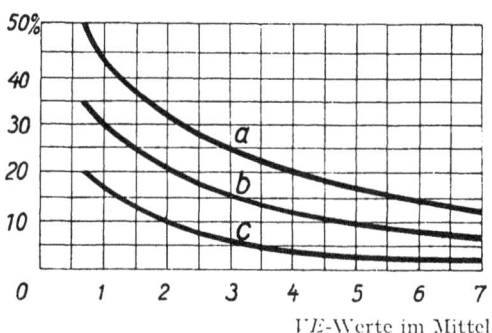

Abb. 28. Verkehrs-Zuschlagskurven.

Kurve *a:* Unterteilung in 10 Teile
Kurve *b:*   ,,   ,, 5 ,,
Kurve *c:*   ,,   ,, 2 ,,

in der HVSt der großen Bündel ein kleinerer Verkehr auf, als die Summe der Verkehrswerte aller kleinen Bündel ausmacht. Dieser Unterschied wird durch die Verkehrsabzüge, die auch aus der Zuschlagskurve entnommen werden können, ausgeglichen. Das gleiche tritt ein, wenn sich ein großes Bündel in mehrere Teile spaltet. Die Verkehrswerte in den HVSt der kleinen Bündel sind größer, als durch Teilung des Verkehrswertes der großen Bündel in entsprechende Teile erhalten wird; ebenfalls weil die HVSt der kleinen Bündel nicht in dieselbe Zeit fallen. Es muß deshalb ein Zuschlag gemacht werden, der aus der Zuschlagskurve entnommen wird. Zuschläge und Abzüge sind für dieselben Bündel gleich, weil in beiden Fällen dieselben Gründe vorliegen. Die Größe der Zuschläge und Abzüge richtet sich nach dem Verkehrswert des kleinen Bündels und nach der Größe der Unterteilung. In Abb. 28 sind deshalb 3 Kurven angegeben, von denen die Kurve *a* für eine Unterteilung in 10 und mehr Teile, Kurve *b* für eine Teilung in 5 Teile und Kurve *c* in 2 Teile gilt. Wie sich aus der Abb. 28 ergibt, ist der Zuschlag groß bei kleinem Verkehr und nimmt mit zunehmendem Verkehr schnell ab, weil die Verkehrsschwankungen bei kleinen Gruppen in Vomhundertsätzen gerechnet, größer als bei großen Gruppen sind. Die gewöhnliche Teilung des Verkehrs im dekadischen Wählersystem erfolgt in 10 Teile, für die die eigentliche Zuschlagskurve *a* gilt. Zuschläge und Abzüge beziehen sich stets auf den Verkehrswert des kleinen Bündels; sie werden, diesem entsprechend, aus der Zuschlagskurve in Vomhundertsätzen entnommen. Die Zuschlagskurven wurden derart ermittelt, daß in einem Koordinatensystem über dem wirklichen mittleren Verkehrswert aus einer 1000er-Gruppe der jeweilig größte Verkehrswert einer 100er-Gruppe als Zuschlag im Vomhundertsatz eingetragen wurde. Die aus vielen Werten abgeleitete gemittelte Kurve bezieht sich dann nur auf die Gruppe mit dem stärksten Verkehr. Würden mit diesem Zuschlag der Verkehrswert und die Wählerzahl bestimmt werden, so würden nur in der Gruppe mit dem stärksten Verkehr die zulässigen Verluste auftreten, in den anderen Gruppen wären die Verluste viel zu klein. Die Kurve wurde dann mit einer gewissen Reserve so gelegt, daß der Zuschlag für alle Gruppen im Mittel die zugrunde zu legende Betriebsgüte ergibt. Die Kurven für 2 und 5 Teile sind in gleicher Weise aus einer 200er- und 500er-Gruppe abgeleitet worden.

Das Verfahren, die Zuschläge nach der Größe des Verkehrswertes zu unterteilen, ist seit mehr als 25 Jahren eingeführt, hat sich bewährt, und es sind nie Schwierigkeiten beobachtet worden. Die mehrfachen Zuschläge hintereinander, unter Benutzung der Kurven *b* und *c*, die vorkommen, wenn sich kleine Bündel mehrmals teilen, machen das Verfahren etwas umständlich und steigern die Fehlerquellen, besonders durch die Vomhundertsatzrechnungen. Es wird daher später ein vereinfachtes Verfahren vorgeschlagen, bei dem nur noch die eigentliche Zuschlagskurve, aber in vereinfachter Form ohne Vomhundertrechnung verwendet wird und grundsätzlich mehrfache Zuschläge hintereinander vermieden werden.

Gruppenzuschläge haben eine besondere Bedeutung für kleine Verkehrswerte, also kleine Gruppen. Ihre Bedeutung nimmt mit der Größe des Verkehrswertes ab, wie es aus der Zuschlagskurve ohne weiteres hervorgeht. Oberhalb eines Verkehrswertes von 7 VE ist der Zuschlag klein, so daß er bisher vernachlässigt wurde. Je kleiner der Verkehrswert, um so größer sind die auf den Vomhundertsatz bezogenen Schwankungen, um so größer ist der Gruppenzuschlag.

Zuschläge und Abzüge werden überall da gemacht, wo sich kleiner Verkehr teilt oder kleiner Teilverkehr zusammenfließt, ohne daß ein anderer Verkehrsfluß die Wirkung aufhebt. An allen Wählerstufen tritt eine Spaltung des Verkehrs gewöhnlich in 10 Teile ein, es fließt aber auch in den meisten Fällen ebensoviel Teilverkehr wieder zusammen, so daß sich die Wirkungen aufheben. Innerhalb des Wählersystems zwischen den Wählerstufen wurden deshalb weder Zuschläge noch Abzüge gemacht. Nur an den Ein- und Ausgängen z. B. an VW und LW sowie auf Verbindungsleitungen mit geringem Verkehr werden derartige Berichtigungen vorgenommen. Die Zuschläge und Abzüge sind unabhängig von der Betriebsgüte und berücksichtigen allein die Schwankungen des mittleren Verkehrswertes.

Man verfährt folgendermaßen: Hat man einen Verkehrswert von 30 VE und teilt sich dieser in 10 gleiche Teile, so kommen auf jeden Teilverkehr 3 VE. Aus der Zuschlagskurve a ergibt sich für 3 VE ein Zuschlag von 25%, so daß für die Bestimmung der Wählerzahl ein Verkehrswert von $3 \cdot 1{,}25 = 3{,}75$ VE zu verwenden ist. Wird damit die Wählerzahl bestimmt, so erhält man den zulässigen Verlust mit einer kleinen Reserve über viele Beobachtungsstunden. In gleicher Weise wird verfahren, wenn ein kleiner Verkehrswert in 2 oder 5 Teile unterteilt wird, wobei dann Zuschläge, die die jeweilige Hilfskurve angibt, verwendet werden. Fließt aus den I. VW-Gruppen Teilverkehr bei den I. GW zusammen, so wird entweder ein Abzug beim Verkehr der I. GW gemacht, wenn der Teilverkehr der I. VW kein wirklicher Mittelwert aus der Beobachtung aller 100er-Gruppen gleichzeitig war, oder es wird ein Zuschlag auf den Teilverkehr am I. VW zu Berechnung der Zahl der Ausgänge gemacht, wenn es ein solcher Mittelwert war, der unverändert zur Bestimmung der Zahl der I. GW verwendet wird. Auch die Größe der Abzüge wird aus der Zuschlagskurve entnommen und entsprechend verwendet.

Es gibt Länder, in denen dieser Zuschlag als überflüssig angesehen und deshalb angezweifelt wird. Ein Beweis für die Notwendigkeit der Zuschläge wird schon erhalten, wenn mit der Konzentration, die für verschieden große Gruppen — entsprechend Absatz 3 — verschieden ist, gerechnet wird. Sind für eine Anlage nur die Faktoren angegeben, wie $C = 10$, $t_m = 1{,}5$ min und $k = 11\%$, so würde sich für die 100er-Gruppe ein Verkehrswert der HVSt ergeben von $W_{100} = 100 \cdot 10 \cdot \dfrac{1}{40} \cdot 0{,}11 = 2{,}75$ VE. Dieser Wert würde für die Bestimmung der Zahl der Ausgänge aus einer 100er-Gruppe zu klein sein, weil die Konzentration zu klein ist. Die angegebene Konzentration gilt für eine große Gruppe, es muß daher der Wert unverändert für den Verkehrswert der I. GW einer 2000er-Gruppe mit $20 \cdot 2{,}75 = 55$ VE benutzt werden. Für die Bestimmung der Zahl der Ausgänge aus einer 100er-Gruppe muß ein Zuschlag von 26% gemacht und daher mit einem Verkehrswert von $2{,}75 \cdot 1{,}26 = 3{,}47$ gerechnet werden. Wollte man den Verkehr der 100er-Gruppe für deren Ausgänge aus den angegebenen Faktoren berechnen, so müßte mit einer Konzentration für kleine Gruppen, entsprechend Absatz 3 mit etwa 14% gerechnet werden. Es ergibt sich dann $W_{100} = 100 \cdot 10 \cdot \dfrac{1}{40} \cdot 0{,}14 = 3{,}5$ VE, der dem früheren Wert mit Zuschlag entspricht. Für die Berechnung des Verkehrswertes der I. GW wird dann ein Abzug nach Abb. 28 von 21% gemacht, woraus sich ein Verkehrswert ergibt von $W_{2000} = 20 \cdot 3{,}5 \cdot 0{,}79 = 55$ VE. Man kann daher rechnen, wie man will; wenn die jeweils richtige Konzentration eingesetzt wird, erhält man stets die zutreffenden Verkehrswerte. Im nächsten Abschnitt wird ein weiterer Nachweis der Notwendigkeit dieser Zuschläge an Hand von umfangreichen Berechnungen erbracht werden, denn die Wählerbestimmungskurven berücksichtigen wohl die Schwankungen der Wählerleistung, nicht aber die Schwankungen des Verkehrs.

6. Die Begründung der Notwendigkeit der Gruppen-zuschläge

Das Teilungsproblem, das in der Wählertechnik sehr wichtig ist, weil der Verkehr sich überall teilt und wieder zusammenfließt, ist schon seit Jahrzehnten behandelt worden. Es wurden dafür frühzeitig die bekannten Verkehrszuschlagskurven entwickelt, die aber mitunter angegriffen worden sind. Es soll daher auch untersucht werden, welchen Einfluß verschiedene Zuschläge auf die Betriebsgüte einer Fernsprechanlage haben.

In Tafel 1, Abschnitt 2, S. 15, ist der Verkehr einer großen Gruppe, der eine gewisse Schwankung aufweist, in 10 Untergruppen aufgeteilt. Die Verkehrswerte dieser Untergruppen zeigen ebenfalls wieder Schwankungen, und zwar sind die Schwankungen in jeder einzelnen Untergruppe erheblich größer als

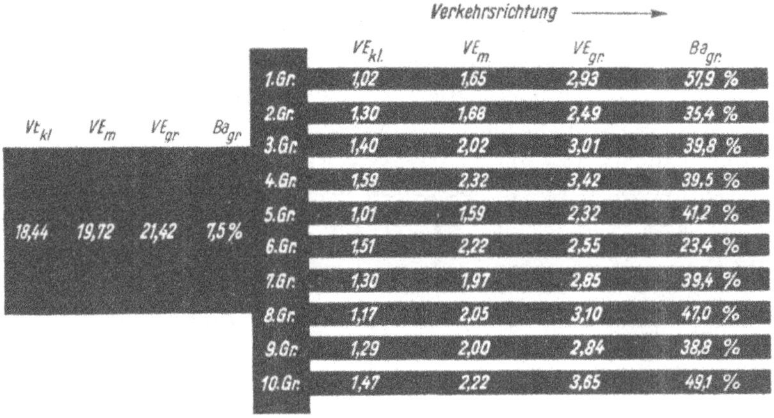

Verkehrsrichtung ————→

	$VE_{kl.}$	VE_m	$VE_{gr.}$	$Ba_{gr.}$
1.Gr.	1,02	1,65	2,93	57,9 %
2.Gr.	1,30	1,68	2,49	35,4 %
3.Gr.	1,40	2,02	3,01	39,8 %
4.Gr.	1,59	2,32	3,42	39,5 %
5.Gr.	1,01	1,59	2,32	41,2 %
6.Gr.	1,51	2,22	2,55	23,4 %
7.Gr.	1,30	1,97	2,85	39,4 %
8.Gr.	1,17	2,05	3,10	47,0 %
9.Gr.	1,29	2,00	2,84	38,8 %
10.Gr.	1,47	2,22	3,65	49,1 %

Große Gruppe: VE_{kl} = 18,44 VE_m = 19,72 VE_{gr} = 21,42 Ba_{gr} = 7,5 %

Abb. 29. Teilung einer Gruppe in 10 Untergruppen. Angabe der kleinsten, mittleren und größten Verkehrswerte sowie der „größten Bezugsabweichung" für 12 Hauptverkehrsstunden.

die in der großen Gruppe. Zur besseren Übersicht ist der in der Tafel 1 angegebene Verkehr einer großen Gruppe mit 10 Untergruppen in Abb. 29 in einer besonderen Art dargestellt. In der großen Gruppe und jeder der Untergruppen sind der kleinste beobachtete Verkehrswert, der Mittelwert und der größte Wert in VE angegeben. Um nun die Schwankungen vergleichen zu können, müßten in der früher angegebenen Art wieder die wahrscheinlichen Abweichungen und die Bezugsabweichungen ermittelt werden. Das ist aber etwas umständlich, weil erst für alle Gruppen die Abweichungskurven aufgestellt werden müßten; es wird hier daher eine etwas einfachere, aber auch ungenauere und nur bei großen Unterschieden und groben Vergleichen zulässige, größtmögliche Bezugsabweichung gebildet. Man erhält diese „größte Bezugsabweichung" Ba_{gr} aus dem größten, mittleren und kleinsten Verkehrswert durch:

$$Ba_{gr} = \frac{1}{2} \cdot \frac{\text{Höchstwert} - \text{Mindestwert}}{\text{Mittelwert}} \cdot 100 \text{ in } \%.$$

Dies ist eine besondere Art von Bezugsabweichung, die man mit den früher besprochenen Bezugsabweichungen nicht vergleichen kann, die aber für den vorliegenden Fall als grober Vergleich der Abweichungen untereinander vollkommen ausreicht.

Bei dem Verkehr der großen Gruppe findet man auf dieser Grundlage in Abb. 29 eine „größte Bezugsabweichung" von $Ba_{gr} = 7,5\%$, bei dem Verkehr der Untergruppen schwankt diese „größte Bezugsabweichung" Ba_{gr} von 23,4 bis 57,9%. Die Schwankungen des Verkehrs der Untergruppen sind daher erheblich — etwa drei- bis siebenmal — größer als die des Verkehrs der großen Gruppe.

Bei Betrachtung dieser großen und unterschiedlichen Verkehrsschwankungen erhebt sich die Frage, welcher Verkehrswert der Untergruppen nun eigentlich zur Bestimmung der Betriebsmittel in den Wählerämtern zugrunde gelegt werden soll. Dabei ist zu beachten, daß die bekannten Wählerbestimmungskurven mit ihrer Betriebsgüte nur die Schwankungen der Leistung der Betriebsmittel bei einem bestimmten Verkehr erfassen; denn die Betriebsgüte ergibt sich bei dem zugrunde gelegten Verkehrswert als Mittelwert aus einer großen Zahl von beobachteten HVSt. Die Schwankungen der Verkehrswerte selbst müssen deshalb außerhalb der Wählerbestimmungskurven und der Betriebsgüte berücksichtigt werden.

Für den der Rechnung zugrunde zu legenden Verkehrswert gibt es die verschiedensten Möglichkeiten, die auf Grund der Verkehrsschwankungen der Tafel 1 hier nacheinander auf ihren Einfluß auf die Betriebsgüte untersucht werden sollen.

Zunächst erscheint es naheliegend, einen Mittelwert aus allen Beobachtungen zu bilden und mit diesem mittleren Verkehrswert die Betriebsmittel der Untergruppen zu bestimmen.

Es wird dabei vielfach angenommen, daß trotz der großen Verkehrsschwankungen um den Mittelwert die der Rechnung zugrunde gelegte Betriebsgüte bei Beobachtung einer genügenden Zahl von HVSt im Mittel erreicht wird. Das ist aber nicht der Fall; denn bei Zunahme des Verkehrswertes steigt der Verlust, bei gleicher Abnahme des Verkehrswertes kann der gleiche Verlust aber nicht eingespart werden, so daß der mittlere Verlust immer größer sein muß als der der Rechnung zugrunde gelegte Wert. Dies zeigen schon ganz grobe Beispiele. Für einen mittleren Verkehrswert von 1 VE braucht man bei $1\%_0$ Verlust fünf Wähler. Schwankt der Verkehr beispielsweise um $\pm 45\%$, wie es nach Abb. 29 möglich ist, so hat man HVSt mit 1,45 VE, die $10\%_0$ Verlust verursachen, und HVSt mit 0,55 VE, die keine Verluste verursachen. Der Mittelwert ist also $5\%_0$ Verlust. Für einen Mittelwert von 1,85 VE benötigt man sieben Wähler. Schwankt der Verkehr wieder um $\pm 45\%$, so erhält man bei 2,68 VE wieder $10\%_0$ Verlust und bei 1,02 VE keine Verluste. Der Mittelwert beträgt also wieder $5\%_0$ Verlust.

Schwankt der Verkehr von 1,85 VE nur um $\pm$ 20%, so erhält man bei 2,22 VE etwa 5%/₀₀ Verlust und bei 1,48 VE etwa 0,5%/₀₀ Verlust, im Mittel also 2,75%/₀₀ Verlust.

Die Beispiele können beliebig fortgesetzt werden, das Ergebnis wird immer etwa das gleiche bleiben. Wenn man daher mit Mittelwerten rechnet, wird man immer einen zu großen Verlust erhalten, wie noch eingehender bewiesen werden wird.

HVSt	Verluste in %/₀₀ in den Gruppen										Mittel-werte
	1	2	3	4	5	6	7	8	9	10	
1.	0,1	0,6	0,6	1,0	3,0	6,0	0,3	1,0	1,5	8,0	2,21
2.	0,9	0,7	0,9	1,0	1,0	5,0	0,3	0,9	0,9	8,0	1,96
3.	0,7	0,1	2,0	3,0	0,3	0,9	6,0	1,0	0,9	1,0	1,59
4.	1,5	0,2	14,0	0,6	0,2	5,0	1,0	0,0	0,5	0,8	2,38
5.	0,0	0,2	2,0	0,7	0,0	0,3	12,0	3,0	12,0	40,0	7,02
6.	0,0	0,6	0,2	30,0	0,0	1,0	1,5	3,0	12,0	6,0	5,43
7.	12,0	0,9	0,8	1,5	1,0	2,0	1,0	0,9	0,9	5,0	2,60
8.	0,0	0,7	2,0	1,0	0,6	6,0	2,0	9,0	4,0	10,0	3,53
9.	3,0	0,2	7,0	0,6	0,2	2,0	0,1	18,0	0,1	0,3	3,15
10.	0,3	0,2	1,5	18,0	0,6	3,0	1,0	0,3	4,0	0,8	2,97
11.	0,5	2,0	0,6	12,0	0,7	1,5	0,9	0,7	0,3	0,6	1,98
12.	0,1	6,0	0,6	12,0	0,2	6,0	0,9	1,0	0,3	0,4	2,75
Mittel-werte	1,59	1,03	2,68	6,78	0,65	3,22	2,25	3,24	3,12	6,74	3,13

In etwa 38% der HVSt sind größere als die zulässigen Verluste entstanden. Größter Verlust 40%/₀₀; durchschnittlicher Verlust über alle HVSt 3,13%/₀₀.

Tafel 2.

Verluste in %/₀₀ in 10 Untergruppen bei dem Verkehr der Tafel 1, wenn die Wählerzahlen für den mittleren Verkehrswert von 2 VE mit 1%/₀₀ Verlust bestimmt worden sind.

In der Tafel 1 beträgt der mittlere Verkehrswert aller 12 HVSt der großen Gruppe 19,72 VE. Rechnet man abgerundet mit 20 VE, so ergibt sich nach der oben angegebenen Rechnungsart für den Verkehrswert der Untergruppen $\frac{20}{10} = 2$ VE.

Wenn nun mit diesem Verkehrswert die Anzahl der Betriebsmittel bestimmt wird, z. B. für eine Betriebsgüte von 1%/₀₀ Verlust, und wenn man nach der Ermittlung noch einmal überprüft, welche Verluste eintreten würden, wenn sich der Verkehr nach den in Tafel 1 angegebenen Verkehrswerten entwickeln würde, so findet man Verluste, wie sie in Tafel 2 für die verschiedenen HVSt der Untergruppen angegeben sind. Man sieht, daß wohl in manchen HVSt der einzelnen Gruppen der Verlust klein ist, daß aber auch in vielen HVSt der Verlust bei weitem den zugrunde gelegten Wert überschreitet.

44

Die Verluste in den einzelnen HVSt der verschiedenen Gruppen schwanken von 0 bis 40$^0/_{00}$; die durchschnittlichen Verluste aller Untergruppen in den einzelnen HVSt schwanken von 0,65 bis 6,78$^0/_{00}$; der durchschnittliche Verlust über alle HVSt und Gruppen beträgt 3,13$^0/_{00}$, übersteigt daher ebenfalls den zugrunde gelegten Verlust. Von den 120 HVSt der Untergruppen sind 46, die in der Tafel 2 hervorgehoben sind, mit größeren als den zulässigen Verlusten behaftet; das sind etwa 38% der beobachteten HVSt.

HVSt	Verluste in $^0/_{00}$ in den Gruppen										Mittelwerte
	1	2	3	4	5	6	7	8	9	10	
1.	0	0	0	0	0	0	0	0	0	0,1	0,01
2.	0	0	0	0	0	0	0	0	0	0,1	0,01
3.	0	0	0	0	0	0	0	0	0	0	0,00
4.	0	0	0,4	0	0	0	0	0	0	0	0,04
5.	0	0	0	0	0	0	0,2	0	0,2	1,0	0,14
6.	0	0	0	0,9	0	0	0	0	0,2	0	0,11
7.	0,3	0	0	0	0	0	0	0	0	0	0,02
8.	0	0	0	0	0	0	0	0,1	0	0,1	0,02
9.	0	0	0,1	0	0	0	0	0,5	0	0	0,06
10.	0	0	0	0,6	0	0	0	0	0	0	0,06
11.	0	0	0	0,2	0	0	0	0	0	0	0,02
12.	0	0	0	0,2	0	0	0	0	0	0	0,02
Mittelwerte	0,025	0	0,04	0,16	0	0	0,017	0,05	0,03	0,11	0,043

Keine HVSt hat einen größeren als den zulässigen Verlust. Größter Verlust 1$^0/_{00}$; durchschnittlicher Verlust über alle HVSt 0,043$^0/_{00}$.

Tafel 3.

Verluste in $^0/_{00}$ in 10 Untergruppen bei dem Verkehr der Tafel 1, wenn die Wählerzahlen nach der ungünstigsten HVSt von 3,65 VE mit 1$^0/_{00}$ Verlust bestimmt worden sind

Das Ergebnis ist unbefriedigend; denn wie die zugrunde gelegte Betriebsgüts von 1$^0/_{00}$ Verlust auf Grund dieser Verluste erläutert werden kann, ist etwae schwierig einzusehen. Man kann nur sagen, daß der zulässige Verlust in etwa 60% der HVSt nicht überschritten wird. Begnügt man sich damit, daß der Verlust in den einzelnen HVSt der Untergruppen teilweise erheblich größer sein kann und daß die Summe über alle HVSt und Untergruppen den zugrunde gelegten Wert ebenfalls etwas übersteigen darf, so kann man diese Berechnungsart verwenden. Will man aber eine bessere Betriebsgüte erreichen, so könnte man zunächst das nachfolgende Verfahren in Betracht ziehen.

Legt man die ungünstigste HVSt mit dem größten beobachteten Verkehrswert der Bestimmung der Betriebsmittel zugrunde, so muß man mit einem Verkehrswert von 3,65 VE rechnen. In der Tafel 3 sind die Verluste angegeben, wenn die Betriebsmittel mit 3,65 VE und einer Betriebsgüte von $1^0/_{00}$ Verlust errechnet sind und wenn der Verkehr sich nach Tafel 1 entwickelt. Man ersieht, daß nur die ungünstigste HVSt die zugrunde gelegte Betriebsgüte von $1^0/_{00}$ Verlust aufweist, während alle anderen HVSt erheblich geringere, vielfach überhaupt keine Verluste haben. Der durchschnittliche Verlust über alle HVSt beträgt nur $0{,}043^0/_{00}$, das ist ein Wert, der den der

HVSt	Verluste in $^0/_{00}$ in den Gruppen										Mittel-werte
	1	2	3	4	5	6	7	8	9	10	
1.	0,0	0,1	0,0	0,4	0,7	1,0	0,0	0,3	0,5	1,0	0,40
2.	0,2	0,1	0,2	0,2	0,3	0,9	0,0	0,2	0,2	1,0	0,33
3.	0,1	0,0	0,5	0,8	0,0	0,2	0,9	0,3	0,2	0,3	0,33
4.	0,5	0,0	**4,0**	0,1	0,0	0,9	0,2	0,0	0,0	0,2	0,59
5.	0,0	0,0	0,6	0,1	0,0	0,0	**2,0**	0,8	**2,0**	**10,0**	1,55
6.	0,0	0,1	0,0	**8,0**	0,0	0,3	0,5	0,8	**2,0**	1,0	1,27
7.	**3,0**	0,2	0,1	0,5	0,2	0,6	0,4	0,3	0,3	0,9	0,65
8.	0,0	0,1	0,6	0,4	0,0	1,0	0,6	1,0	0,8	1,0	0,55
9.	0,7	0,0	1,0	0,0	0,0	0,6	0,0	**5,0**	0,0	0,0	0,73
10.	0,0	0,0	0,5	**6,0**	0,0	0,7	0,3	0,0	0,8	0,1	0,84
11.	0,0	0,6	0,1	**2,0**	0,1	0,5	0,2	0,1	0,0	0,0	0,36
12.	0,0	0,9	0,1	**2,0**	0,0	0,9	0,2	0,3	0,0	0,0	0,44
Mittel-werte	0,38	0,18	0,64	1,71	0,11	0,63	0,44	0,76	0,57	1,29	0,67

In 9% der HVSt sind größere als die zulässigen Verluste entstanden. Größter Verlust $10^0/_{00}$; durchschnittlicher Verlust über alle HVSt $0{,}67^0/_{00}$.

Tafel 4.

Verluste in $^0/_{00}$ in 10 Untergruppen bei dem Verkehr der Tafel 1, wenn die Wählerzahlen für 2 VE mit Zuschlag von 30% gleich 2,6 VE entsprechend den Schwankungen des Verkehrs bei 90% der Beobachtungen mit $1^0/_{00}$ Verlust bestimmt worden sind.

zugrunde gelegten Betriebsgüte weit unterschreitet. Man kann sich bei Betrachtung des Ergebnisses der Einsicht nicht verschließen, daß die Gruppen zu reichlich mit Betriebsmitteln ausgerüstet sind, daß die Verluste also größer sein könnten.

Beide bisher untersuchte Verfahren sind also nicht recht befriedigend. Die Rechnung mit Mittelwerten ergibt zu große, die Rechnung mit dem größten Verkehrswert zu geringe Verluste.

Aus wirtschaftlichen Gründen braucht man nicht mit dem Verkehrswert der ungünstigsten HVSt zu rechnen, die einen ganz zufälligen und unter Umständen recht großen Verkehrswert führen kann. Man könnte vielmehr z. B. den Wert der zweit-, dritt-, viert- oder fünftungünstigsten HVSt nehmen, mit diesem Wert die Betriebsmittel bestimmen und für die wenigen HVSt mit größerem Verkehr einen etwas höheren als den zugrunde gelegten Verlust zu-

46

lassen mit dem Hinweis, daß dies außergewöhnlich ungünstige HVSt sind. Da die in Frage kommende HVSt aber abhängig von der Zahl der Beobachtungen ist, könnte man einen Verkehrswert der Rechnung zugrunde legen, der z. B. bei 90% der Beobachtungen liegt. Bestimmt man mit diesem Wert, der für die Verkehrswerte der Tafel 1 bei etwa 2,6 VE liegt, die Anzahl der Betriebsmittel und prüft dann auf Grund des Verkehrs der Tafel 1 wieder die

| HVSt | Verluste in %o in den Gruppen | | | | | | | | | | Mittelwerte |
	1	2	3	4	5	6	7	8	9	10	
1.	0,0	0,1	0,0	0,5	1,0	**1,5**	0,0	0,5	0,6	**2,0**	0,62
2.	0,3	0,1	0,3	0,4	0,5	1,0	0,0	0,4	0,3	**2,0**	0,53
3.	0,1	0,0	0,8	1,0	0,0	0,3	1,0	0,5	0,3	0,5	0,45
4.	0,7	0,0	**7,0**	0,0	0,0	1,0	0,4	0,0	0,0	0,2	0,93
5.	0,0	0,0	0,9	0,1	0,0	0,0	**4,0**	1,0	**4,0**	16,0	2,60
6.	0,0	0,1	0,0	**10,0**	0,0	0,5	0,6	1,0	**4,0**	1,0	1,72
7.	**6,0**	0,4	0,1	0,8	0,4	1,0	0,5	0,4	0,4	1,0	1,10
8.	0,0	0,1	0,9	0,7	0,0	**1,5**	0,8	**2,0**	1,0	**3,0**	1,00
9.	1,0	0,0	**2,0**	0,0	0,0	0,9	0,0	**8,0**	0,0	0,0	1,19
10.	0,0	0,0	0,6	**8,0**	0,0	1,0 .	0,5	0,0	1,0	0,1	1,12
11.	0,0	0,8	0,0	**5,0**	0,1	0,8	0,2	0,1	0,0	0,0	0,70
12.	0,0	1,0	0,0	**5,0**	0,0	1,0	0,2	0,4	0,0	0,0	0,76
Mittelwerte	0,68	0,22	1,05	2,63	0,17	0,88	0,68	1,19	0,97	2,15	1,06

In 15% der HVSt sind größere als die zulässigen Verluste entstanden. Größter Verlust 16%o; durchschnittlicher Verlust über alle HVSt 1,06%o.

Tafel 5.

Verluste in %o in 10 Untergruppen bei dem Verkehr der Tafel 1, wenn die Wählerzahlen für 2 VE mit Zuschlag von 18,5% gleich 2,37 VE entsprechend den Schwankungen des Verkehrs bei 80% der Beobachtungen mit 1%o Verlust bestimmt worden sind.

entstehenden Verluste, so erhält man Werte, wie sie in Tafel 4 angegeben sind.

Die Verluste in den verschiedenen HVSt schwanken von 0 bis 10%o, die durchschnittlichen Verluste aller Untergruppen in den HVSt von 0,11 bis 1,71%o; der durchschnittliche Verlust über alle HVSt und Untergruppen beträgt 0,67%o und liegt daher etwas unter dem zugrunde gelegten Verlust. Von den 120 HVSt der Untergruppen sind nur noch 11, also etwa 9%, mit größeren als den zulässigen Verlusten behaftet. Die Verluste sind erheblich geringer als diejenigen der Tafel 2; man könnte sagen, daß sie in der Größenordnung der erwarteten Betriebsgüte liegen. Diese Werte sind befriedigend und sind bisher durch die in der Praxis eingeführten Verkehrszuschläge berücksichtigt worden; denn der angewendete Zuschlag entspricht den bisher benutzten Werten der Verkehrszuschlagskurven bei Unterteilung des Verkehrs in 10 Teile. Die bisher verwendeten Zuschlagskurven entsprechen demnach den Schwankungen des Verkehrs bei 90% der Beobachtungen.

Man könnte nun noch einen Schritt weitergehen und die Forderung auf-
stellen, daß der durchschnittliche Verlust über alle HVSt der zugrunde
gelegten Betriebsgüte entsprechen soll. Man müßte dann einen Verkehrswert der Berechnung der Betriebsmittel zugrunde legen, der bei etwa 80% der
Beobachtungen liegt. Das entspricht für den Verkehr der Tafel 1 einem
Verkehrswert von 2,37 VE. Bestimmt man mit diesem Wert die Anzahl der
Betriebsmittel und stellt dann die entstehenden Verluste bei dem Verkehr der
Tafel 1 fest, so erhält man Werte, die in der Tafel 5 angegeben sind. Man
ersieht, daß der durchschnittliche Verlust über alle HVSt $1,06\%_{00}$ beträgt,
daß 15 HVSt größere als die zulässigen Verluste aufweisen und daß der größte
Verlust $16\%_{00}$ für die ungünstigste HVSt beträgt. Auch die Berechnungsart
könnte in Betracht gezogen werden, wenn man sich mit der etwas ungün-
stigeren Betriebsgüte zufrieden gibt. Der Zuschlag bei 80% der Beobachtungen entspricht den eingeführten Zuschlagskurven bei Unterteilung in
5 Teile.

Die Feststellung der Verluste in den Tafeln 2 bis 5 erscheint zunächst
etwas theoretisch, weil mit Bruchteilen von Wählerzahlen in den Untergruppen
gerechnet wurde, man erhält aber das gleiche Ergebnis, wenn Verkehrswerte
genommen werden, die volle Wählerzahlen ergeben. Weiter unterliegen die
angegebenen Verluste natürlich auch großen Schwankungen, weil die Wählerleistung sehr schwankt. Sie sind aber Mittelwerte, und man erhält sie, wenn
man eine große Zahl von HVSt mit dem zugrunde gelegten Verkehr beobachtet.

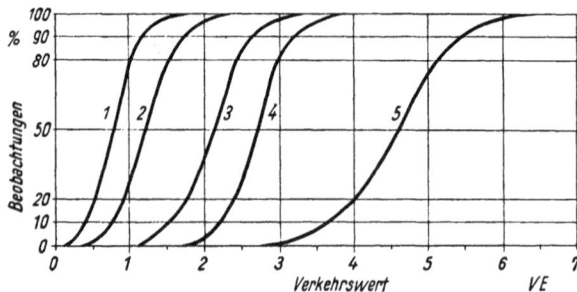

Abb. 30. Schwankungskurven zur Bestimmung der Verkehrszuschlagskurven
für 80% und 90% der Beobachtungen.

Kurve 1: mittlerer Verkehrswert = 0,78 VE,
  „ 2:   „   „   = 1,22 VE,
  „ 3:   „   „   = 2,12 VE,
  „ 4:   „   „   = 2,73 VE,
  „ 5:   „   „   = 4,61 VE.

Sie können als wahrscheinliche Verluste angesehen werden. Die Rechnungsart in dieser Form ist daher zulässig.

In den bisherigen Untersuchungen sind folgende Berechnungsarten der
Betriebsmittel behandelt worden:

   1. Berechnung mit dem Mittelwert aus vielen Beobachtungen, wodurch
      zu große Verluste entstehen,

48

2. Berechnung mit dem größten Beobachtungswert, wodurch die Betriebsgüte viel zu gut wird,

3. Berechnung mit einem Verkehrswert, der bei 90% der Beobachtungen liegt, wodurch eine brauchbare Betriebsgüte über alle HVSt, und zwar ein mittlerer Verlust von etwa $0{,}7\%_{00}$ erreicht wird,

4. Berechnung mit einem Verkehrswert, der bei 80% der Beobachtungen liegt, wodurch über alle HVSt betrachtet, der zugrunde gelegte Verlust von etwa $1\%_{00}$ eingehalten wird.

In Abb. 30 sind für verschiedene Verkehrswerte Schwankungskurven aufgezeichnet, bei denen Linien für 80 und 90% der Beobachtungen durchgezogen sind. Aus diesen Kurven wurden die nachfolgenden Zuschlagskurven entwickelt.

In Abb. 31 sind Zuschlagskurven gemäß den behandelten Rechnungsarten abhängig von den Verkehrswerten der Kurven in Abb. 30 gezeichnet. Sie geben die Zuschläge zum wirklichen mittleren Verkehrswert an, wenn die ungünstigste

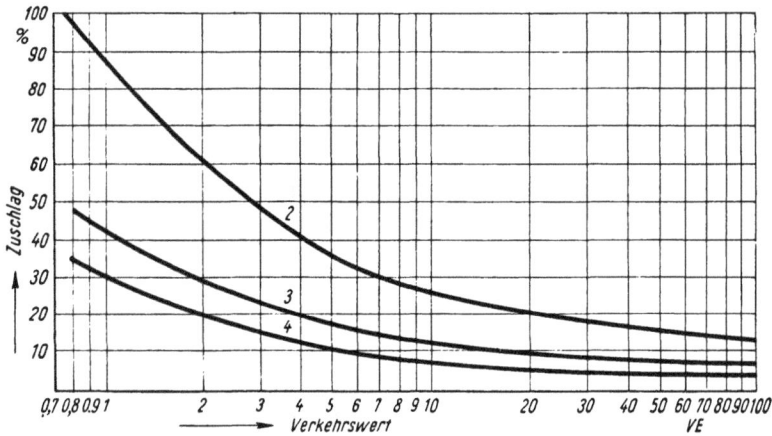

Abb. 31. Verkehrszuschlagskurven.

2 = Schwankungszuschlag bei 100% der Beobachtungen (ungünstigste HVSt),
3 =   ,,   ,, 90% ,,   ,,
4 =   ,,   ,, 80% ,,   ,,

HVSt (Kurve 2), wenn der Wert bei 90% der Beobachtungen (Kurve 3) oder wenn der Wert bei 80% der Beobachtungen (Kurve 4) der Rechnung zugrunde gelegt wird. Es ergeben sich bei Anwendung dieser Verfahren folgende Verluste, wenn die Anzahl der Betriebsmittel für einen Verlust von $1\%_{00}$ bestimmt wurde:

Rechnungsart und Verkehrswert	Höchste Verluste in ⁰/₀₀	Mittlere Verluste über alle HVSt in ⁰/₀₀
Rechnungsart 2 mit größtem Verkehrswert (Kurve 2)	1	0,04
Rechnungsart 3 mit Verkehrswert bei 90⁰/₀ der Beobachtungen (Kurve 3)	10	0,67
Rechnungsart 4 mit Verkehrswert bei 80⁰/₀ der Beobachtungen (Kurve 4)	16	1,06
Rechnungsart 1 mit Mittelwert ohne Zuschläge . .	40	3,13

Bei der Bestimmung der Betriebsmittel muß man sich entscheiden, welche Berechnungsart, d. h. welcher Verkehrswert und welche Zuschläge der Rechnung zugrunde gelegt werden sollen, um die Verkehrsschwankungen auf Grund der zu erfüllenden Garantie zu erfassen. Bisher hat man sich in der Praxis in den meisten Fällen für Rechnungsart 3 entschieden, deren Zuschlagswerte mit der bisher eingeführten Verkehrszuschlagskurve für Unterteilung in 10 Gruppen übereinstimmt. Ist man mit der zugrunde gelegten Betriebsgüte zufrieden, wenn sie sich im Mittel über alle HVSt ergibt, so können auch Zuschläge nach Rechnungsart 4 angewendet werden. Wie schon erwähnt, entspricht die Verkehrszuschlagskurve 4 (Abb. 31), deren Werte bei 80% der Beobachtungen liegen, der bisher eingeführten Zuschlagskurve für Unterteilung in fünf Gruppen. Auch die Berechnungsart 1 mit Mittelwerten ohne Zuschläge, die zu große Verluste ergibt, ist in der Praxis angewendet worden.

Die Berechtigung der Verkehrszuschläge ist, wie erwähnt, mitunter bestritten worden. Wenn man aber die vielen und teilweise recht großen Verluste in der Tafel 2 betrachtet, muß man doch die Frage aufwerfen, ob die Rechnungsart 1 ohne Zuschläge empfehlenswert ist, da ihr Ergebnis erheblich von der zugrunde gelegten Betriebsgüte abweicht. Die Verkehrszuschläge sind entwickelt worden, um die Verluste zu vermindern, und zwar sollte der Zuschlag die größere Schwankung des Verkehrswertes kleinerer Gruppen berücksichtigen. Es sollten gewissermaßen die Verkehrswerte ungünstiger HVSt, die im gewöhnlichen Verkehr vorkommen, erfaßt werden; Ausnahmen, nämlich eine gelegentliche, besonders starke Überlastung, sollten dabei nicht berücksichtigt werden. Nach der Tafel 4 wird diese Aufgabe durch die eingeführten Zuschläge voll erfüllt. Die Verkehrszuschläge, die gemäß Abb. 31 von der Stärke des Verkehrs abhängig sind, berücksichtigen daher die verschiedenen Verkehrsschwankungen; sie sind aber ganz unabhängig davon, mit welcher Betriebsgüte die Anzahl der Betriebsmittel bestimmt wird, d. h. ob mit 1⁰/₀₀ oder 1⁰/₀ Verlust. Die Zuschläge sind an sich wohl unabhängig von der Betriebsgüte; sie beeinflussen diese aber insofern, als durch sie der Grad der Angleichung bestimmt wird. Die Bedeutung der Verkehrszuschläge wächst mit abnehmenden Verkehrswerten, weil dabei die Verkehrsschwankungen stark zunehmen.

Es soll aber darauf hingewiesen werden, daß es zweckmäßig ist, auch für große Verkehrswerte dann Zuschläge zu machen, wenn nur der Mittelwert aus vielen Beobachtungen zur Verfügung steht; denn auch große Verkehrswerte zeigen Schwankungen, die durch die Wählerbestimmungskurven nicht erfaßt werden. Der Zuschlagswert, der sich wieder nach der zu erfüllenden Garantie richtet, ist allerdings erheblich kleiner, wie aus Abb. 31 zu ersehen ist.

Alle Berechnungen der Verluste in den Tafeln 2 bis 5 sind für einen mittleren Verkehrswert von 2 VE durchgeführt worden, entsprechend der Tafel 1. Legt man andere Verkehrswerte zugrunde, so werden auch andere Verluste eintreten, und zwar werden die Differenzen größer, wenn mit kleineren Verkehrswerten gerechnet wird, sie werden kleiner, wenn man mit größeren Verkehrswerten rechnet; dies lassen auch die Zuschlagskurven in Abb. 31 erkennen. An dem grundsätzlichen Ergebnis wird aber dadurch nichts geändert.

Betrachtet man wieder die Tafel 1, so findet man, daß die Mittelwerte der verschiedenen Gruppen verschieden sind. Diese Verschiedenheit wird man in der Praxis nach Möglichkeit durch Umlegungen innerhalb der Gruppen auszugleichen suchen. Da ein Ausgleich aber nur bis zu einem gewissen Grade erreichbar ist, wird man mit einer gewissen Verschiedenheit rechnen müssen. Man könnte nun die Frage aufwerfen, welchen Einfluß eine derartige Verschiedenheit hat, ob man mit allgemeinen Verkehrswerten rechnen kann oder ob die Gruppen einzeln behandelt werden müssen.

In Tafel 6 sind die Verluste aufgezeichnet, wenn die Betriebsmittel der Untergruppen nach ihrem eigenen Mittelwert mit Zuschlägen entsprechend der Kurve 3 in Abb. 31 berechnet werden. Dabei sind Gruppen mit praktisch gleichen Verkehrswerten zusammengefaßt, und zwar:

die Gruppen 1, 2 und 5 mit einem Mittelwert von 1,64 VE und einem Zuschlag von 35% (Rechnungswert 2,21 VE),

die Gruppen 3, 7, 8 und 9 mit einem Mittelwert von 2 VE und einem Zuschlag von 30% (Rechnungswert 2,6 VE),

die Gruppen 4, 6 und 10 mit einem Mittelwert von 2,25 VE und einem Zuschlag von 29% (Rechnungswert 2,9 VE).

Die Tafel 6 zeigt, daß die Verluste mit den Verlusten der Tafel 4 im großen und ganzen übereinstimmen. Sie sind wohl ein klein wenig besser verteilt, doch ist das Ergebnis praktisch dasselbe; denn in 9% der HVSt ist der durchschnittliche Verlust ebenfalls überschritten; er beträgt über alle HVSt 0,64‰, ist also nahezu gleich groß. Daraus ergibt sich, daß es genügt, wenn man mit einem Zuschlag zu dem Mittelwert aller HVSt rechnet. Man verzichtet dabei auf eine etwas bessere Verteilung der Verluste, kann dafür einfacher rechnen und erhält trotzdem dieselbe Betriebsgüte über alle HVSt.

HVSt	Verluste in ‰ in den Gruppen										Mittelwerte
	1	2	3	4	5	6	7	8	9	10	
1.	0,0	0,3	0,0	0,2	**2,0**	0,7	0,0	0,3	0,5	0,9	0,49
2.	0,7	0,4	0,2	0,1	0,8	0,6	0,0	0,2	0,2	0,9	0,41
3.	0,4	0,0	0,5	0,5	0,1	0,0	0,9	0,3	0,2	0,1	0,30
4.	1,0	0,0	**4,0**	0,0	0,0	0,5	0,2	0,0	0,0	0,0	0,57
5.	0,0	0,0	0,6	0,0	0,0	0,0	**2,0**	0,8	**2,0**	**8,0**	1,34
6.	0,0	0,3	0,0	**5,0**	0,0	0,1	0,5	0,8	**2,0**	0,6	0,93
7.	**8,0**	0,7	0,1	0,2	0,8	0,3	0,4	0,3	0,3	0,6	1,17
8.	0,0	0,4	0,6	0,2	0,3	0,7	0,6	1,0	0,8	0,9	0,55
9.	1,0	0,0	1,0	0,0	0,1	0,3	0,0	**5,0**	0,0	0,0	0,74
10.	0,1	0,0	0,5	**1,5**	0,2	0,4	0,3	0,0	0,8	0,0	0,38
11.	0,2	1,0	0,1	1,0	0,4	0,2	0,2	0,1	0,0	0,0	0,32
12.	0,0	**3,0**	0,1	1,0	0,0	0,6	0,2	0,3	0,0	0,0	0,52
Mittelwerte	0,95	0,51	0,64	0,81	0,39	0,37	0,44	0,76	0,57	1,0	0,64

Die zulässigen Verluste werden in 9% der HVSt etwas überschritten. Größter Verlust 8‰; durchschnittlicher Verlust über alle HVSt 0,64‰.

Tafel 6.

Genaue Berechnung der Verluste in ‰ nach dem Mittelwert jeder Untergruppe der Tafel 1 mit Zuschlägen.

Gruppe 1, 2, 5 = Mittelwert: 1,64 VE; Zuschlag: 35%; Rechnungswert: 2,21 VE
,, 3, 7, 8, 9 = ,, : 2,0 VE; ,, : 30%; ,, : 2,6 VE
,, 4, 6, 10 = ,, : 2,25 VE; ,, : 29%; ,, : 2,9 VE

Man könnte nun noch die Frage stellen, welcher Verkehrswert verwendet werden soll, wenn die Betriebsmittel für eine einzelne Gruppe, losgelöst aus ihrem Verbande, bestimmt werden sollen und nur Mittelwerte aus der Hauptverkehrszeit von 8 bis 12 Uhr bekannt sind. Auch für diesen Fall gelten die angestellten Überlegungen; denn die Verkehrswerte einer einzelnen Gruppe schwanken, allein abhängig von der Verkehrsgröße, in gleicher Weise wie der Verkehr der Untergruppen, die durch Teilung einer größeren Gruppe entstanden sind. Man könnte daher zunächst mit derartigen Mittelwerten rechnen und würde wieder zu große Verluste erhalten. Rechnet man mit dem ungünstigsten Wert, so wird die Betriebsgüte zu hoch; rechnet man mit dem Verkehrswert von 90% der Beobachtungen, so erhält man eine brauchbare, aber über alle HVSt etwas bessere als die zugrunde gelegte Betriebsgüte; rechnet man mit 80% der Beobachtungen, so ergibt sich die zugrunde gelegte Betriebsgüte über alle HVSt. Welche Zuschlagskurve bzw. welcher Zuschlag genommen werden muß, richtet sich wieder nach dem gewünschten Ergebnis bzw. nach der zu erfüllenden Garantie. Es gelten daher für eine einzelne Gruppe ebenfalls die Zuschlagskurven von Abb. 31. Als Beweis dafür kann wieder der Verkehr der Tafel 1 herangezogen werden.

Betrachtet man die Gruppen 3, 7 und 9 der Tafel 1, losgelöst aus ihrem Verbande, als nur für sich bestehende einzelne Gruppen, so findet man bei jeder Gruppe, daß sie einen mittleren Verkehr in der Hauptverkehrszeit von etwa 2 VE hat. Bestimmt man damit die Wählerzahlen und prüft die Verluste, so findet man gemäß Tafel 2 einen durchschnittlichen Verlust über alle HVSt von 2,25 bis $3,12^0/_{00}$ und in etwa $42^0/_0$ der HVSt eine Überschreitung des zulässigen Verlustes. Rechnet man aber mit einem Verkehrszuschlag zum Mittelwert, entsprechend $90^0/_0$ der Beobachtungen, bestimmt damit die Wählerzahlen und prüft dann die Verluste, so findet man die Werte in Tafel 4, die ergeben, daß der durchschnittliche Verlust über alle HVSt von 0,44 bis $0,64^0/_{00}$ schwankt und daß nur in $11^0/_0$ der HVSt die zulässigen Verluste überschritten werden. Rechnet man mit einem Verkehrszuschlag entsprechend $80^0/_0$ der Beobachtungen, so erhält man nach Tafel 5 einen durchschnittlichen Verlust von 0,68 bis $1,05^0/_{00}$.

Man muß daher auch bei einzelnen Gruppen Verkehrszuschläge entsprechend der verlangten Garantie machen, wenn nur die reinen Mittelwerte aus der Hauptverkehrszeit und nicht aus den einzelnen HVSt über eine große Reihe von Beobachtungen zur Verfügung stehen.

Die Fälle, wo die in Rechnung zu setzenden Verkehrswerte einzelner Gruppen zu bestimmen sind, werden aber selten sein, weil die in den Wählerämtern vorkommenden Verkehrswerte im allgemeinen durch Teilung oder Zusammenfluß entstehen.

Untersucht man die Verkehrswerte und die aufgetretenen Verluste bei der Unterteilung einer Gruppe in nur zwei Teile und verwendet man dafür die Gruppen 1 und 2 der Tafel 1, aus ihrem bisherigen Verband herausgelöst gedacht, so findet man die in der Tafel 7 angegebenen Werte für Verluste, wenn der Verkehrswert einmal ohne Zuschläge und das andere Mal mit Zuschlägen zugrunde gelegt wird.

Zu der Berechnung der Verluste in der Tafel 7 ist folgendes zu sagen: Zunächst ist der Summenverkehr der beiden Gruppen angegeben, aus dem sich ein Mittelwert in der Hauptverkehrszeit von 3,33 VE ergibt. Bei der Berechnung der Wählerzahlen ohne Verkehrszuschläge wird ein Verkehrswert von $\frac{3,33}{2} = 1,66$ VE zugrunde gelegt. Es ergeben sich dann bei dem Verkehr der Tafel 1 die verschiedenen Verluste, wie sie in den Spalten 3, 4 und 5 der Tafel 7 angegeben sind.

Wird mit Zuschlägen gerechnet, so kann der Mittelwert nicht unmittelbar zugrunde gelegt werden; denn in jedem Verkehrsfluß der ganzen Anlage müssen diejenigen Schwankungen berücksichtigt werden, die zuvor bei der Untersuchung einer einzelnen Gruppe gezeigt wurden. Man muß demnach bei 3,3 VE mit einem Zuschlag von rd. 20% gemäß der Zuschlagskurve in Abb. 28 für 90% der Beobachtungen rechnen. Es ergibt sich ein Verkehrswert von $3,33 \cdot 1,2 = 3,9$ VE als Rechnungswert. Teilt man nun diesen Wert in zwei Teile, so kommt zu dem Teilwert noch ein Verkehrszuschlag von $10^0/_0$ nach der bekannten Kurve für Zweiteilung hinzu; man muß demnach mit einem Verkehrswert des Teilverkehrs von $\frac{3,9}{2} \cdot 1,1 = 2,1$ VE rechnen. Mit diesem Verkehrswert sind die Verluste errechnet worden, die in den Spalten 6, 7 und 8 der Tafel 7 angegeben sind. Daraus ergibt sich, daß die Verluste ebenso groß sind und ebensosehr schwanken wie in den Tafeln 2 und 4; man kann also sagen, daß das Ergebnis praktisch dasselbe ist. Der

HVSt	Summe d. Verkehrs- werte in VE	Verluste in $^0/_{00}$ bei Rechnung ohne Zuschlag (Verkehrswert = 1,66 VE)			Verluste in $^0/_{00}$ bei Rechnung mit Zuschlag (Verkehrswert = 2,1 VE)		
		Gruppe 1	Gruppe 2	Mittelwert	Gruppe 1	Gruppe 2	Mittelwert
1.	2,94	0,4	1,0	0,7	0,0	0,2	0,1
2.	3,62	**3,0**	**1,5**	2,25	0,6	0,4	0,5
3.	3,02	1,0	0,5	0,75	0,4	0,0	0,2
4.	3,49	**7,0**	0,6	3,8	1,0	0,0	0,5
5.	2,40	0,2	0,6	0,4	0,0	0,0	0,0
6.	2,69	0,1	1,0	0,55	0,0	0,2	0,1
7.	4,83	**35,0**	**4,0**	19,5	**8,0**	0,7	4,35
8.	2,94	0,3	**1,5**	0,9	0,0	0,4	0,2
8.	3,70	**10,0**	0,7	5,35	1,0	0,0	0,5
10.	2,82	0,8	0,6	0,7	0,1	0,0	0,05
11.	3,78	1,0	**8,0**	4,5	0,2	1,0	0,6
12.	3,78	0,5	**12,0**	6,25	0,0	**2,0**	1,0
Mittel- werte	3,33	4,94	2,67	3,8	0,94	0,41	0,67

Tafel 7.

Verluste in $^0/_{00}$ in zwei Untergruppen (Gruppe 1 und 2 der Tafel 1), wenn die Wähler-zahlen aus dem Mittelwert ohne und mit Gruppenzuschlag bei $1^0/_{00}$ Verlust bestimmt werden.

mittlere Verlust über alle HVSt beträgt bei der Rechnung ohne Verkehrs-zuschlag $3,8^0/_{00}$, bei Verwendung des Verkehrszuschlages wieder $0,67^0/_{00}$. Ohne Verkehrszuschlag überschreiten wieder etwa $38^0/_0$ der HVSt, mit Verkehrszuschlag weniger als $10^0/_0$ der HVSt die zulässigen Verluste.

Untersucht man noch zwei andere Gruppen der Tafel 1, z. B. Gruppe 3 und 9, losgelöst aus dem Zusammenhange, so findet man für beide Gruppen zusammen einen mittleren Verkehrswert in der Hauptverkehrszeit von etwa 4 VE. Ohne Zuschlag ergeben sich für $\frac{4}{2} = 2$ VE aus Tafel 2 wieder Verluste über alle HVSt von 2,68 und $3,12^0/_{00}$. Bei einem Verkehrszuschlag von $20^0/_0$ ergibt sich ein Verkehrswert von 4,8 VE; auf jede Gruppe entfällt 2,4 VE, zuzüglich eines Zuschlags gemäß der bekannten Kurve für Zweiteilung,

54

also etwa 2,6 VE. Die Verluste können aus der Tafel 4 abgelesen werden, deren Werte ebenfalls bei 2,6 VE ermittelt worden sind. Es ergeben sich mittlere Verluste von 0,64 und 0,57 $^0/_{00}$, wie zu erwarten war.

Damit ist die Wirkung der verschiedenen Verkehrszuschläge bei der Verkehrsteilung in verschieden viele Untergruppen sowie bei einzelnen Gruppen nachgewiesen.

Bei der Wählerzahlberechnung müßte strenggenommen jeder einzelne Verkehrswert, wenn er ein wirklicher Mittelwert ist, einen Zuschlag nach Abb. 28, Kurve c, erhalten, weil diese Kurve alle Verkehrsschwankungen über den Mittelwert berücksichtigt. Die Feststellung, ob ein wirklicher Mittelwert vorliegt, ist aber schwierig. Man erhält mit Sicherheit den Mittelwert bei Teilung eines Verkehrswertes in viele Teile, nicht aber bei Teilung in nur wenige Teile. Aus diesem Grunde sind früher die Zuschlagskurven für verschiedene Teilungen entwickelt worden.

Beim Verkehrszusammenfluß tritt nun eine ähnliche Wirkung auf. Jeder Verkehrsstrom schwankt entsprechend seiner Größe. Fließen nun mehrere Verkehrsströme zusammen, so wird der Summenverkehr natürlich größer und damit ausgeglichener, und die Verkehrsschwankungen vermindern sich. Der Untersuchung kann man wieder den Verkehr der Tafel 1 zugrunde legen, wenn man sich die Richtung des Verkehrs umgekehrt denkt. In diesem Falle würden sich jedoch nicht die größten HVSt jeder Untergruppe addieren; denn sie fallen in ganz verschiedene Zeiten, wie Tafel 1 erkennen läßt, in der diese HVSt hervorgehoben sind. Der Verkehr der Untergruppen wird nicht mit der allerungünstigsten HVSt, also derjenigen, die den größten Verkehr führt, sondern nach den früheren Überlegungen mit einem etwas geringeren Wert in Rechnung gesetzt werden. Nimmt man den Verkehrswert bei 90 $^0/_0$ der Beobachtungen an, so wird man der Wirklichkeit nahekommen. Addiert man alle diese Werte der Untergruppen, so ergeben sich 26 VE; dieser Wert ist auch noch viel zu groß, um als Summenwert für die große Gruppe zu gelten. Subtrahiert man gemäß den Verkehrszuschlägen und Abzügen rd. 25 $^0/_0$, so erhält man 19,5 VE, einen Wert, der mit dem Mittelwert des Summenverkehrs gut übereinstimmt. Teilungszuschläge und -abzüge sind daher gleich und müssen sinngemäß verwendet werden.

Alle Ergebnisse wären viel ausgeglichener und nicht so sprunghaft, wenn eine größere Anzahl von HVSt den Untersuchungen zugrunde gelegt worden wäre. Da aber dann sehr viele HVSt hätten untersucht werden müssen, wodurch die Übersichtlichkeit leiden würde, ohne aber an dem Ergebnis etwas zu ändern, ist die Untersuchung auf die 12 HVSt der Tafel 1 beschränkt worden.

Alle Rechnungen sind für eine Betriebsgüte von 1 $^0/_{00}$ Verlust durchgeführt worden. Man erhält natürlich andere Verluste, wenn eine andere Betriebsgüte, z. B. 1 $^0/_0$ Verlust, zugrunde gelegt wird. Die Verhältnisse und daher auch die grundsätzlichen Ergebnisse bleiben aber die gleichen.

Auf Grund der vorliegenden Untersuchungen kann folgendes gesagt werden:

Eine Schwankung wird nach den bisherigen Ausführungen gekennzeichnet durch die wahrscheinliche Abweichung A_w, die den Unterschied zwischen Mittelwert und Wert bei 25% und 75% der Fälle angibt. 2 A_w geben bei den Verkehrsschwankungen den Unterschied an zwischen Mittelwert und Wert bei 10% und 90% der Fälle, wie aus Abb. 8 zu ersehen ist. Da sich die Zuschlagskurven auf den Wert bei 90% der Fälle beziehen, ist damit der Zusammenhang zwischen wahrscheinlicher Abweichung und Verkehrszuschlägen gegeben. Die Zuschlagskurven geben die Bezugsabweichungen bei 90% der Fälle an, während die Bezugsabweichungen bei 75% der Fälle, die der Berechnung der wahrscheinlichen Abweichung zugrunde zu legen sind, die Hälfte betragen. Man kann daher die wahrscheinliche Abweichung für die Schwankungskurven jedes Verkehrswertes aus den Zuschlägen Z errechnen:

$$A_w = \frac{Z}{100} \cdot \frac{VE_{50}}{2} \text{ in VE.}$$

Wenn nun noch bekannt wird, daß 3 A_w den Unterschied zwischen Mittelwert und Wert bei 2,5% und 97,5% der Fälle angeben, ist man damit in der Lage, die Verkehrsschwankungen für jeden beliebigen Verkehrswert zu errechnen; denn man erhält z. B. für 4 VE mit $A_w = 0,4$ VE folgende Kurvenpunkte:

$$
\begin{array}{llll}
\text{Bei } 2,5\% \text{ der Fälle} & VE_{50} - 3\,A_w = 2,8 \text{ VE} \\
\text{,, } 10\% \text{ ,, ,,} & VE_{50} - 2\,A_w = 3,2 \text{ VE} \\
\text{,, } 25\% \text{ ,, ,,} & VE_{50} - 1\,A_w = 3,6 \text{ VE} \\
\text{,, } 50\% \text{ ,, ,,} & VE_{50} \qquad\ \ = 4 \quad \text{ VE} \\
\text{,, } 75\% \text{ ,, ,,} & VE_{50} + 1\,A_w = 4,4 \text{ VE} \\
\text{,, } 90\% \text{ ,, ,,} & VE_{50} + 2\,A_w = 4,8 \text{ VE} \\
\text{,, } 97,5\% \text{ ,, ,,} & VE_{50} + 3\,A_w = 5,2 \text{ VE}
\end{array}
$$

Abb. 32 zeigt derartige errechnete Verkehrsschwankungskurven von 1 bis 10 VE, worin auch die jeweiligen wahrscheinlichen Abweichungen und die Bezugsabweichungen angegeben sind.

Auch die Wählerschwankungskurven lassen sich in ähnlicher Weise auf Grund der Kurve für die Bezugsabweichungen in Abb. 15 errechnen. Man

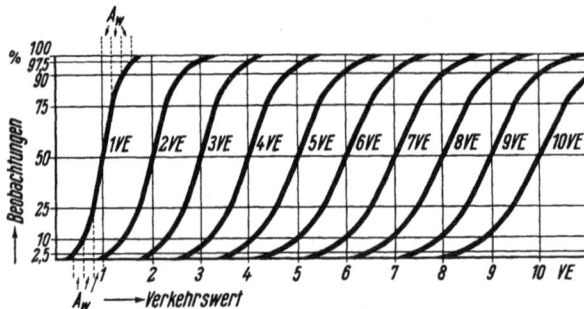

Abb. 32. Errechnete Verkehrsschwankungskurven von 1 bis 10 VE.

Für:	1	2	3	4	5	6	7	8	9	10	VE
$A_w =$	0,22	0,3	0,35	0,40	0,45	0,48	0,50	0,52	0,54	0,55	VE
$B_w =$	22	15	12	10	9	8	7	6,5	6	5,5	%

56

muß, um die wahrscheinlichen Abweichungen bestimmen zu können, den richtigen Mittelwert zugrunde legen. Als Mittelwert können ohne große Fehler die Werte der bekannten Wählerbestimmungskurven für 1% Verlust angenommen werden, da deren Werte etwa in der Mitte der Schwankungen liegen. Auf dieser Grundlage sind die Wählerschwankungskurven in Abb. 33 errechnet worden.

Alle errechneten Schwankungskurven stimmen mit den früher gemessenen überein, sind aber ausgeglichener als diese.

Die Wählerberechnungskurven für vollkommene und unvollkommene Bündel, die später noch gezeigt und behandelt werden,, sowie die Ver-

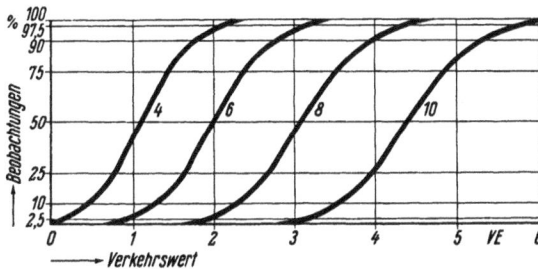

Abb. 33. Errechnete Wählerschwankungskurven für 4 bis 10 Wähler.

Für:	4	6	8	10 Wähler
A_μ =	0,33	0,38	0,41	0,44 VE
B_μ =	30	19	13	10 %

kehrszuschlagskurven wurden auf Grund von Verkehrsmessungen entwickelt, die in den Jahren 1914 bis 1916 gemacht wurden. Bei der Ableitung der Kurven aus den Messungen war diejenige für unvollkommene Bündel erheblich schwieriger als die für vollkommene Bündel, weil überhaupt erst die richtige Art der Messung und die Beziehung zur Betriebsgüte ermittelt werden mußten. Seit jener Zeit sind die Kurven für vollkommene Bündel vielfach durch Wahrscheinlichkeitsrechnungen bestätigt worden; dagegen gibt es für unvollkommene Bündel bis heute noch keine Berechnungen, obwohl diese Bündel weit zahlreicher in den Selbstanschlußämtern vorkommen als vollkommene Bündel. Da die Leistung unvollkommener Bündel nicht nur von der Güte der Misch- und Staffelschaltung, sondern auch von der Gleichmäßigkeit des Verkehrszuflusses abhängt, ist es erklärlich, daß heute noch mitunter Schwierigkeiten bei der Messung und Beurteilung unvollkommener Bündel auftreten.

Man erhält größere als in den Kurven angegebene Leistungen, wenn man mit besonderen Mitteln ausgeglichenen Verkehr der Misch- und Staffelschaltung zuführt, man erhält kleinere Leistungen bei groben Unregelmäßigkeiten im Verkehrszufluß. Die Kurven beruhen auf einem ausgeglichenen Verkehrszufluß ohne grobe Unregelmäßigkeiten, wie er in der Praxis ohne besondere Mittel leicht zu erreichen ist.

Die Verkehrszuschlagskurven sind ebenfalls seinerzeit aus den Messungen abgeleitet worden. Die Zuschläge berücksichtigen die Verkehrsschwankungen und sind unabhängig von der der Berechnung der Ausrüstung zugrunde zu legenden Betriebsgüte. Ihr Einfluß ist erneut nachgewiesen worden.

Aus den Beobachtungen, Darstellungen und Untersuchungen können folgende Schlüsse gezogen werden, die die bisherigen Erkenntnisse bestätigen und zum Teil erweitern: In den Wählerämtern schwanken sowohl der Verkehrswert als auch die Leistung der Betriebsmittel. Die Schwankungen sind in beiden Fällen abhängig von der Größe des Verkehrs. Mit zunehmendem Verkehr werden die Schwankungen, sowohl des Verkehrswertes als auch der Wählerleistung, bezogen auf den Mittelwert, kleiner. Dabei nimmt die Schwankung der Wählerleistung, die bei kleinem Verkehr größer ist, stärker ab als die Schwankung des Verkehrswertes. Die Verkehrs- und Wählerleistungsschwankungen in allen Wählerstufen sind gleichartig und von derselben Größenordnung. Die Konzentration schwankt ebenfalls; sie und ihre Schwankungen sind bei kleinen Gruppen größer als bei großen Gruppen. Die Belegungsdauer ist sehr verschieden; zahlenmäßig überwiegen die Belegungen von kurzer Dauer. Die bisher verwendeten Wählerbestimmungskurven mit ihrer Betriebsgüte werden bestätigt.

Die Bestimmung der Betriebsmittel in den Wählerämtern aus mittleren Verkehrswerten ergibt besonders für kleinere Werte zu große Verluste. Die Anwendung der bekannten Verkehrszuschläge führt, ohne unwirtschaftlich zu sein, zu einer brauchbaren Betriebsgüte. Verkehrszuschläge an sich sind unabhängig von der Betriebsgüte; die Betriebsgüte aber wird selbst erheblich durch die Zuschläge beeinflußt. Wenn bei einzelnen Gruppen nur die mittleren Verkehrswerte aus einer großen Zahl von Beobachtungen in der Hauptverkehrszeit bekannt sind, so sollten zur Bestimmung der Zahl der Betriebsmittel ebenfalls Verkehrszuschläge gemacht werden. Verkehrszuschläge berücksichtigen die größeren Verkehrsschwankungen kleiner Gruppen. Sie sollten aber auch bei größeren Gruppen, wenn nur Mittelwerte bekannt sind, angewendet werden. Die Schwankungen der Leistung der Betriebsmittel in den einzelnen Gruppen werden durch die Wählerbestimmungskurven berücksichtigt. In der Praxis muß diejenige Berechnungsart der Betriebsmittel verwendet werden, die der verlangten Garantie entspricht. Die Zuschlagskurven geben nicht nur die Verkehrszuschläge an, sondern ermöglichen auch, die Schwankungskurven zu errechnen.

Wie sich die Schwankungen des Verkehrs im Vergleich zu den Schwankungen der Wählerleistung bei verschieden großen Bündeln verhalten, zeigt Abb. 34. Es sind für jede der drei dargestellten Bündelgrößen von 10er-, 50er- und 100er-Bündeln mehrere Verkehrskurven und je eine Kurve der Schwankungen der Wählerleistung gezeichnet. Den verschiedenen Verkehrskurven sind verschiedene Verkehrswerte mit und ohne Zuschläge, die die betreffende Bündelgröße bei verschiedener Betriebsgüte von $1^0/_0$ und $1^0/_{00}$ ergibt, zugrunde gelegt und deren Schwankungen dargestellt.

Die Kurven *1* zeigen die Schwankungen der Wählerleistung der drei verschiedenen Bündel. Die Kurven *2* zeigen die Schwankungen des Verkehrs, wenn der mittlere Verkehrswert ohne Zuschläge so bestimmt wird, daß man die betreffende Wählerzahl mit einer Betriebsgüte von $1^0/_0$ Verlust erhält. Die Kurven *1* und *2* fallen bei 50er- und 100er-Bündeln zusammen. Die Kurven *3* stellen die Verkehrsschwankungen dar, wenn der mittlere Verkehrswert mit Zuschlägen so gewählt wird, daß sich die Wählerzahl mit $1^0/_0$ Verlust ergibt. Die Kurven *4* zeigen die Schwankungen des Verkehrs, wenn der mittlere Verkehrswert ohne Zuschläge und bei einer Betriebsgüte von $1^0/_{00}$ Verlust und die Kurven *5* die Schwankungen des Verkehrs, wenn der mittlere Verkehrswert mit Zuschlägen und einer Betriebsgüte von $1^0/_{00}$ Verlust so gewählt wird, daß sich die betreffenden drei Bündel ergeben.

Aus diesen Kurven kann man deutlich die Größe der Gefahr für Verluste ersehen, die besteht, wenn die Schwan-

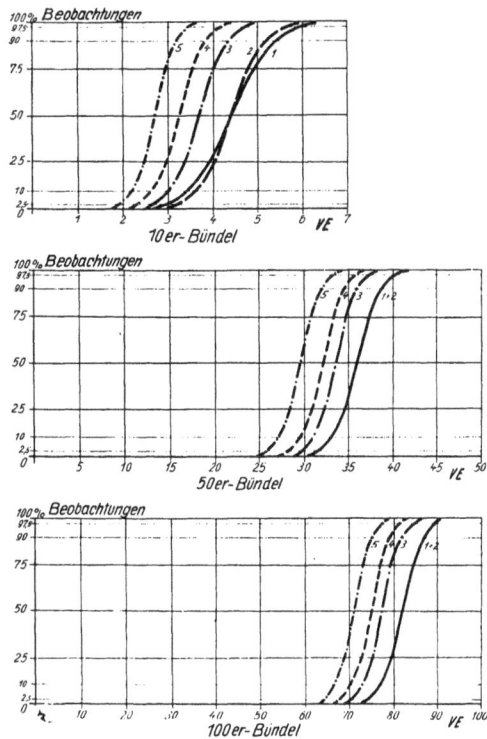

Abb. 34. Schwankungen des Verkehrs und der Wählerleistung bei verschiedener Betriebsgüte und verschiedenen Bündeln.

Kurven 1 zeigen Schwankungen der Wählerleistung bei 10, 50 und 100 Wählern
Kurven 2 zeigen Schwankungen des Verkehrs bei $1^0/_0$ Verlust ohne Zuschläge
Kurven 3 zeigen Schwankungen des Verkehrs bei $1^0/_0$ Verlust mit Zuschlägen
Kurven 4 zeigen Schwankungen des Verkehrs bei $1^0/_{00}$ Verlust ohne Zuschläge
Kurven 5 zeigen Schwankungen des Verkehrs bei $1^0/_{00}$ Verlust mit Zuschlägen

kungen des Verkehrs die geringste Wählerleistung übersteigen. Demzufolge ergeben sich auch verschiedene Verluste bei den verschiedenen Berechnungsarten. Berechnet man den Verkehr aus Mittelwerten ohne Zuschläge, derart, daß man bei $1^0/_0$ Verlust die Bündelgröße erhält, so ergeben sich im Mittel über viele Stunden gemäß Kurve *2* mehr als $3^0/_0$ Verluste; berechnet man den Verkehrswert dagegen mit Zuschlägen, so kommen gemäß Kurve *3* nur knapp $1^0/_0$ Verluste vor. Rechnet man den Verkehr mit $1^0/_{00}$ Verlust ohne Zuschläge, so treten gemäß Kurve *4* mehr als $3^0/_{00}$ Verluste auf, mit Zuschlägen gemäß Kurve *5* nur knapp $1^0/_{00}$ Verluste bei den verschieden großen Bündeln.

Die Kurven geben einen guten Überblick über die Schwankungen des Verkehrs und die der zugehörenden Wählerleistung, zeigen die Größe der Gefahr für Verluste bei den verschiedenen Berechnungsarten und lassen die Wichtigkeit und den Einfluß der Zuschläge zu den mittleren Verkehrswerten deutlich erkennen.

7. Die Betriebsgüte, die Summierung der Verluste und der Einfluß des Tagesverkehrs

Die Betriebsgüte einer Anlage umfaßt mehrere Werte, z. B. gute Sprechverständigung, geringe Störungen, kleine Verluste durch Mangel an Ausrüstung. Nur der zuletzt genannte Wert, der mit den Aufgaben dieses Buches in engen Beziehungen steht, soll hier behandelt werden. Damit die Ausrüstung einer Anlage nicht unnötig groß und nicht unnötig Kapital festgelegt wird, läßt man in der HVSt einen gewissen Verlust an Belegungen je Wählerstufe zu. Man hat bisher meistens einen Verlust von nur 1 auf 1000 Belegungen zugelassen. Dieser Verlust, der in dieser Größe nur in der HVSt auftritt, ist sehr klein, besonders, wenn man ihn mit den Verlusten durch Besetztanrufe vergleicht, die 10 bis 20% betragen können. In neuerer Zeit hat man teilweise schon die zulässigen Verluste auf 1 von 100 erhöht. Auch dieser Verlust erscheint nicht groß. Es fragt sich aber, wie summieren sich die Verluste in den hintereinander geschalteten Wählerstufen und welchen Einfluß haben die Verluste auf den Betrieb. Diese Frage ist schon alt, hat aber bisher keine befriedigende Antwort gefunden. Für kleine Anlagen mit wenigen Stufen und geringen Verlusten je Stufe ist diese Frage von keiner großen Bedeutung. Die Bedeutung wächst mit wachsender Stufenzahl und höheren Verlusten. Da im Wählerfernverkehr viele Stufen hintereinander geschaltet und aus wirtschaftlichen Gründen größere Verluste auf den Fernleitungen als auf den Ortsleitungen zugelassen werden sollen, erhält diese Frage mit der Einführung der Wählertechnik in den Fernverkehr eine zunehmende Bedeutung. Während im Ortsverkehr die Wählerämter gewöhnlich mit 3 bis 5 Stufen hintereinander ausgerüstet sind und größtenteils mit einer Betriebsgüte von $1^0/_{00}$ Verlust je Stufe mit geringen Abweichungen arbeiten, sollen im Fernverkehr bis zu 10 und mehr Stufen und in manchen Fällen Verluste bis zu 5% je Wählerstufe zugelassen werden. Es ist daher zweckmäßig, die Größe der Gesamtverluste hintereinander geschalteter Wählerstufen und damit die Gesamtbetriebsgüte abhängig von den Verlusten je Stufe zu ermitteln.

Zur Untersuchung dieser Frage betrachtet man zunächst zwei hintereinander liegende Wählerstufen im Zuge der Verbindungen. Beide Stufen sollen mit einer Betriebsgüte von je $1^0/_{00}$ Verlust in der Hauptverkehrsstunde arbeiten, und es fragt sich, wie groß dann der Gesamtverlust ist. Bei der Prüfung dieser Aufgabe wird man finden, daß die HVSt der beiden Stufen, auf die sich die Untersuchung bezieht, gewöhnlich nicht in dieselbe Zeit fallen, daß sich daher die Verluste nicht einfach summieren können. Es ist daher zunächst eine Untersuchung über die zeitliche Schwankung der HVSt erforderlich, worauf dieser Einfluß auf die gegenseitige Lage der beiden HVSt der Stufen und auf die Gesamtverluste zu ermitteln ist.

Umfangreiche Messungen haben zu einer Häufigkeitskurve der zeitlichen Schwankungen der HVSt geführt, wie sie in Abb. 35 dargestellt ist. Auf der Waagerechten ist die Uhrzeit von 8^{30} bis 12 Uhr, auf der Senkrechten die

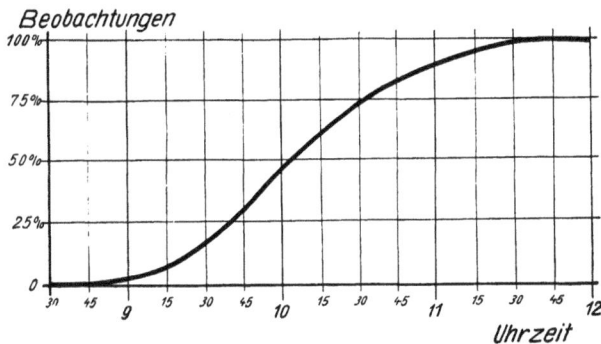

Abb. 35. Zeitliche Schwankungen der Hauptverkehrsstunde kleiner und großer Gruppen
Hauptverkehrsstunde = Uhrzeit ± 30 min.

Häufigkeit der Beobachtungsfälle aufgetragen. Die Kurve bezieht sich auf den mittleren Zeitpunkt der jeweiligen HVSt, so daß die Stunde selbst ± 30 min um die betreffende Uhrzeit fällt. Die HVSt liegen in der weitaus größten Zahl der Beobachtungen in der Zeit zwischen 8 und 12 Uhr, und zwar gibt die Kurve an, daß z. B. in 47% der Beobachtungen die HVSt um 10 Uhr ± 30 min und früher liegt. Gelegentlich fällt eine HVSt auch auf den Nachmittag, das sind aber nur etwa 4% der Beobachtungen. Da die Gesamtverluste sich nie auf die Nachmittagszeit beziehen werden, fallen diese Stunden von vornherein für die Bestimmung der Gesamtbetriebsgüte aus. Die Kurve gilt sowohl für kleine als auch für große Gruppen, da der zeitliche Verlauf des Verkehrs, abgesehen von den gelegentlichen Abweichungen kleinster Gruppen, dieselbe Charakteristik zeigt; sie ist daher allgemein gültig. Aus der Kurve wird bestätigt, daß die HVSt zweier hintereinander liegender Wählerstufen gewöhnlich zeitlich nicht zusammenfallen werden, so daß sich die Verluste nicht einfach summieren. Eine eingehende Untersuchung und Auswertung der Kurve wird die Lösung der Aufgabe ermöglichen.

Es gibt, der Kurve entsprechend, viele Möglichkeiten der gegenseitigen Lage der Stunden zueinander. Fallen die beiden Stunden einmal zusammen, so ist natürlich der Gesamtverlust gleich der Summe der Einzelverluste. Liegen die Stunden vollkommen getrennt, so wird der Gesamtverlust in den beiden Wählerstufen etwas größer als der größte Verlust einer Stufe sein, weil jeweils während der HVSt der einen Stufe die andere Stufe einen kleinen Verlust, kleiner als die Betriebsgüte angibt, führen wird. Dieser kleine Verlust, der später noch genau bestimmt wird, soll durch den Faktor $x < 1$ in

Verbindung mit der Verlustangabe gekennzeichnet werden. Der Gesamt-verlust V wird daher in den Grenzen $V = v_1 + v_2$ und $V = v_1 + xv_2$ liegen, wenn v_1 und v_2 die Verluste in je einer Stufe sind, von denen bei ungleichen Verlusten v_1 stets den größeren Verlust bedeutet. Es wird viele Fälle geben, wo die HVSt zeitlich nicht zusammenfallen; es wird aber auch viele Fälle geben, wo die HVSt teilweise zusammenfallen und sich daher zeitlich über-schneiden; zusammenfallen werden sie nicht sehr häufig. Genauen Aufschluß über diese Verhältnisse gibt die Schwankungskurve in Abb. 35.

Um die Untersuchung dieser Kurve zu vereinfachen, bildet man Grup-pen von HVSt innerhalb von 15 min zu 15 min, so daß die HVSt eine Streu-ung von $\pm 7{,}5$ min haben. Die mittlere Uhrzeit der HVSt wird zweckmäßig um 8^{45}, 9, 9^{15} usw. gelegt, wie Abb. 35 zeigt. Nimmt man 100 HVSt auf dieser Kurve verteilt an, so fallen in die einzelnen Uhrzeiten folgende Stunden:

Uhrzeit: 8^{45} 9 9^{15} 9^{30} 9^{45} 10 10^{15} 10^{30} 10^{45} 11 11^{15} 11^{30}

HVSt: 2 4 8 11 15 14 13 12 8 6 4 3 = 100

Es werden jetzt die möglichen Fälle errechnet, wie zwei HVSt zueinander liegen können. Eine HVSt, z. B. 10 Uhr $\pm$ 30 min kann 13 mal mit einer an-deren in dieselbe Zeit fallen, was für alle 14 Stunden dieser Gruppe gilt und deshalb 14 mal vorkommt. Es gibt daher $14 \cdot 13 = 182$ Möglichkeiten. Eine HVSt 10 Uhr $\pm$ 30 min wird mit den Stunden 8^{45}, 9 und 11, 11^{15}, 11^{30} nicht zusammenfallen, was ebenfalls für alle 14 h dieser Gruppe gilt. Daher gibt es $14 \cdot 19 = 266$ Möglichkeiten, wobei 19 die Summe der entsprechenden anderen Stunden ist. Sie wird aber mit den Stunden 9^{15}, 9^{30}, 9^{45} und 10^{15}, 10^{30}, 10^{45} teilweise zusammenfallen und sich überschneiden, was auch für alle 14 h gilt, daher $14 \cdot 67 = 938$ Möglichkeiten, wobei 67 wieder die Summe der anderen Stunden ist. Stellt man alle Möglichkeiten in dieser Art für alle Gruppen zusammen, so erhält man folgende Tafel:

Uhrzeit	Zusammen-fallende Stunden	Nicht zusammen-fallende Stunden	Überschneidende Stunden
8^{45}	$2 \cdot 1 = 2$	$2 \cdot 75 = 150$	$2 \cdot 23 = 46$
9	$4 \cdot 3 = 12$	$4 \cdot 60 = 240$	$4 \cdot 36 = 144$
9^{15}	$8 \cdot 7 = 56$	$8 \cdot 46 = 368$	$8 \cdot 46 = 368$
9^{30}	$11 \cdot 10 = 110$	$11 \cdot 33 = 363$	$11 \cdot 56 = 616$
9^{45}	$15 \cdot 14 = 210$	$15 \cdot 23 = 345$	$15 \cdot 62 = 930$
10	$14 \cdot 13 = 182$	$14 \cdot 19 = 266$	$14 \cdot 67 = 938$
10^{15}	$13 \cdot 12 = 156$	$13 \cdot 21 = 273$	$13 \cdot 66 = 858$
10^{30}	$12 \cdot 11 = 132$	$12 \cdot 28 = 336$	$12 \cdot 60 = 720$
10^{45}	$8 \cdot 7 = 56$	$8 \cdot 40 = 320$	$8 \cdot 52 = 416$
11	$6 \cdot 5 = 30$	$6 \cdot 54 = 324$	$6 \cdot 40 = 240$
11^{15}	$4 \cdot 3 = 12$	$4 \cdot 67 = 268$	$4 \cdot 29 = 116$
11^{30}	$3 \cdot 2 = 6$	$3 \cdot 79 = 237$	$3 \cdot 18 = 54$
	964 Möglichkeiten	3490 Möglichkeiten	5446 Möglichkeiten

Das sind bei $100 \cdot 99 = 9900$ Fällen abgerundet 10% zusammenfallende, 35% nicht zusammenfallende und 55% überschneidende Möglichkeiten für die gegenseitige Lage der HVSt. Aus diesen Untersuchungen ergibt sich daher, daß in etwa 10% der Fälle die HVSt mit kleinen zeitlichen Abweichungen von $+ 7,5$ min praktisch zusammenfallen, daß in 35% der Fälle die HVSt vollkommen getrennt sind und daß in 55% der Fälle die HVSt sich verschieden zeitlich überschneiden. Der Gesamtverlust V der beiden zunächst betrachteten Wählerstufen wird daher in 10% der Fälle gleich der Summe der einzelnen Verluste $v_1 + v_2$ sein, in 35% der Fälle gleich dem größten Einzelverlust v_1 plus einem kleinen Wert von v_2, weil die andere Stufe während dieser Zeit einen kleinen Verlust von $x \cdot v_2$ führen wird, also $v_1 + x \cdot v_2$, und in 55% der Fälle gleich dem größten Einzelverlust v_1 plus einem mittleren Wert des anderen Verlustes, weil sich die Stunden verschieden lang überschneiden. Dieser mittlere Wert soll durch den Faktor $y < 1$ in Verbindung mit der Verlustangabe gekennzeichnet werden, also $v_1 + y \cdot v_2$. Der Gesamtverlust ist daher

$$V = 0,1 \, (v_1 + v_2) + 0,35 \, (v_1 + x \cdot v_2) + 0,55 \, (v_1 + y \cdot v_2).$$

Es sind nun zunächst die Werte der Faktoren x und y zu bestimmen Zu diesem Zweck sind der Verkehrswert und die Betriebsgüte der der HVSt benachbarten Stunden zu ermitteln. Umfangreiche Messungen haben ergeben, daß der Verkehr der den HVSt benachbarten Stunden im Mittel während der Hauptverkehrszeit von 8 bis 12 Uhr bei kleinen Bündeln auf etwa 70 bis 75%, bei großen Bündeln auf etwa 86 bis 90% des Verkehrs der Hauptstunde

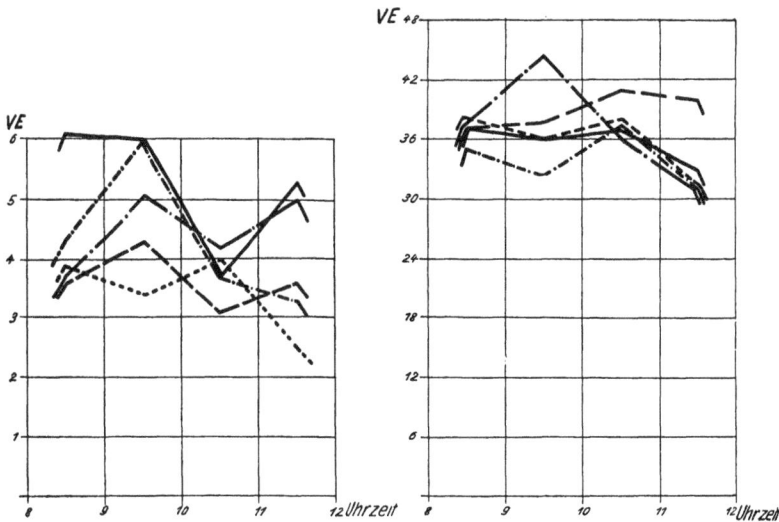

Abb. 36. Verkehrsschwankungen kleiner und großer Bündel während der Hauptverkehrszeit.
Links: kleine Bündel; rechts: große Bündel.

abfällt, unabhängig davon, ob die Stunden unmittelbar neben der HVSt oder zeitlich etwas entfernter liegen. Dieses Ergebnis der Messungen erscheint zunächst etwas sonderbar, weil man sich gewöhnlich die Hauptverkehrszeit mit bis zur HVSt ansteigendem und dann abfallendem Verkehr vorstellt. Es gibt natürlich zeitweilig eine solche Verkehrsverteilung, es gibt aber auch Verteilungen, wo der Verkehr nach einem gewissen Abfall mit Schwankungen gleichmäßig weiterfließt, ja sogar solche, wo der Verkehr später wieder ansteigt. Über viele Beobachtungszeiten hinweg heben sich praktisch Abfall und Anstieg auf. Man muß sich daher die Hauptverkehrszeit mit im Mittel etwa gleichmäßig schwankendem Verkehr vorstellen, bei dem während der HVSt der Verkehr um etwa 10 bis 40% je nach der Bündelgröße zunimmt.

Zum Nachweis der Richtigkeit dieser Vorstellung sind in Abb. 36 je 5 Verkehrslinien mit den stündlichen Verkehrswerten kleiner und großer Bündel während der Hauptverkehrszeit von 8 bis 12 Uhr aufgetragen. Vor 8 Uhr und nach 12 Uhr ist der Verkehr in allen Fällen erheblich geringer und für die vorliegenden Untersuchungen ohne besonderes Interesse. Zunächst kann aus diesem scheinbaren Durcheinander der Verkehrslinien eine Gesetzmäßigkeit für den Verkehr der den HVSt benachbarten Stunden nicht ersehen werden. Erst wenn die Verkehrslinien derart geordnet werden, daß die HVSt mit den Nachbarstunden auf einen ideellen Zeitpunkt zusammengelegt und gemittelt werden, erhält man je eine Verkehrslinie für kleine und große Bündel, wie sie in Abb. 37 dargestellt sind. Schon aus diesen wenigen Werten erhält man ein Ergebnis, aus dem brauchbare Schlüsse gezogen werden können. Es läßt sich daraus der mittlere Verkehrswert der ersten und zweiten benach-

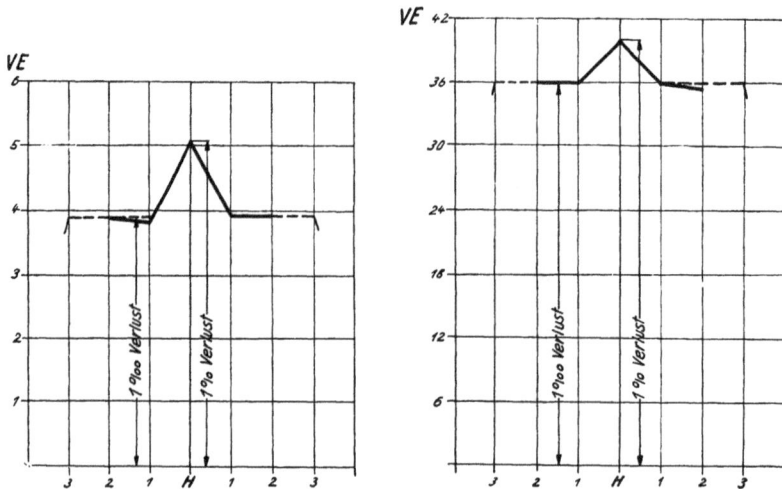

Abb. 37. Nach der Hauptverkehrsstunde geordnete und gemittelte Verkehrswerte.
Links: kleine Bündel; rechts: große Bündel.
H = Hauptverkehrsstunde; 1, 2, 3, = der Hauptverkehrsstunde benachbarte Stunden.

64

barten Stunden ableiten. Der Wert der dritten Stunde, die nur vorkommt, wenn die HVSt am Anfang oder Ende der Hauptverkehrszeit liegt, läßt sich aus diesen wenigen Werten nicht ableiten; er liegt aber, wie im Bilde angedeutet und wie aus vielen Beobachtungen sich ergeben hat, in gleicher Höhe der anderen Stunden. Bei der Zugrundelegung vieler derartiger Verkehrslinien wird das Ergebnis natürlich vollständiger und noch viel ausgeglichener sein. Die oben angegebene Vorstellung von dem Verkehr und seinem Ablauf sowie seiner gleichmäßigen Größe in den der HVSt benachbarten Stunden während der Hauptverkehrszeit wird dadurch bestätigt.

Untersucht man die diesem Verkehrsabfall zugehörige Betriebsgüte, so findet man, daß, wenn die HVSt mit 1% Verlust arbeitet, die Nachbarstunden $1^0/_{00}$ Verlust sowohl bei kleinen als auch bei großen Bündeln führen. Man kann daher aussagen, daß die der HVSt benachbarten Stunden während der Hauptverkehrszeit 0,1 der Verluste der HVSt bei der gebräuchlichen Betriebsgüte und bei kleinen und großen Bündeln führen, wie in Abb. 37 angegeben. Für den Faktor x kann daher 0,1 eingesetzt werden.

Zum weiteren Nachweis der Größe des Verkehrs der der HVSt benachbarten Stunden sind in Tafel 8 die stündlich gemessenen Verkehrswerte von 10 Gruppen während der Hauptverkehrszeit von 8 bis 12 Uhr aufgezeichnet, in der die HVSt jeder Gruppe unterstrichen ist. Es ist der Mittelwert aller HVSt mit 2,67 VE gebildet, und der stündliche Mittelwert der der HVSt benachbarten Stunden mit 1,87 VE. Werden für diesen Verkehr 7 Wähler vorgesehen, so entstehen während der mittleren HVSt 1%, während der mittleren benachbarten Stunden $1^0/_{00}$ Verlust. Auch die Summenwerte

Gemessene Verkehrswerte in VE.

Zeit	1.	2.	3.	4.	5.	6.	7.	8.	9.	10. Gr.	Summe
8— 9	1	1,3	2,2	1,8	1,2	1,5	__2,9__	2,4	__2,8__	__3,7__	20,8
9—10	1,6	1,5	1,8	0,9	1,4	1,9	1,7	1,6	__1,4__	2,6	16,4
10—11	2,2	1,5	__3,2__	__1,9__	1,6	3,3	1,8	__3__	1,7	2,1	__22,3__
11—12	__2,3__	__1,8__	2,5	1,4	__1,7__	__3,4__	2	2,7	2	2,2	22,0
Summe der benachb. Std.	4,8	4,3	6,5	4,1	4,2	6,7	5,5	6,7	5,1	6,9	59,2
Mittelwert	1,6	1,4	2,2	1,4	1,4	2,2	1,8	2,2	1,7	2,3	19,7

Mittelwert aller HVSt der kleinen Gr. = 2,67 VE erfordern 7 Wähler bei 1% Verlust

Mittelwert aller benachb. Stunden = 1,87 VE erfordern 7 Wähler bei $1^0/_{00}$ Verlust

Verkehrswert der HVSt der großen Gr. = 22,3 VE erfordern 35 Wähler bei 1% Verlust

Mittelwert der benachbarten Stunde = 19,7 VE erfordern 35 Wähler bei $1^0/_{00}$ Verlust

Tafel 8.

als große Gruppe geben dasselbe Ergebnis. Werden 35 Wähler in vollkommenem Bündel, für das diese Feststellungen gelten, vorgesehen, so entstehen in der HVSt wieder $1^0/_0$, in den benachbarten Stunden $1^0/_{00}$ Verlust.

Um die Abnahme des Verkehrs in den der HVSt benachbarten Stunden innerhalb der Hauptverkehrszeit für verschieden große Verkehrswerte sofort ersehen zu können, ist Abb. 38 abgeleitet worden. Auf der Waagerechten ist der Verkehr der HVSt, auf der Senkrechten die Abnahme des Verkehrs

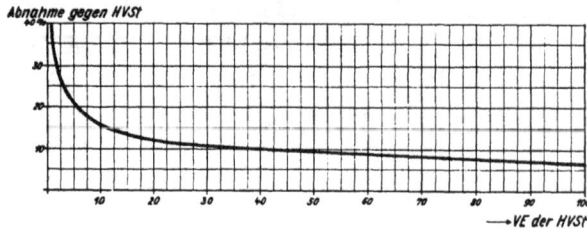

Abb. 38. Abnahme des Verkehrswertes der der HVSt benachbarten Stunden.

der benachbarten Stunden in Vomhundertsätzen der HVSt aufgetragen. Für jeden Verkehrswert der HVSt ist sofort die Abnahme des Verkehrs in den benachbarten Stunden zu ersehen.

Zur Bestimmung von y ersetzt man innerhalb der Hauptverkehrsstunde von viertel zu viertel Stunde, gemäß der obigen Ermittlungen und der Überschneidung der Stunden, je $\frac{1}{4}$ der verlorengehenden Rufe durch $\frac{1}{4} \cdot \frac{1}{10}$, wobei man zunächst eine gleichmäßige Verteilung der verlorengehenden Rufe über die Stunde annimmt. Wenn dies praktisch auch nicht zutrifft, gleicht sich der Wert doch bei vielen Stunden aus; denn alle Verkehrswerte in der Wählertechnik gelten sowieso nur über viele Stunden, weil überall stets erhebliche Schwankungen vorliegen. Die verschiedene Häufigkeit der Stunden über die ganze Zeit, entsprechend der Kurve in Abb. 35, spielt hierbei keine Rolle, weil der Verkehrsabfall und damit die Betriebsgüte, wie abgeleitet, unabhängig von der Lage der Stunde zur HVSt ist. Führt man die Rechnung in dieser Weise durch, so erhält man

in der ersten Stunde mit $\frac{3}{4}$ Überschneidung $\frac{3}{4} + \frac{1}{40} = \frac{31}{40}$
in der zweiten Stunde mit $\frac{1}{2}$ Überschneidung $\frac{2}{4} + \frac{2}{40} = \frac{22}{40}$
in der dritten Stunde mit $\frac{1}{4}$ Überschneidung $\frac{1}{4} + \frac{3}{40} = \frac{13}{40}$

daher für drei Stunden $= \frac{66}{40}$
für eine Stunde $= \frac{22}{40}$
so daß sich der Faktor y $= 0{,}55$

ergibt. Der Gesamtverlust ist daher:

$$V = 0{,}1\,(v_1 + v_2) + 0{,}35\,(v_1 + 0{,}1\,v_2) + 0{,}55\,(v_1 + 0{,}55\,v_2).$$

Hat man eine größere Anzahl von Stufen hintereinander, so kann man sich zunächst diese immer aus zwei Stufen oder Gruppen von diesen zusammen-

66

gesetzt denken und in der angegebenen Weise den Gesamtverlust berechnen. Eine Berechnung mehrerer Stufen mit z. B. je $1^0/_{00}$ Verlust ergibt nach dieser Berechnungsart folgende Gesamtverluste:

2 Stufen je $v = 1^0/_{00}$ Verl. ergibt Gesamtverlust
$$V = 0,1 \cdot 2 \quad + 0,35 \cdot 1,1 + 0,55 \cdot 1,55 = 1,43^0/_{00}$$

3 Stufen je $v = 1^0/_{00}$ Verl. ergibt Gesamtverlust
$$V = 0,1 \cdot 2,4 + 0,35 \cdot 1,5 + 0,55 \cdot 1,9 \quad = 1,8^0/_{00}$$

4 Stufen je $v = 1^0/_{00}$ Verl. ergibt Gesamtverlust
$$V = 0,1 \cdot 2,8 + 0,35 \cdot 1,5 + 0,55 \cdot 2,2 \quad = 2^0/_{00}$$

8 Stufen je $v = 1^0/_{00}$ Verl. ergibt Gesamtverlust
$$V = 0,1 \cdot 4 \quad + 0,35 \cdot 2,2 + 0,55 \cdot 3,1 \quad = 2,87^0/_{00}$$

12 Stufen je $v = 1^0/_{00}$ Verl. ergibt Gesamtverlust
$$V = 0,1 \cdot 4,8 + 0,35 \cdot 3 \quad + 0,55 \cdot 3,9 \quad = 3,7^0/_{00}$$

16 Stufen je $v = 1^0/_{00}$ Verl. ergibt Gesamtverlust
$$V = 0,1 \cdot 5,7 + 35 \quad \cdot 3,1 + 0,55 \cdot 4,4 \quad = 4^0/_{00}$$

Für 1% je Stufe gelten dieselben Zahlen in $\%$ Gesamtverlust, daher in den obigen Beispielen $1,43\%$, $1,8\%$, 2% usw.

Diese Ergebnisse, die überraschend kleine Werte des Gesamtverlustes besonders bei vielen Stufen zeigen, stimmen nun praktisch mit der effektiven Summierung der Verluste überein. Der Gesamtverlust bei effektiver Summierung ist:

$$V = \sqrt{v_1{}^2 + v_2{}^2 + v_3{}^2 \ldots} = \sqrt{\Sigma v^2}.$$

Wenn man mit dieser Formel die Werte der Gesamtverluste für die obigen Beispiele berechnet, so ergeben sich folgende Werte:

2 Stufen je	$v =$	$1^0/_{00}$	Verl.	Gesamtverlust	$V =$	$1,41^0/_{00}$
3 ,,	,, $v =$	,,	,,	,,	$V =$	$1,73^0/_{00}$
4 ,,	,, $v =$	,,	,,	,,	$V =$	$2^0/_{00}$
8 ,,	,, $v =$	,,	,,	,,	$V =$	$2,84^0/_{00}$
12 ,,	,, $v =$	,,	,,	,,	$V =$	$3,47^0/_{00}$
16 ,,	,, $v =$	,,	,,	,,	$V =$	$4^0/_{00}$

Die Übereinstimmung mit den vorherigen Ergebnissen ist vollkommen ausreichend, so daß in der Praxis mit einer effektiven Summierung der Verluste hintereinander geschalteter Wählerstufen gerechnet werden kann, die einfacher als die erste Ableitung ist.

Größere Verluste in den Wählerstufen ergeben danach folgende Gesamtverluste:

2 Stufen je	5%	Verlust	ergibt	Gesamtverlust		$7,1\%$
3 ,,	,, ,,	,,	,,		,,	$8,6\%$
4 ,,	,, ,,	,,	,,		,,	10%
8 ,,	,, ,,	,,	,,		,,	14%
12 ,,	,, ,,	,,	,,		,,	17%
16 ,,	,, ,,	,,	,,		,,	20%

Aus diesen Untersuchungen ergibt sich, daß der Gesamtverlust bei gleichen Verlusten je Stufe nur verhältnismäßig langsam steigt und daß man deshalb etwas größere Verluste, z. B. 1% je Stufe, auch bei vielen Wählerstufen unbedenklich verwenden kann. Beobachtungen haben gezeigt, daß die Teilnehmer sich noch nicht beklagen, wenn eine Gesamtbetriebsgüte im Ortsverkehr von etwa 5% Verlust vorhanden ist, was besonders gegenüber den vorhandenen 10 bis 25% Teilnehmerbesetztfällen auch zulässig erscheint. Andererseits wird man aber Richtungen bei Teilnehmerwahl kaum mit mehr als 5% Verlust berechnen können, ohne daß Klagen der Teilnehmer zu erwarten sind; denn zu diesen 5% kommen die Verluste der anderen Wählerstufen im Zuge der Verbindungen noch hinzu. Im Weitfernverkehr, mit Verbindungsherstellung durch Beamtinnen, können natürlich etwas größere Verluste zugelassen werden, weil diese Verluste sich als Wartezeiten äußern und gelegentlich kleine Wartezeiten in diesem Verkehr vorläufig nicht zu vermeiden sind.

Sind ungleiche Verluste in den Wählerstufen vorhanden, z. B. 5 Stufen mit je $1^0/_{00}$ und 1 Stufe mit $5^0/_0$ Verlust, so ist der Gesamtverlust $5,05^0/_0$. Haben die 5 Stufen $1^0/_0$ und die eine Stufe $5^0/_0$, so ist der Gesamtverlust $5,5^0/_0$. Eine Wählerstufe mit großen Verlusten, während die anderen Stufen kleine Verluste haben, beeinflußt demnach die Gesamtbetriebsgüte erheblich, weil diese besonders von der Stufe mit den größten Verlusten abhängig ist. Man sollte daher eine möglichst gleichmäßige Betriebsgüte in allen Wählerstufen anstreben und nur Richtungen von geringerer Bedeutung mit von der gewöhnlichen Betriebsgüte abweichenden größeren Verlusten zulassen.

Da die Gesamtbetriebsgüte jetzt bekannt ist, kann noch die Frage gestellt werden, wie groß sind die Betriebsgüte für den ganzen Tag, also für 24 h, für jede Stufe und die tägliche Gesamtbetriebsgüte für das ganze Amt. Die Beantwortung dieser Frage ist bei der Festlegung der stündlichen Betriebsgüte je Stufe und bei der Beurteilung der Gesamtverluste je Tag von Bedeutung.

Die Hauptverkehrszeit, in welche die HVSt beliebig fallen kann, liegt in allen Fällen, wie umfangreiche Beobachtungen gezeigt haben, zwischen 8 und 12 Uhr. Eine von diesen vier Stunden ist die HVSt, die übrigen drei sind der HVSt benachbarte Stunden. Natürlich kann die HVSt auch innerhalb der Hauptverkehrszeit zwischen den vollen Stunden zu beliebigen Minuten auftreten, z. B. 9^{15} bis 10^{15}, wodurch dann eine der benachbarten Stunden unterteilt wird und teils vor, teils nach der HVSt zu liegen kommt. Das Ergebnis der nachfolgenden Berechnung wird dadurch nicht beeinflußt. Zuvor ist festgestellt worden, daß im Mittel über viele Stunden die der HVSt benachbarten drei Stunden unabhängig von ihrer Lage zur HVSt nur je $1/_{10}$ der Verluste der HVSt in kleinen und großen Bündeln führen. Die Rufverluste während der gesamten Hauptverkehrszeit von 8 bis 12 Uhr, unabhängig von der Lage der HVSt, betragen daher im Mittel das $1 + 3 \cdot 0,1$ = $1,3$fache derjenigen der HVSt.

Außer dieser Hauptverkehrszeit gibt es aber während des Tages am Nachmittag etwa zwischen 16 und 18 Uhr noch eine Zeit mit Stunden starken Verkehrs. Durch gleichartige Untersuchungen des Verkehrs dieser Stunden ist festgestellt worden, daß im Mittel über viele Stunden die Nachmittagsstunde mit dem stärksten Verkehr einen Verlust gleich der der HVSt benachbarten Stunden, also $1/10$ der Verluste der HVSt führt. Weiter wurde ermittelt, daß die dieser Nachmittagsstunde mit dem stärksten Verkehr benachbarte Stunde nur Verluste führt, die wieder um eine Zehnerpotenz kleiner sind, also etwa nur $1/100$ der Verluste der HVSt betragen. Diese kleinen Verluste können bei der Ermittlung der täglichen Verluste wegen ihrer geringen Bedeutung vollkommen vernachlässigt werden. Zu allen anderen Tages- und Nacht-zeiten ist der Verkehr so klein, daß keinerlei Verluste bei der verwendeten üblichen Betriebsgüte entstehen.

In Abb. 39 sind die in Frage kommenden Tagesstunden mit ihren mitt-leren Verkehrswerten, abgeleitet aus vielen Beobachtungen, und mit den zu erwartenden mittleren Verlusten grundsätzlich dargestellt. Diese Verkehrs-

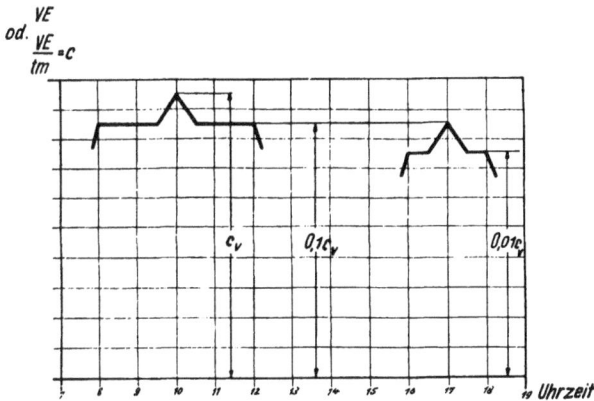

Abb. 39. Gemittelter Verkehr der Tagesstunden mit Verlusten.

c_r = Rufverluste der Hauptverkehrsstunde.

linien gelten sowohl für kleine und große Bündel als auch für das ganze Wähleramt, nur haben in den verschiedenen Fällen die Senkrechten eine andere Größeneinheit. Man erhält daher für jede Wählerstufe in 24 h $1,3 + 0,1 = 1,4$ mal so viele Verluste wie in der HVSt. Diese Gesamt-verluste während des Tages müssen jetzt aber auch auf die Belegungszahl des ganzen Tages bezogen werden, um wieder ein richtiges Verhältnis zu erhalten.

Die Beziehung der Belegungszahl der HVSt, die dem Verkehrswert der-selben entspricht, weil die mittlere Belegungsdauer im Gegensatz zur Be-legungszahl unveränderlich ist, zur Belegungszahl des ganzen Tages gibt die Konzentration an. Die Konzentration ist zwar für kleine und große Gruppen verschieden und schwankt stark und ebenfalls verschieden; man kann jedoch hier mit einem mittleren Wert über viele Stunden rechnen. Als Mittelwert der Konzentration kann man für kleine und große Gruppen etwa 13,2% annehmen. Man erhält dann den Tagesverkehr, der wieder der Belegungszahl des Tages entspricht, wenn man den Verkehrswert der HVSt durch die Konzentration dividiert. Der reziproke Wert der Konzentration ergibt den Faktor, um den der Tagesverkehr größer ist als der Verkehr der HVSt. Es kommen daher während des Tages auf den $\dfrac{100}{13,2} = 7,6$ fachen Verkehr der HVSt die 1,4 fachen Verluste, ebenfalls der HVSt. Die Verluste während des Tages, bezogen auf die Gesamtbelegungen, betragen dann das $\dfrac{1,4}{7,6} =$ rd. 0,2 fache der Verluste der HVSt, d. h. es ist $v_{24} = 0,2\, v_{HVSt}$.

Dasselbe Ergebnis trifft auch auf die tägliche Gesamtbetriebsgüte zu, weil dafür dieselben Überlegungen wie für die Ableitung der täglichen Betriebsgüte gelten. Die Abb. 35, die die Grundlage für die Bestimmung der täglichen Verluste und damit der täglichen Betriebsgüte bildet, gilt, wie erwähnt, nicht nur für irgendeine Gruppe, sondern auch für das ganze Amt, so daß das Ergebnis für die tägliche Gesamtbetriebsgüte das gleiche sein muß. Die HVSt des gesamten Amtes schwankt in gleicher Weise und zeigt dieselben Eigentümlichkeiten wie die HVSt einer Gruppe. Es besteht daher auch für die tägliche Gesamtbetriebsgüte der Verlustfaktor 0,2, bezogen auf die stündliche Gesamtbetriebsgüte, also $V_{24} = 0,2\, V_{HVSt}$.

Es gelten, wenn die stündliche Betriebsgüte je Stufe durch v (Verluste bezogen auf Belegungen) gekennzeichnet ist, folgende Beziehungen:

für die stündliche Gesamtbetriebsgüte je Amt: $V = \sqrt{\Sigma\, v^2}$,
für die tägliche Betriebsgüte je Stufe: $v_{24} = 0,2\, v_{HVSt}$,
für die tägliche Gesamtbetriebsgüte: $V_{24} = 0,2\, V_{HVSt}$.

Demnach entspricht bei einer Wähleranlage mit 25 Wählerstufen mit je gleicher Betriebsgüte die stündliche Betriebsgüte je Stufe der täglichen Gesamtbetriebsgüte. Bei weniger Wählerstufen ist stets die tägliche Gesamtbetriebsgüte besser als die stündliche Betriebsgüte je Stufe.

Auch aus dieser Untersuchung geht hervor, daß man bei der Festlegung der Betriebsgüte je Stufe nicht zu vorsichtig zu sein braucht. Die bisher fast allgemein eingeführte stündliche Betriebsgüte je Stufe von $1\,^0/_{00}$ Verlust kann ohne besondere Bedenken auch nach diesen Untersuchungen durch 1% Verlust ersetzt werden.

Im Fernverkehr wird man allgemein 1% Verlust je Stufe, höchstens 2%, zulassen können; 5% Verluste sind schon etwas viel und sollten nur in wenigen Fällen zugelassen werden.

8. Die Entwicklung der Wählerbestimmungskurven

Die Wählerbestimmungskurven wurden auf Grund überaus zahlreicher Verkehrsmessungen entwickelt, bei denen die für den jeweiligen Verkehr erforderlichen Verbindungsglieder mit den unter Umständen aufgetretenen Verlusten ermittelt wurden. Es wurde gewissermaßen die Leistung der Verbindungsglieder bei einer bestimmten Betriebsgüte gemessen, und zwar sowohl in vollkommenen als auch in unvollkommenen kleinen und großen Bündeln.

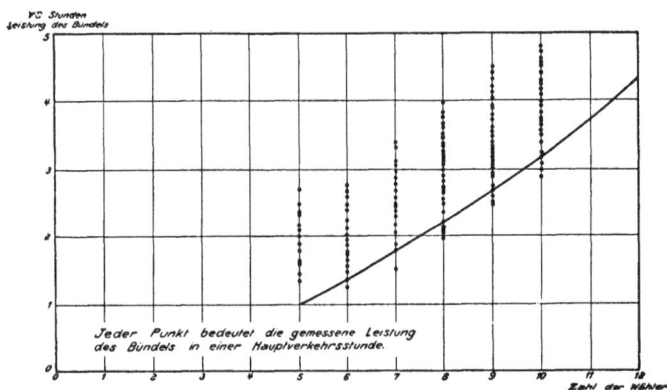

Abb. 40. Ableitung der Leistungskurve für $1\,^0/_{00}$ Verlust. Kleine Bündel.

Man versteht dabei unter vollkommenen Bündeln eine Gruppe von Leitungen oder Wählern, in der sich alle Glieder vollkommen untereinander aushelfen können; jedes Glied kann an die Stelle eines anderen treten. Unter unvollkommenen Bündeln versteht man solche, in denen ein derartiger Ausgleich nicht in vollkommener Weise möglich ist.

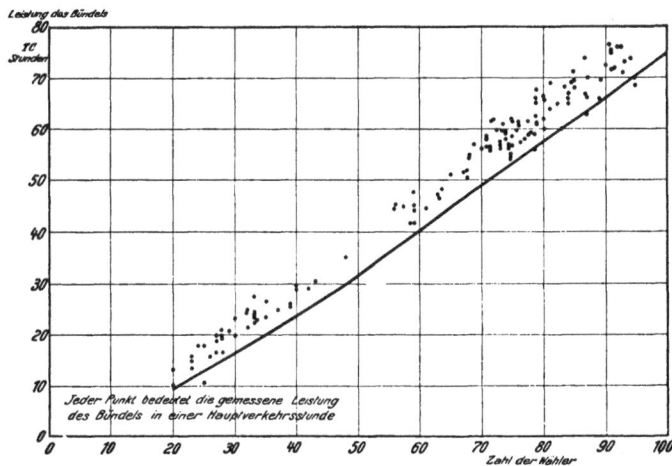

Abb. 41. Ableitung der Leistungskurve für $1\,^0/_{00}$ Verlust. Große Bündel.

Große vollkommene Bündel werden entweder durch große vielkontaktige Wähler gebildet, oder durch kleinere Wähler bei Hintereinanderschaltung mehrerer kleinen Wähler, deren Zahl in zweiter Stufe durch eine Sparschaltung eingeschränkt werden kann. Große unvollkommene Bündel werden durch besondere Vielfachschaltung der 10 Kontakte eines gewöhnlichen Wählers mit Mischen und Staffeln gebildet. Aus den vielen Messungen wurden die Wählerbestimmungskurven derart abgeleitet, daß zunächst die ausgewerteten Messungen der HVSt als Punkte in ein Liniensystem eingetragen wurden, mit einer Einteilung der Waagerechten in Zahl der erforderlichen Wähler und der Senkrechten in Gesamtleistung des jeweiligen Bündels. Dann wurden aus diesen Punkten die Wählerbestimmungskurven mit der verschiedenen Betriebsgüte von $1^0/_{00}$, $1^0/_0$ und $5^0/_0$ Verluste entwickelt und später mit den Verlusten in der Praxis geprüft. Die Abbildungen 40 und 41 zeigen einen Teil dieser Meßpunkte mit der abgeleiteten Leistungskurve für vollkommene Bündel, bei einer Betriebsgüte von $1^0/_{00}$ Verlust. Es ergibt sich, daß die Lei

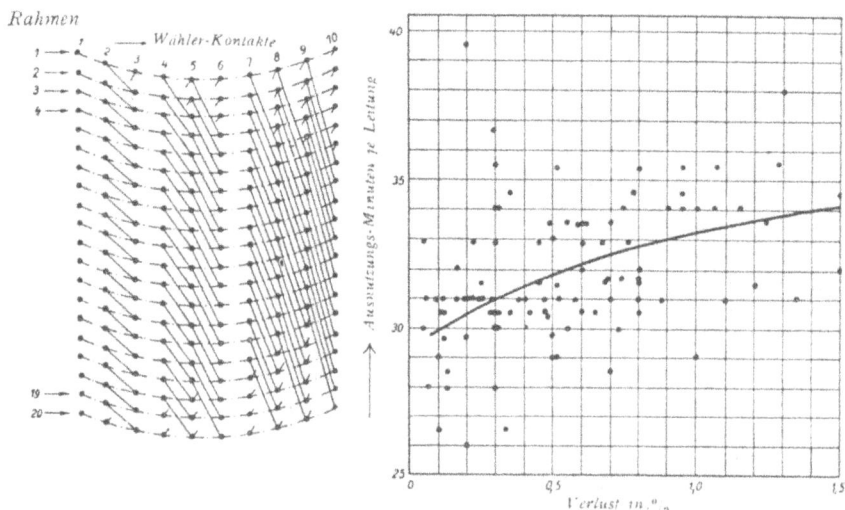

Abb. 42. Stundenleistung der Wähler einer Gruppe in nebenstehender Misch- und Staffelschaltung.

stung vollkommener Bündel in hohem Maße abhängig ist von der Bündelgröße. Je größer das Bündel, je größer die Leistung. Von einem Bündel mit 5 Leitungen werden 1 VE, von einem Bündel mit 100 Leitungen aber 75 VE geleistet. Die Leistung ist bei der Vergrößerung des Bündels von 5 auf 100 Leitungen nicht um das 20fache, sondern um das 75fache gestiegen. Bei einer weiteren Vergrößerung der Bündel über 100 Leitungen hinaus nimmt die Leistung nur noch langsam zu.

Für unvollkommene Bündel wurden ähnliche Leistungskurven abgeleitet. Unvollkommene Bündel, gebildet durch gemischte und gestaffelte

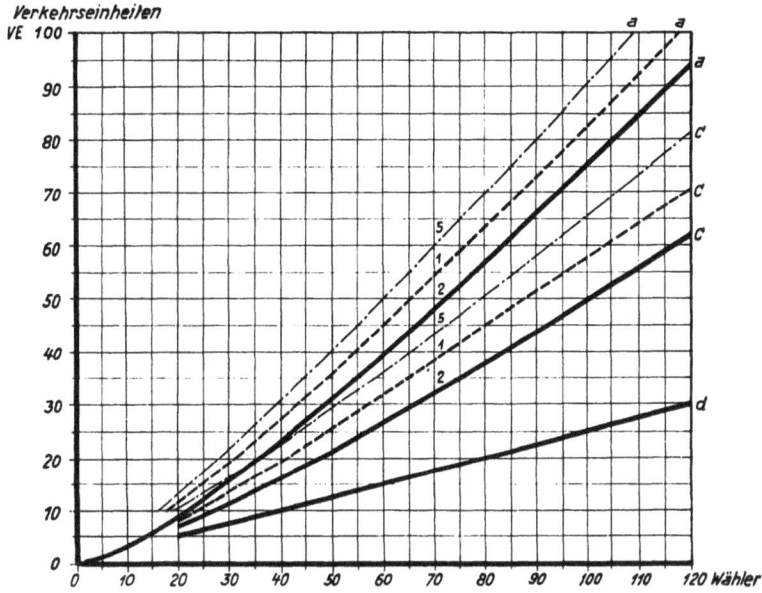

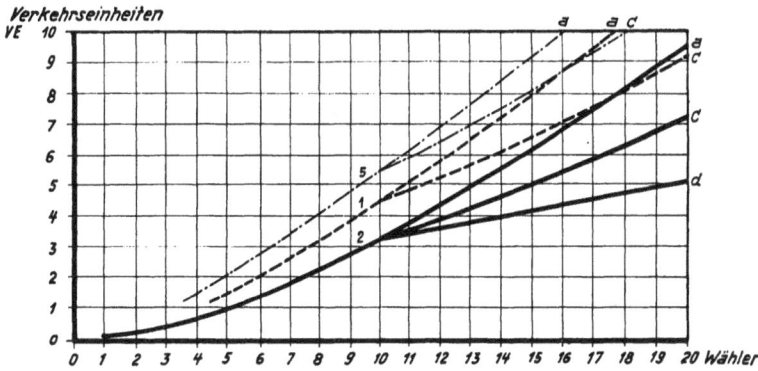

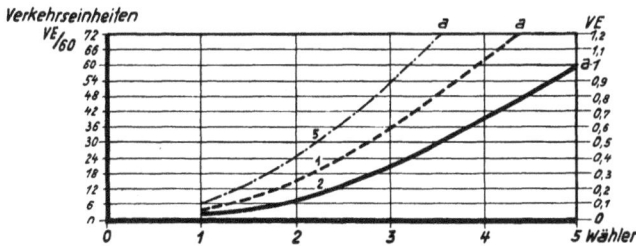

Kurven a : Vollkommene Leitungsbündel.
  "   c : Unvollkommene Leitungsbündel [Mischung und Staffelung von 10er-Bündel.]
  "   d : Reine 10er-Bündel, ungestaffelt und ungemischt.
  "   1 : gelten für einen Verlust von 1 %.
  "   2 :   "   "   "   "   "   " 1 %₀.
  "   5 :   "   "   "   "   "   " 5 %.

Abb. 43. Kurven für die Bestimmung der Wählerzahlen aus den Verkehrswerten.

10er-Bündel, sind aber etwas schwieriger zu beurteilen, weil die Leistung nicht nur von der Bündelgröße selbst, sondern auch von der Misch- und Staffelschaltung abhängt, mit der dieses unvollkommene Bündel gebildet wird, und außerdem auch noch von einem regelmäßigen oder unregelmäßigen Zufluß des Verkehrs zu dieser Vielfachschaltung. Die Leistung eines unvollkommenen Bündels kann daher nicht so genau festgelegt werden wie diejenige eines vollkommenen Bündels. Man kann nur mit einer mittleren Leistung rechnen, die an den geschickten Aufbau der Misch- und Staffelschaltung und an den regelmäßigen Verkehrszufluß nicht zu große Anforderungen stellt, sondern nur solche, die in der Praxis mit gewöhnlichen Mitteln erreicht werden können. Für die Messungen wurden deshalb leicht herstellbare Misch- und Staffelschaltungen und solche Verkehrszuflüsse zugrunde gelegt, wie sie in der Praxis auftreten, wenn man einen möglichst regelmäßigen Zufluß ohne künstliche Mittel anstrebt. Bei den Messungen muß, wie bei einem vollkommenen Bündel, der Gleichzeitigkeitsverkehr aller Wähler dieser Gruppe zu gleicher Zeit gemessen werden. Im Gegensatz zum vollkommenen Bündel treten beim unvollkommenen Bündel schon Verluste ein, wenn noch nicht alle Wähler besetzt sind, denn die gegenseitige Aushilfe ist unvollkommen. Die Leistung des unvollkommenen Bündels wird durch die auftretenden Verluste in der vorhergehenden Wählerstufe gekennzeichnet und begrenzt, die daher genau zu beobachten und mit dem Zeitpunkt ihres Auftretens aufzuschreiben sind. Abb. 42 zeigt eine Misch- und Staffelschaltung mit der Art der Vielfachschaltung der Wählerkontakte untereinander und mit den Ergebnissen der Messungen, die in dem danebenstehenden Feld eingetragen sind. Auf der Waagerechten sind die beobachteten Verluste, auf der Senkrechten ist die mittlere Leistung jedes Verbindungsgliedes dieser Gruppe aufgetragen. Die Punkte geben die gemessenen Leistungen in den HVSt an mit den aufgetretenen Verlusten in Vomhundertsätzen. Eine aus den Meßpunkten entwickelte Schwerlinie läßt die mittlere Leistung mit den jeweiligen Verlusten dieser Misch- und Staffelschaltung erkennen. Jedes Verbindungsglied leistet

dabei im Mittel $\frac{33}{60}$ VE bei 1% Verlust. Viele derartige gemessene Misch- und

Staffelschaltungen haben eine mittlere Leistung unvollkommener Bündel ergeben, aus denen die Wählerbestimmungskurven für unvollkommene Bündel mit Betriebsgüten von $1\,^0/_{00}$, $1\,^0/_0$ und $5\,^0/_0$ Verlusten bei mittleren Ansprüchen an den Aufbau abgeleitet wurden.

Bei den Auswertungen der Messungen ist besonders darauf zu achten, daß sich die beobachteten Verluste auf die Zahl der geleisteten Belegungen beziehen. Neben der Bestimmung der Verkehrswerte muß daher stets auch die Zahl der geleisteten Belegungen ermittelt werden, sonst ist der Vomhundertsatz der Verluste nicht feststellbar.

In Abb. 43 sind die aus den Messungen abgeleiteten Kurven für die Bestimmung der erforderlichen Leitungs- oder Wählerzahl in 3 Feldern für große, kleine und kleinste Bündel angegeben. Auf der Waagerechten ist die

74

Zahl der erforderlichen Wähler, auf der Senkrechten die Gesamtleistung des jeweiligen Bündels aufgetragen. Es sind Linien für vollkommene Bündel und für unvollkommene Bündel, die durch Misch- und Staffelschaltung von 10er-

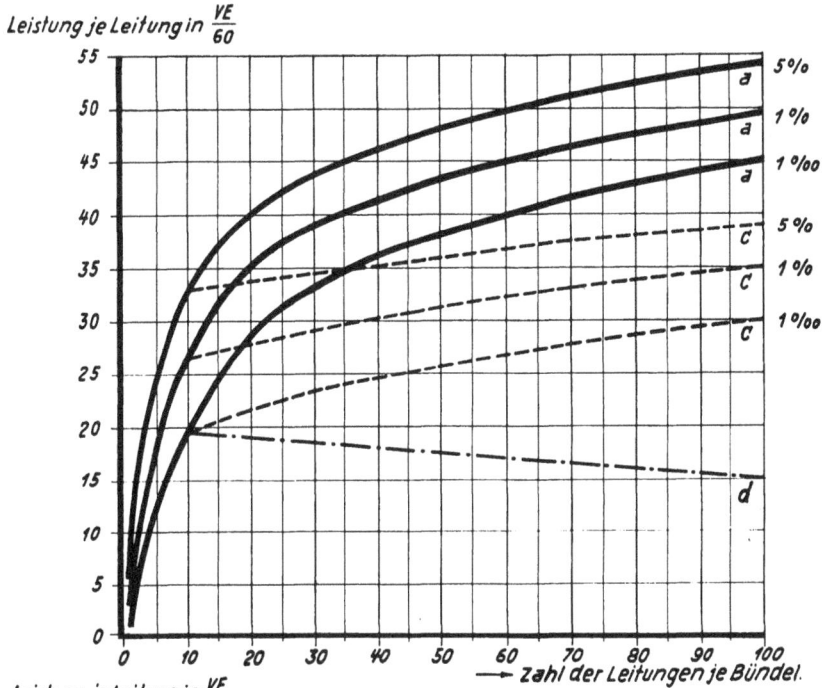

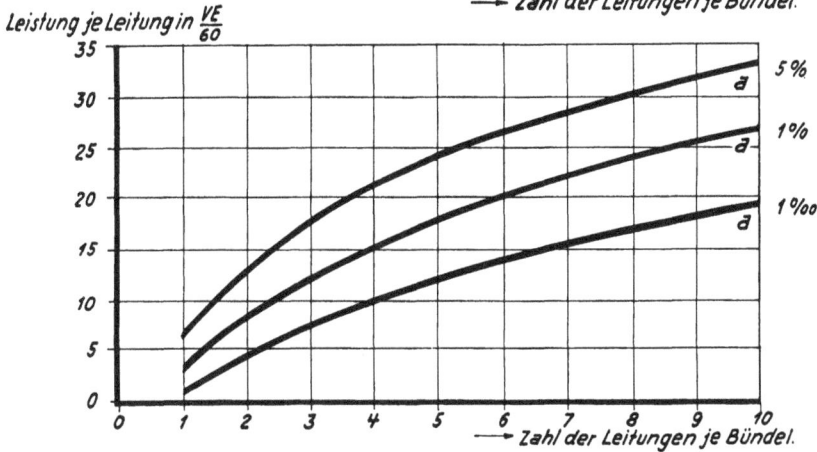

Kurven a : Vollkommene Leitungsbündel.
    "   c : Unvollkommene Leitungsbündel [Mischung und Staffelung von 10er-Bündel.]
    "   d : 10er Bündel

Abb. 44. Leistung der Leitungen in vollkommenen und unvollkommenen Leitungsbündeln bei $1^0/_{00}$, $1^0/_0$, $5^0/_0$ Verlust.

Bündeln gebildet wurden, eingetragen, und zwar unterschiedlich auch von der Betriebsgüte, die mit $1^0/_{00}$, $1^0/_0$ und $5^0/_0$ Verlust an Rufen zugrunde liegt. Die Gesamtleistung der Bündel erstreckt sich von o bis 100 VE und die Zahl der Wähler von o bis 120 Wähler. Die Kurven *a* geben die Leistung der vollkommenen, die Kurven *c* diejenige der unvollkommenen Bündel an. Die Kurven *2* gelten für die Betriebsgüte bei $1^0/_{00}$, Kurven *1* für diejenige bei $1^0/_0$ und Kurven *5* bei $5^0/_0$ Verlust. Die eingetragene Gerade *d* gibt zum Vergleich etwa die erforderlichen Wählerzahlen an, wenn reine 10er-Bündel, wie in den ersten Anlagen, verwendet werden. Man kann daraus die leistungssteigernde Wirkung der großen vollkommenen und unvollkommenen Bündel erkennen. Sonst hat die Gerade *d* weiter keine Bedeutung. Es ist sehr einfach, für jeden Verkehrswert die dafür erforderliche Wählerzahl, abhängig von der Art der Bündel und der Betriebsgüte abzulesen.

In vielen Fällen ist es wünschenswert, die Leistung jeder einzelnen Leitung oder jedes Wählers, abhängig von der Bündelgröße, von der Art der Bündel und von der Betriebsgüte, in einfacher Weise zu ersehen. Dafür ist Abb. 44 entwickelt worden, die in gleicher Weise die jeweilige Leistung jeder Leitung, abhängig von der Art der Bündel und der Betriebsgüte, in zwei Feldern ersehen läßt. Abb. 43 gibt daher die Gesamtleistung des jeweiligen Bündels, Abb. 44 die Einzelleistung jeder Leitung des betreffenden Bündels an.

Die Leistung je Wähler wird in vollkommenen Bündeln erhalten durch Teilung der Gesamtleistung durch die größte Zahl der gleichzeitig in Betrieb befindlich gewesenen Wähler, in unvollkommenen Bündeln dagegen durch Teilung der Gesamtleistung durch die Zahl aller in der Misch- und Staffelschaltung erreichbaren Wähler, weil kein vollkommener Verkehrsausgleich vorhanden ist, was besonders beachtet werden muß.

In diesen Wählerbestimmungskurven, die die Grundlage zur Bestimmung der Ausrüstung von Wählerämtern bilden, werden grundsätzlich die Schwankungen der Wählerleistung berücksichtigt. Die Kurven können aber nicht die unterschiedliche Ermittlung der Verkehrswerte berücksichtigen die durch Zuschläge zum Verkehrswert besonders erfaßt werden müssen. Diese Wählerbestimmungskurven, die sehr sorgfältig aus sehr vielen Messungen entwickelt wurden, sind seit mehr als 25 Jahren in der Praxis eingeführt, sind vielfach in der verschiedensten Weise eingehend geprüft worden und haben im praktischen Betrieb überall ihre Richtigkeit bezüglich Wählerleistung und Betriebsgüte unter Beweis gestellt. Sie können daher als vollkommen bewährt überall verwendet werden. Die Kurven geben einen sofortigen guten Überblick über alle Bündelgrößen und Bündelarten mit ihren Leistungen und sind äußerst einfach in ihrer Handhabung.

Es sind viele Berechnungen der Wählerleistung in vollkommenen Bündeln bei verschiedenen Betriebsgüten ausgeführt worden, die alle auf der Wahrscheinlichkeitsrechnung beruhen und die im Mittel die Ergebnisse der Messungen bestätigt haben. Für unvollkommene Bündel, die mindestens im gleichen Umfang, wenn nicht mehr, als vollkommene Bündel in der Wählertechnik angewandt werden, liegen noch keine voll befriedigenden Rechnungen vor. Das mag an der nicht genau bestimmbaren Leistung derartiger Bündel liegen, die auch vom Verkehrszufluß und der Art der Vielfachschaltung abhängt.

Grundsätzliche Arbeiten mit Anwendung der Wahrscheinlichkeitsrechnungen über vollkommene Bündel liegen vor von:

Spiecker, Lubberger, Erlang, Grinsted und Rückle.

9. Das Verfahren der Wähler- und Leitungszahlenbestimmung und seine Vereinfachung

Wenn der richtige mittlere Verkehrswert jeder Wählerstufe und jeder Gruppe unter Berücksichtigung aller Einflüsse gemäß Abschnitt 4 ermittelt ist, kann an die Bestimmung der Größe der Ausrüstung herangetreten werden. Es bestehen keine weiteren Schwierigkeiten, denn es ist nur nötig, für jeden Verkehrswert jeder Gruppe die erforderliche Leitungs- oder Wäh-

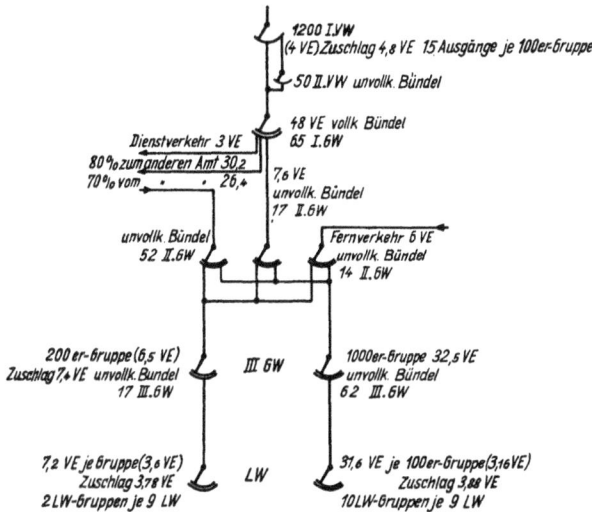

1200 I.VW
(4 VE) Zuschlag 4,8 VE 15 Ausgänge je 100er-Gruppe

50 II.VW unvollk. Bündel

48 VE vollk. Bündel
65 I.6W

Dienstverkehr 3 VE
80 % zum anderen Amt 30,2
70 % vom — 26,4

7,6 VE
unvollk. Bündel
17 I.6W

unvollk. Bündel
52 II.6W

Fernverkehr 6 VE
unvollk. Bündel
14 II.6W

200 er-Gruppe (6,5 VE)
Zuschlag 7,4 VE unvollk. Bündel
17 III.6W

III.6W

1000er-Gruppe 32,5 VE
unvollk. Bündel
62 III.6W

7,2 VE je Gruppe (3,6 VE)
Zuschlag 3,78 VE
2 LW-Gruppen je 9 LW

LW

31,6 VE je 100er-Gruppe (3,16 VE)
Zuschlag 3,88 VE
10 LW-Gruppen je 9 LW

Abb. 45. Verkehrs- und Wählerzahlen eines Amtes mit 1200 Anschlüssen. Teilungszuschlag.

lerzahl aus den Wählerbestimmungskurven für vollkommene und unvollkommene Bündel bei der zugrunde zu legenden Betriebsgüte abzulesen, wobei die Art des Verbindungsaufbaues und der Vielfachschaltung der Verbindungsglieder zu beachten ist.

Ein Beispiel wird dieses Verfahren erläutern. Es sei die Ausrüstung eines Amtes einer größeren Anlage mit 1200 Anschlüssen zu berechnen. Gegeben sei der mittlere Verkehrswert der I. GW der 1200er-Gruppe mit 48 VE und der Verkehrswert des Fernverkehrs mit 6 VE. Von dem hinter den I. GW weiterfließenden Teilnehmerverkehr verlaufen 80% zu anderen Ämtern, von denen 70% zurückfließen, die Betriebsgüte sei 1% Verlust. An Hand des Verbindungsplanes, Abb. 45, in dem die errechneten Werte schon eingetragen sind, soll die Durchrechnung besprochen werden.

Es sind erforderlich 1200 I. VW, die je 100er-Gruppe im Mittel $\dfrac{48}{12} = 4$ VE leisten müssen. Zur Bestimmung der Zahl der Ausgänge aus einer 100er-Gruppe ist ein Zuschlag zum wirklichen mittleren Verkehrswert wegen der großen Unterteilung des Verkehrs zu machen, der sich aus der Zuschlagskurve zu 20% ergibt. Der zu verwendende Verkehrswert beträgt daher $4 \cdot 1{,}20 = 4{,}8$ VE. Dafür würden sich gemäß Abb. 43 bei unvollkommenen Bündeln und 1% Verlust 11 Ausgänge je 100er-Gruppe ergeben. Es empfiehlt sich aber, sehr reichliche Ausgänge an dieser Stelle zu nehmen, für die bei VW im Gegensatz zu AS praktisch keine Aufwendungen erforderlich sind, damit der Einfluß der großen Streuung der Verkehrswerte der 100er-Gruppen und derjenige der rückwärtigen Sperrung klein werden. Aus diesem Grunde ist es zweckmäßig, in der Vorwahlstufe, auch wenn für die ganze Anlage 1% Verlust zugelassen ist, mit 1 $^0/_{00}$ Verlust zu rechnen. Man sieht daher bei Verwendung von VW 15 Ausgänge je 100er-Gruppe vor.

Die II. VW werden in Sparschaltung verwendet, bei der die Leistung auch abhängig von einer geschickten Vielfachschaltung ist. Um an diese nicht zu hohe Anforderungen stellen zu müssen, wird die Hälfte der bei Misch- und Staffelschaltung für das ganze Bündel erforderlichen Wähler vorgesehen. Auch hier wird zweckmäßig 1 $^0/_{00}$ Verlust verwendet. Für 48 VE würden 100 Wähler erforderlich sein, daher genügen 50 II. VW.

Der Verkehrswert der I. GW ist als Mittelwert mit 48 VE angegeben. Dafür ergeben sich aus Abb. 43 für vollkommene Bündel und 1% Verlust 65 I. GW. Bei dieser Angabe ist die Bestimmung der Zahl der I. GW sehr einfach, weil die Angabe unmittelbar den grundsätzlichen Mittelwert der Anlage angibt, auf der sich die weiteren Berechnungen der Verkehrswerte aufbauen. Es ist erheblich schwieriger, wenn der Verkehrswert für die 100er-Gruppen des Amtes angegeben wird, weil die Feststellung, um was für einen Wert es sich dabei eigentlich handelt, nicht einfach ist, wie es schon in den Abschnitten 3 und 4 behandelt wurde. Wird ein wirklicher Mittelwert aus allen 100er-Gruppen bei gleichzeitiger Beobachtung angegeben, so entspricht dieser Wert der gleichzeitigen Belastung der I. GW, und der Rechnungsgang ist dann derselbe, wie bisher behandelt. Zur Bestimmung der Ausgänge aus den 100er-Gruppen muß der Mittelwert vergrößert, zur Bestimmung der Zahl der I. GW muß er unverändert beibehalten werden. In der Praxis macht es aber Schwierigkeiten, den wirklichen Mittelwert aus allen 100er-Gruppen zu erhalten. Wegen dieser zeitraubenden Messungen wird man gewöhnlich einen mit Sicherheit behafteten Wert angeben, der vielleicht in Gruppen mit starkem Verkehr gemessen wurde, der aber durchaus nicht dem wirklichen Mittelwert entspricht. Hier müssen jetzt die Erfahrungen einsetzen. Erscheint der Wert klein, so betrachtet man ihn als wirklichen Mittelwert und rechnet, wie bisher angegeben, erscheint er aber reichlich groß, so betrachtet man ihn als einen schon unter Berücksichtigung gewisser Schwankungen gegebenen Wert und bestimmt ohne Zuschlag die Zahl der Ausgänge der 100er-Gruppen. Wenn die Konzentration angegeben wurde, so kann aus dieser ersehen werden, für welche Gruppengröße die Verkehrswerte gelten, wie in Abschnitt 5 behandelt wurde. Zur Bestimmung des mittleren Verkehrswertes der I. GW wird dann aber nach der Zuschlagskurve rückwärts ein um den Vomhundertsatz verkleinerter Wert als Mittelwert eingesetzt.

Hinter den I. GW sollen in diesem Fall 15% weniger Verkehr weiterfließen, das sind $48 \cdot 0{,}85 = 40{,}8$ VE, davon 3 VE als Dienstverkehr, bleiben $40{,}8 - 3 = 37{,}8$ VE. Von diesen fließen 80% zu anderen Ämtern, das sind $37{,}8 \cdot 0{,}8 = 30{,}2$ VE, so daß im eigenen Amt $37{,}8 - 30{,}2 = 7{,}6$ VE übrigbleiben. Dafür sind nach Abb. 43 für unvollkommene Bündel 17 II. GW erforderlich. Von anderen Ämtern sollen 70% des Verkehrs zufließen, das sind $37{,}8 \cdot 0{,}7 = 26{,}4$ VE. Sind mehrere andere Ämter vorhanden, so muß jedes ankommende Bündel für sich berechnet werden, weil die Bündel getrennt sind und kein Verkehrsausgleich zwischen den Bündeln vorhanden ist. Hier soll der Einfachheit halber in der Anlage nur noch ein weiteres großes Amt angenommen werden. Für 26,4 VE ohne Zuschlag sind im unvollkommenen Bündel 52 II. GW erforderlich. In dieser Stufe läuft der Fernverkehr mit 6 VE ein, für den 14 II. GW benötigt werden, so daß zusammen $52 + 17 + 14 = 83$ II. GW erforderlich sind.

Hinter den II. GW teilt sich der Verkehr in eine 1000er- und eine 200er-Gruppe. Der Gesamtverkehr der II. GW beträgt $26{,}4 + 7{,}6 + 6 = 40$ VE, von denen $40 \cdot 0{,}975 = 39$ VE weiterfließen, wobei die spätere Einstellung der nachfolgenden Wähler mit 2,5% in Rechnung gesetzt ist. Der Verkehr teilt sich in $\dfrac{39 \cdot 10}{12} = 32{,}5$ VE und $\dfrac{39 \cdot 2}{12} = 6{,}5$ VE, der durch einen Zuschlag von 14% auf $6{,}5 \cdot 1{,}14 = 7{,}4$ VE vergrößert wird. In unvollkommenen Bündeln sind erforderlich für 32,5 VE 62 III. GW, für 7,4 VE 17 III. GW, bei 1% Verlust. Die Summe beträgt $62 + 17 = 79$ III. GW.

In der großen Gruppe sind 10 Gruppen von LW vorhanden. Der Verkehrswert jeder Gruppe errechnet sich aus $\dfrac{32{,}5 \cdot 0{,}975}{10} = 3{,}16$ VE mit einem Zuschlag von 23% zu $3{,}16 \cdot 1{,}23 = 3{,}88$ VE, wofür je Gruppe 9 LW erforderlich sind. In der kleinen Gruppe muß sich dieselbe Zahl ergeben. Es sind bei 7,4 VE 2 LW-Gruppen vorhanden, daher je Gruppe $\dfrac{7{,}4}{2} \cdot 0{,}975 = 3{,}6$ VE, wozu ein Zuschlag von 5% kommt. Der Verkehrswert beträgt dann 3,6 · 1,05 = 3,78 VE, wofür auch 9 LW je Gruppe benötigt werden. Es sind daher im ganzen 12 · 9 = 108 LW erforderlich.

Die Schwierigkeit des Verfahrens besteht nicht in der Bestimmung der Wählerzahl, die nur abzulesen ist, sondern in der Ermittlung des jeweiligen für die Bestimmung der Wählerzahl richtigen Verkehrswertes, unter Berücksichtigung der zeitlichen Verkehrsschwankungen, besonders der kleinen Bündel. Den Einfluß der zeitlichen Verkehrsschwankungen hat man bisher gemäß Abschnitt 5 durch eine zweckmäßige Lösung des Problems der Verkehrsteilung und des Verkehrszusammenflusses berücksichtigt. Wenn ein kleiner Verkehrsfluß sich spaltet, so hat man einen Verkehrszuschlag auf den Teilverkehr gemacht, wenn kleinere Verkehrsflüsse zusammenfließen, einen entsprechenden Abzug. Diese Zuschläge und Abzüge sind begründet durch die verschiedene Lage der HVSt, deren Verkehrswerte nicht beliebig summiert werden können. Zur Wählerzahlberechnung und zur Beurteilung des Verkehrs wird stets der Verkehr der HVSt zugrunde gelegt. Dieser Verkehr streut aber über die ganze Hauptverkehrszeit von 8 bis 12 Uhr. Wenn daher mehrere Verkehrswerte zusammenfließen, so kann, wegen der zeitlich verschiedenen Lage der HVSt, nicht ohne weiteres eine einfache Summierung der Verkehrswerte zum Erhalt des Mittelwertes stattfinden. Zum Erhalt der richtigen Summe sind die Verkehrsabzüge errechnet worden. Das gleiche gilt für den Zuschlag bei Verkehrsteilung. Da dieser Einfluß abhängt von der Zahl der Teile, die zusammenfließen oder in die sich ein Verkehrswert teilt, sind die Abzüge und Zuschläge davon abhängig gemacht. Es sind deshalb die bekannten Kurven entwickelt für eine Unterteilung in 2, 5 und 10 Teile. Die Abzüge und Zuschläge wurden im Vomhundertsatz den Zuschlagskurven entnommen und der Verkehrswert damit berichtigt. Das ist ein — durch die Vomhundertsatzrechnungen — etwas umständliches, mit gewissen Fehlerquellen behaftetes Verfahren, besonders wenn mehrere Zuschläge im Laufe eines Verkehrsflusses hintereinander gemacht werden.

Der Einfluß der zeitlichen Verkehrsschwankungen kleiner Bündel läßt sich aber auch in etwas anderer Weise erfassen. Wenn das ganze Amt, ausgehend von dem Grundverkehr der 2000er-Gruppe der I. GW ohne Zuschläge und Abzüge durchgerechnet wird, erhält man am Schluß überall wirkliche Mittelwerte aus großen Gruppen, deren Schwankungen den gefundenen Werten in Abschnitt 2 entsprechen. Um diese Schwankungen zu berücksichtigen, wird vor der Bestimmung der betreffenden Wählerzahl ein Zuschlag gemacht, mit dem aber weitere Verkehrswerte nicht berechnet werden dürfen. Man kann daher mit einer einzigen Zuschlagskurve auskommen, wenn man nicht bei jeder Verkehrsteilung oder jedem Verkehrszusammenfluß einen entsprechenden Zuschlag oder Abzug macht, sondern die Verkehrsberechnung durch die ganze Anlage mit wirklichen mittleren Verkehrswerten ausführt und erst am Schluß, wenn die Wählerzahl ermittelt werden soll, den Zuschlag macht, der den Verkehrsschwankungen entspricht. Derartige Zuschläge sollen demnach nur noch zur Bestimmung der Wählerzahl, niemals zur Berechnung weiterer Verkehrswerte benutzt werden. Man erhält dann während der Berechnung überall wirkliche Mittelwerte, auf die sich die späteren Zuschläge beziehen, und nicht Verkehrswerte, die schon vorher durch Zuschläge außerhalb der Mittelwerte gestellt wurden. Diese eine Zuschlagskurve kann nun so umgewertet werden, daß nicht der Zuschlag in Vomhundertsätzen für einen mittleren Verkehrswert abgelesen wird, sondern gleich der um diesen Zuschlag vergrößerte Verkehrswert. Man erhält dadurch eine einzige Zuwachskurve und erspart dann die mit Fehlerquellen behaftete Rechnung in Vomhundertsätzen, wodurch sich das Verfahren vereinfacht. Die Zuwachskurve, wenn sie den Schwankungswert bei 90% der Häufigkeitsbeobachtungen angibt, entspricht genau den Gruppenzuschlägen. Die mit diesen Zuschlägen bestimmten Wählerzahlen ergeben eine etwas bessere Betriebsgüte, als verlangt wird.

Diese stille Reserve ist vor mehr als 25 Jahren in die Rechnungsart aus Vorsicht hineingelegt worden. Heute, wo der Verkehr mit seinen eigentümlichen Schwankungen voll bekannt ist, kann diese Sicherheitsreserve ohne Bedenken beseitigt werden. Man kann daher den Verkehrswert für die Wählerbestimmung so legen, daß er die Schwankungen nicht mehr bei 90%, sondern bei 80% der Beobachtungen erfaßt, die nach dem Abschnitt 6 über viele Beobachtungsstunden und viele gleichartige Gruppen die zugrunde gelegte Betriebsgüte ergeben. Auf dieser Grundlage ist die Zuwachskurve in Abb. 46 entstanden, die keine Zuschläge mehr angibt, sondern die die Ab-

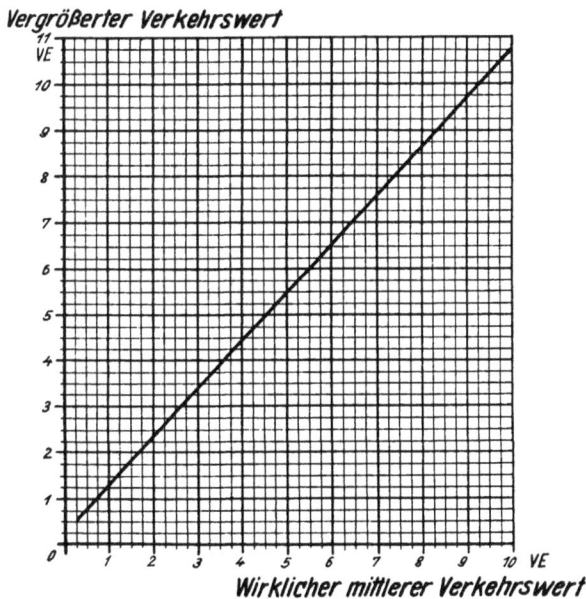

Abb. 46. Zuwachskurve.

lesung des vergrößerten Verkehrswertes für jeden wirklichen mittleren Verkehrswert unmittelbar erlaubt.

Man kann das Problem der Berücksichtigung der zeitlichen Verkehrsschwankungen kleiner Bündel als Teilungsproblem oder als Schwankungsproblem auffassen. Bei richtiger Berücksichtigung aller Einflüsse muß das Ergebnis schließlich dasselbe sein, wie es sich hierbei auch gezeigt hat. Da die Lösung als Schwankungsproblem einfacher durchzuführen ist, wäre die Prüfung ihrer Einführung in Erwägung zu ziehen.

Die Bestimmung der Vorwahlstufe ist besonders zu behandeln. Es ist schon mehrfach darauf hingewiesen worden, daß es unzweckmäßig ist, den Verkehrswert aus den einzelnen Faktoren zu berechnen, weil diese so sehr schwanken und deshalb mit Fehlern behaftet sein werden. Es ist zweckmäßiger, den Verkehrswert der HVSt in VE unmittelbar anzugeben. Weiter ist es nicht zweckmäßig, diesen Wert für die 100er-Gruppen, sondern für eine 1000er- oder 2000er-Gruppe zu bestimmen. Man scheidet dadurch alle unsicheren Faktoren aus, was noch einmal betont werden soll. Wenn der Verkehrswert

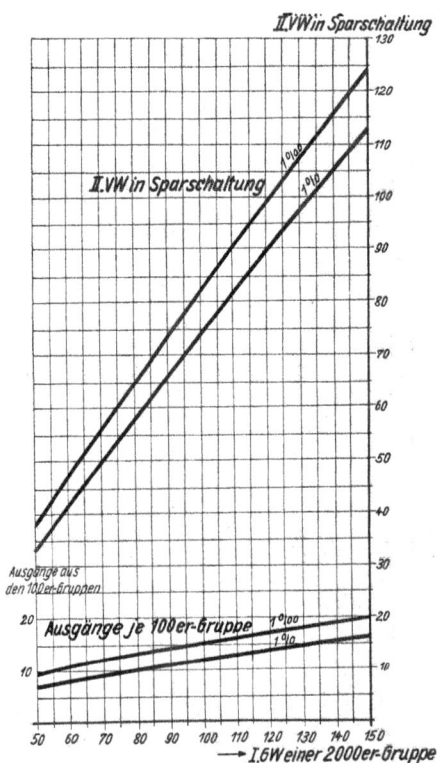

Abb. 47. Ausrüstung der Vorwahlstufe. Ausgänge je 100er-Gruppe und Zahl der II. VW in Sparschaltung, abhängig von der Zahl der I. GW einer 2000er-Gruppe.

für die 100er-Gruppe angegeben wird, dann muß für die 2000er-Gruppe ein anderer Wert eingesetzt werden, weil diese eine andere Konzentration als die 100er-Gruppe hat. Der Unterschied kommt in den Zuschlagskurven zum Ausdruck und kann auch der Zuwachskurve entnommen werden.

Die Vorwahlstufe hängt mit den I. GW unmittelbar derart zusammen, daß über beide Stufen derselbe Verkehr ohne besondere Ab- oder Zuflüsse verläuft. Es lassen sich daher dafür bestimmte Grundsätze für die Ausrüstung allgemein festlegen. In Abb. 47 ist für eine 2000er-Gruppe die Zahl der Ausgänge aus den 100er-Gruppen, abhängig von der Zahl der I. GW, deren Leistung mit 1% Verlust eingesetzt ist, unmittelbar abzulesen. Auf der Waagerechten ist die Zahl der I. GW einer 2000er-Gruppe aufgetragen, auf der Senkrechten kann die jeweilige Zahl der Ausgänge aus den 100er-Gruppen für 1% und 1‰ Verlust abgelesen werden. Diese Zahl der Ausgänge sollte nicht unterschritten, kann aber überschritten werden. In diesen Zahlen wird die Ungleichheit der 100er-Gruppen und der Einfluß der rückwärtigen Sperrung berücksichtigt. Gleichzeitig ist auch die Zahl der zweckmäßig vorzusehenden II. VW angegeben, bei denen Sparschaltung vorausgesetzt ist, ebenfalls für eine Betriebsgüte von $1^0/_0$ und $1^0/_{00}$ Verlust. Diese Verhältnisse zwischen I. VW-Ausgängen, Zahl der II. VW und I. GW müssen stets erhalten bleiben, ganz unabhängig davon, ob der Verkehrswert für eine 100er- oder 2000er-Gruppe angegeben wurde. Da der wirtschaftliche Einfluß bei VW gering ist, sollte man stets, auch wenn $1^0/_0$ Verlust zugelassen ist, an dieser Stelle die Kurve für $1^0/_{00}$ Verlust anwenden, wie es schon erörtert wurde. Für die Vorwahlstufe ist die Ausrüstung einer vollausgebauten Gruppe daher leicht ablesbar. Die Zahl der Ausgänge aus einer 100er-Gruppe ist auch bei teilweisem Ausbau ablesbar, wenn die Zahl der I. GW einer vollausgebauten Gruppe zur Ablesung eingesetzt wird. Auch die Zahl der II. VW ist ablesbar, wenn diese Zahl später entsprechend dem Verhältnis der Verkehrswerte vermindert wird. Für die anderen Wählerstufen ist dieses Verfahren wegen der stets verschiedenen Verkehrsteilung nicht möglich.

Dieses vereinfachte Verfahren spart Arbeit und Ausrüstung, beseitigt Fehlerquellen und ergibt im Gang der Verkehrswertberechnung überall wirkliche Mittelwerte und eine genauer bestimmte Betriebsgüte der Anlage. Es wird sich empfehlen, dieses Verfahren gleich bei der Änderung der Betriebsgüte von 1 auf 1000 in 1 auf 100 zu erproben.

Ein Beispiel wird auch dieses Verfahren erläutern. Es sei die Ausrüstung des gleichen Amtes wie im vorhergehenden Beispiel nach dem vereinfachten Verfahren zu ermitteln. Auch dieses Beispiel soll an Hand des Verbindungsplanes, Abb. 48, in dem die errechneten Werte schon eingetragen sind, besprochen werden.

Es sind wieder 1200 I. VW erforderlich, die je 100er-Gruppe im Mittel $\frac{48}{12} = 4$ VE leisten sollen. Zur Bestimmung der Zahl der Ausgänge aus einer 100er-Gruppe wird in Abb. 47 die Zahl der I. GW der vollausgebauten 2000er-Gruppe eingesetzt. Dafür ergibt sich ein Verkehrswert von $4 \cdot 20 = 80$ VE, für den etwa 100 I. GW erforderlich sind. Bei 100 I. GW und $1^0/_{00}$ Verlust sind je 100er-Gruppe 15 Ausgänge vorzusehen.

Für die II. VW sind bei 100 I. GW 82 Wähler angegeben. Diese werden im Verhältnis $\frac{48}{80}$ vermindert; es ergeben sich $\frac{82 \cdot 48}{80} = 50$ II. VW.

Die Zahl der I. GW ergibt sich wieder aus dem Mittelwert von 48 VE bei 1% Verlust zu 65 I. GW ohne jede Änderung.

Die Schwierigkeiten, den mittleren Verkehrswert der I. GW aus den Verkehrsangaben für 100er-Gruppen zu ermitteln, sind dieselben. Es ist zu prüfen, welcher Wert es wirklich sein könnte, und danach ist der Gang der Rechnung einzurichten. Bei wirklichem Mittelwert aus allen Gruppen gleichzeitig ist der Wert unverändert für die I. GW zu verwenden und der Wert für die I. VW-Gruppen zu vergrößern. Bei größeren Werten, die schon Schwankungen berücksichtigen, sind die Werte unverändert für die VW-Gruppen zu verwenden und dann für die I. GW der verkleinerte Wert einzusetzen.

Hinter den I. GW sollen wieder 15% weniger Verkehr weiterfließen, das sind 48 · 0,85 = 40,8 VE, davon 3 VE als Dienstverkehr und 40,8 — 3 = 37,8 VE als Teilnehmerverkehr. 30,2 VE fließen zum anderen Amt, 26,4 VE fließen von diesem zurück. Im eigenen Amt bleiben 7,6 VE. Vor der Wähler-

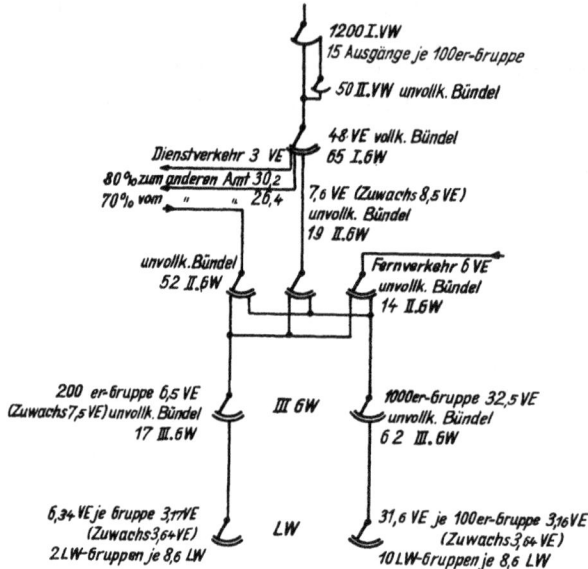

Abb. 48. Verkehrs- und Wählerzahlen eines Amtes mit 1200 Anschlüssen. Schwankungszuwachs.

bestimmung der eigenen II. GW wird der Wert gemäß Zuwachskurve auf 8,5 VE vergrößert, wofür nach Abb. 43 für unvollkommene Bündel 19 II. GW erforderlich sind. Für den ankommenden Verkehr mit 26,4 VE ohne Vergrößerung sind in unvollkommenen Bündeln wieder 52 II. GW notwendig. In dieser Stufe läuft der Fernverkehr mit 6 VE ein, für den 14 II. GW benötigt werden, so daß zusammen 52 + 19 + 14 = 85 II. GW erforderlich sind. Gegenüber dem 1. Beispiel sind 2 II. GW mehr erforderlich, was durch Vergrößerung der Verkehrswerte der eigenen Wähler eingetreten ist, bei denen früher keine Zuschläge gemacht wurden. Bei der Umstellung der Betriebsgüte auf 1% Verlust wird sich aber die Vergrößerung bis 10 VE empfehlen, damit die Reserven nicht zu eng bemessen werden.

Hinter den II. GW teilt sich der Verkehr wieder in eine 1000er- und eine 200er-Gruppe. Der Gesamtverkehr der II. GW beträgt 26,4 + 7,6 + 6 =

84

40 VE, von denen $40 \cdot 0{,}975 = 39$ VE weiterfließen, wobei die spätere Einstellung wieder mit $2{,}5\%$ in Rechnung gesetzt ist. Der Verkehr teilt sich in $\dfrac{39 \cdot 10}{12} = 32{,}5$ VE und $\dfrac{39 \cdot 2}{12} = 6{,}5$ VE. In unvollkommenen Bündeln sind erforderlich für 32,5 VE 62 III. GW, für 6,5 VE mit Vergrößerung auf 7,4 VE 17 III. GW, bei 1% Verlust. Die Summe der III. GW ist dieselbe wie früher.

An die große Gruppe sind wieder 10 Gruppen von LW angeschlossen. Der Verkehrswert jeder Gruppe errechnet sich bei $2{,}5\%$ Abzug für spätere Einstellung zu $\dfrac{32{,}5}{10} \cdot 0{,}975 = 3{,}16$ VE. Dafür sind mit Vergrößerung auf 3,64 VE je Gruppe 8,6 LW erforderlich. In der kleinen Gruppe sind bei 6,5 VE 2 LW-Gruppen vorhanden, daher je Gruppe $\dfrac{6{,}5}{2} \cdot 0{,}975 = 3{,}17$, mit Zuwachs gemäß Abb. 46 auf 3,64 VE, wofür auch wieder 8,6 LW nötig sind. Im ganzen sind daher $12 \cdot 8{,}6 = 104$ LW erforderlich. Die Verwendung von Bruchteilen der Wähler je 100er-Gruppe wird derart geregelt, daß einzelne Gruppen mit 8 LW, andere, die etwas größeren Verkehr führen, mit 9 LW ausgerüstet werden. Die Ersparnis an LW liegt nicht im Verfahren selber begründet, sondern darin, daß die Reserven vermindert wurden. Der Schwankungszuschlag entspricht nicht mehr dem Schwankungswert bei 90% der Beobachtungen, der der Zuschlagskurve entspricht, sondern dem Schwankungswert bei 80% der Beobachtungen.

Das grundsätzliche Kennzeichen dieses Verfahrens besteht darin, daß die Weiterverrechnung der Verkehrswerte durch alle Gruppen und Stufen stets ohne Vergrößerung erfolgt. Nur bei Bestimmung der Wählerzahl des betreffenden Amtsteiles wird bei kleinem Verkehrswert eine Vergrößerung des mittleren Verkehrswertes wegen der Verkehrsschwankungen gemacht.

Das vereinfachte Verfahren der Verkehrswertberechnung und die Bestimmung der Wählerzahl ist praktisch das gleiche wie früher, und es würden deshalb auch dieselben Ergebnisse erhalten werden. Durch Einschränkung der Reserven werden aber Einsparungen erreicht, so daß die Wählerzahl etwas herabgesetzt wird. Es wird das Rechnen mit Zuschlägen durch einfaches Ablesen des vergrößerten Verkehrswertes ersetzt und die mehrfachen Zuschläge im Zuge des Verkehrsflusses vermieden, wodurch die Rechnung vereinfacht wird und Fehlerquellen ausgeschaltet werden.

Die Berechnung von AS erfolgt entsprechend den bekanntgegebenen Rechnungsarten, aber nicht für $1\%_{00}$ Verlust in allen Fällen, wie bei den VW-Ausgängen, sondern mit der verlangten Betriebsgüte, z. B. für 1% Verlust, weil diese Ausrüstung mit mehr Kosten verbunden ist. Aus dem mittleren Verkehrswert der I. GW wird durch Teilung, entsprechend der Gruppengröße der AS, der wirkliche mittlere Verkehrswert der AS errechnet. Zu diesem Mittelwert kommt der Zuwachs, mit dem dann die Wählerzahl je Gruppe aus Abb. 43 bei der verlangten Betriebsgüte ermittelt wird. Sind nur die Faktoren des Verkehrswertes einer kleinen Gruppe bekannt, so wird zunächst daraus

der mittlere Verkehrswert der I. GW errechnet, und dann ist der Rechnungsgang derselbe wie schon angegeben. Sind die AS 100 teilig, so kann aus Abb. 47
die Zahl der erforderlichen AS je 100er-Gruppe, die dann den VW-Ausgängen
entsprechen, abgelesen werden. Sind sie 50 teilig, so errechnet sich der Verkehrswert aus dem vierzigsten Teil des mittleren Verkehrswertes der I. GW
einer 2000er-Gruppe mit Zuwachs, mit dem die Wählerzahl aus Abb. 43 abgelesen wird. Die Zahl der II. VW, die in zweiter Stufe vielfach verwendet
werden, ist gleich der Zahl der AS, wenn Sparschaltungen nicht zur Anwendung kommen. Bei Sparschaltung kann die Zahl der II. VW um 40...50 $^{0}/_{0}$
vermindert werden.

Besondere Aufgaben über Verkehrsteilung und Verkehrszusammenfluß, die mitunter auftreten, können auch bei der verschiedensten Teilung
mit der einen Zuwachskurve einfach gelöst werden, wobei gleich festzulegen
ist, daß Teilung und Summierung von Verkehrswerten nur mit wirklichen
Mittelwerten erfolgen dürfen. Ist ein mittlerer Verkehrswert von 6 VE
gegeben, der wirklich als Mittelwert über viele HVSt gemessen wurde und
sich in drei gleiche Teile spalten soll, so fragt es sich, welcher Verkehrswert
zur Bestimmung der Wähler- oder Leitungszahl der Teile eingesetzt werden
soll. Nach Voraussetzung sind 6 VE ein wirklicher Mittelwert, der unmittelbar geteilt werden kann. Es ergeben sich nach der Teilung $\frac{6}{3} = 2$ VE,
die durch Zuwachs zur Wählerzahlbestimmung auf 2,4 VE zu vergrößern
sind. War aber der Verkehrswert zu 6 VE nicht unmittelbar gegeben, sondern
aus der Leistung eines 12er vollkommenen Bündels abgeleitet, so sind 6 VE
kein Mittelwert, sondern sie enthalten schon den Schwankungszuwachs,
wenn dieses Bündel über viele Stunden die Betriebsgüte gewährleisten soll.
Aus der Zuwachskurve wird rückwärts der wirkliche mittlere Verkehrswert
zu 5,4 VE ermittelt und dann die Rechnung in der vorher geschilderten
Weise ausgeführt: $\frac{5,4}{3} = 1,8$ VE mit Zuwachs auf 2,25 VE vergrößert. Jede
beliebige Teilung ist in dieser Weise zu erfassen.

Ähnlich ist die Rechnung, wenn Verkehrsteile zusammenfließen. Angenommen, 3 Teile von 2 VE sollen zusammenfließen, und es fragt sich, mit
welchem Verkehrswert muß die Wähler- oder Leitungszahl des Summenverkehrs ermittelt werden. Die Überlegungen sind dieselben wie vorher.
Sind 2 VE wirkliche, über viele HVSt beobachtete mittlere Verkehrswerte,
so ist das Produkt $3 \cdot 2 = 6$ VE mit Zuwachs auf 6,5 VE für die Wählerbestimmung zu vergrößern. Sind aber 2 VE aus einem Leitungsbündel von
6 Leitungen abgeleitet worden, so sind es Werte mit Schwankungszuwachs,
aus denen der wirkliche Mittelwert aus der Zuwachskurve rückwärts abzulesen ist. In diesem Fall ergibt sich ein wirklicher mittlerer Verkehrswert
von 1,6 VE je Teilverkehr, also zusammen $3 \cdot 1,6 = 4,8$ VE, der durch
Zuwachs auf 5,3 VE vergrößert wird.

Alle diese Ermittlungen lassen sich für jede beliebige Teilung und jeden beliebigen Zusammenfluß mit einer einzigen Zuwachskurve ohne Vomhundertsatzrechnung durchführen. Es ist aber stets besonders darauf zu achten, daß nur wirkliche mittlere Verkehrswerte summiert oder geteilt werden.

Es gibt nach den bisherigen Ausführungen verschiedene mittlere Verkehrswerte, den gewöhnlichen mittleren Verkehrswert aus den HVSt der 100er-Gruppe und den wirklichen mittleren Verkehrswert aus den HVSt von 10 und mehr 100er-Gruppen, den man durch Teilung des mittleren Verkehrswertes einer 1000er- oder 2000er-Gruppe erhält. Auf den letzteren

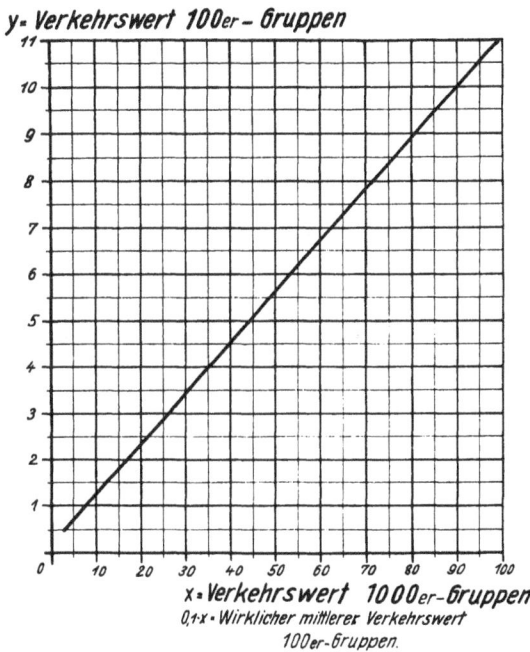

Abb. 49. Zusammenhang zwischen gewöhnlichem mittlerem und wirklichem mittlerem Verkehrswert von 100er-Gruppen.

wirklichen mittleren Verkehrswert beziehen sich die Zuwachskurve und die Betriebsgüte. Eine weitere Ableitung der Zuwachskurve wird dies zeigen.

Die mittleren Verkehrswerte der HVSt kleiner und großer Gruppen liegen zueinander innerhalb der Hauptverkehrszeit zeitlich verschieden, wie aus der Häufigkeitskurve in Abb. 35 hervorgeht, die für jede Gruppengröße gilt. Demzufolge ist der Verkehrswert einer großen Gruppe nicht die Summe der gewöhnlichen mittleren Verkehrswerte der Untergruppen. Bezeichnet x den mittleren Verkehrswert einer 1000er-Gruppe und y den gewöhnlichen mittleren Verkehrswert der zu der 1000er-Gruppe gehörenden 10 Untergruppen, die untereinander etwa gleich sein sollen, so ist $x < 10 \cdot y$, weil die HVSt nicht in dieselbe Zeit fallen. Die Größe von x kann aus der Häufigkeitskurve in

Abb. 35 und aus der Abnahme des Verkehrswertes der der HVSt benachbarten Stunden nach Abb. 38 abgeleitet werden. Nach den Untersuchungen in Abschnitt 7 fallen 10% der HVSt der Untergruppen praktisch zusammen, 35% fallen innerhalb der Hauptverkehrszeit nicht zusammen und 55% überschneiden sich. Die Verkehrswerte werden sich daher in 10% der Fälle summieren, in 35% der Fälle wird der Verkehrswert nur die Größe der der HVSt benachbarten Stunden haben und soll mit y_1 bezeichnet werden, in 55% der Fälle werden sich die Stunden überschneiden, und man kann dann ohne große Fehler für diesen Fall den Verkehrswert $\dfrac{y + y_1}{2}$ einsetzen. Es errechnet sich daher $x = 1 \cdot y + 3{,}5 \cdot y_1 + 5{,}5 \cdot \dfrac{y + y_1}{2}$. Der Wert von y_1 ergibt sich aus Abb. 38. Als Beispiel für $y = 3$ VE ist $y_1 = 2{,}25$ VE, und es ergibt sich $x = 1 \cdot 3 + 3{,}5 \cdot 2{,}25 + 5{,}5 \cdot \dfrac{3 + 2{,}25}{2} = 25{,}3$ VE, was einen Abfall von 15,6% ausmacht. Für $y = 1$ ergibt sich $x = 7{,}5$ VE, für $y = 5$, $x = 44$ VE.

In Abb. 49 sind die so errechneten Werte für y und x zusammengestellt, und es ergibt sich praktisch die Zuwachskurve Abb. 46, wenn auf der Waagerechten $0{,}1 \cdot x =$ wirklicher mittlerer Verkehrswert gesetzt wird. Damit ist der Zusammenhang zwischen gewöhnlichem mittlerem Verkehrswert und wirklichem mittlerem Verkehrswert kleiner Gruppen gegeben. Sie unterscheiden sich grundsätzlich durch den Zuwachs. Der gewöhnliche mittlere Verkehrswert, mit dem die Wählerzahl bestimmt wird, wird erhalten, wenn der wirkliche mittlere Verkehrswert um den Zuwachs vergrößert wird.

10. Die Bildung von großen unvollkommenen Bündeln mit Misch- und Staffelschaltungen

In den ersten selbsttätigen Anlagen wurden die Kontakte der Wähler durch eine einfache Vielfachschaltung untereinander verbunden. Da die Wähler zur Auswahl einer freien Leitung entsprechend dem dekadischen System 10 Kontakte je Richtung hatten, mußte der Verkehr durch reine 10er-Bündel bewältigt werden. Eine derartige Vielfachschaltung ist in Abb. 50 dargestellt. 10 Wähler sind immer zu einem Rahmen zusammengefaßt, und die Kontakte dieser 10 Wähler sind in einfacher Weise vielfachgeschaltet. Die Wählerkontakte von drei derartigen Rahmen sind nach Abb. 50 ebenfalls vielfachgeschaltet, und diese 10 Leitungen verlaufen als 10er-Bündel zu den Wählern der nächsten Wählerstufe. Die Wähler- oder Leitungsausnutzung beträgt in der Hauptverkehrsstunde bei 1‰ Verlust, wenn jedes Bündel für sich betrachtet wird, etwa 20/60 VE, d. h. jeder Wähler ist im Mittel 20 min in Betrieb, oder er wird mit 33% der Zeit ausgenutzt. Da aber in Abb. 50 vier derartige Gruppen von 10er-Bündeln vorhanden sind und in derselben HVSt nicht jedes dieser Bündel den gleich großen Verkehr aufweist, sondern der höchstzulässige Verkehr für jedes Bündel zu einer anderen Tageszeit auftritt, sinkt die mittlere Ausnutzung der nachfolgenden Wähler etwas, wenn man die mittlere Ausnutzung nicht auf ein 10er-Bündel, sondern auf die ganze Gruppe bezieht. Es beträgt in dem Bilde bei den vier 10er-Bündeln die mittlere Leistung jedes Wählers etwa 18/60 VE oder die Ausnutzung 30% der Zeit. Je mehr derartige 10er-Bündel für eine Richtung vorhanden sind, um so mehr sinkt die mittlere Leistung jedes Wählers, wenn diese auf die ganzen vorhandenen Wähler bezogen wird. Bei zehn 10er-Bündeln z. B. beträgt die mittlere Leistung 15/60 VE oder die Ausnutzung 25% der Zeit.

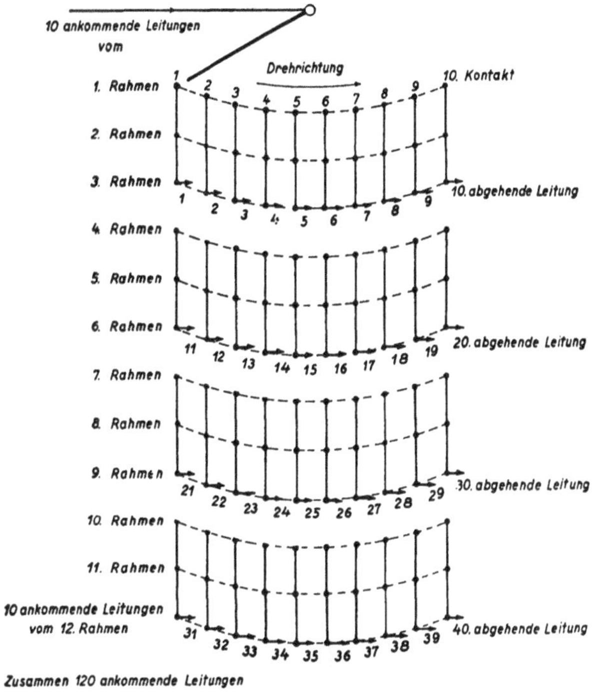

Abb. 50. Einfache Vielfachschaltung.

Man kann nun die Leistung dadurch steigern, daß man die Kontakte nicht in einfacher Weise vielfachschaltet und reine 10er-Bündel schafft, sondern die Kontakte staffelt, d. h. daß man die ersten Kontakte weniger und dafür die letzten Kontakte nach Abb. 51 häufiger vielfachschaltet. Der Verkehr in den einzelnen Rahmen wird sich dann mehr auf den ersten Kontakten abwickeln, während die letzten Kontakte nur für den Spitzenverkehr in Anspruch genommen werden; dadurch wird ein gewisser Ausgleich des Verkehrs in den 10er-Bündeln geschaffen. Man erhält dann keine reinen 10er-Bündel mehr, sondern eine große Gruppe mit vielen Leitungen, in der

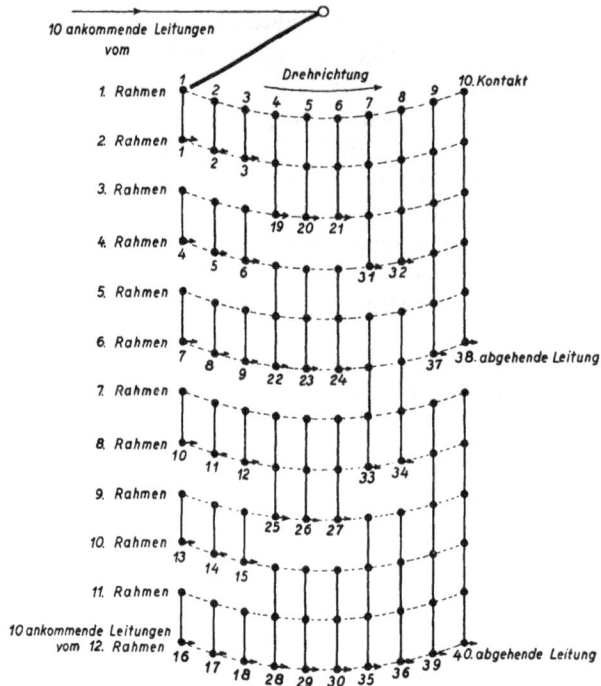

Abb. 51. Staffelung.

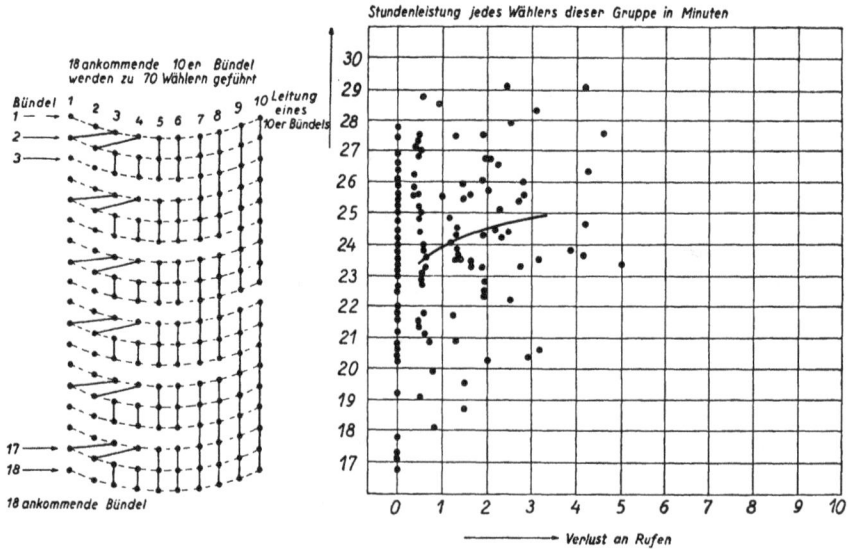

Abb. 52. Stundenleistung der Wähler einer Gruppe in nebenstehender Verteilerschaltung mit reiner Staffelung.

sich allerdings nicht alle Leitungen gegenseitig aushelfen können. Eine derartige Gruppe nennt man ein unvollkommenes Bündel im Gegensatz zu einem vollkommenen Bündel, bei dem sich alle Leitungen gegenseitig aushelfen können.

In Abb. 52 ist eine derartige Staffelung, die in der Praxis eingeschaltet war, gezeichnet, und die Meßergebnisse sind in Abhängigkeit von den beobachteten Verlusten daneben eingezeichnet. Auf der Senkrechten ist die mittlere Stundenleistung jedes Wählers, auf der Waagerechten sind die beobachteten Verluste an Rufen aufgetragen. Jeder eingezeichnete Punkt bedeutet die gemessene mittlere Leistung jedes Wählers einer Hauptverkehrsstunde mit

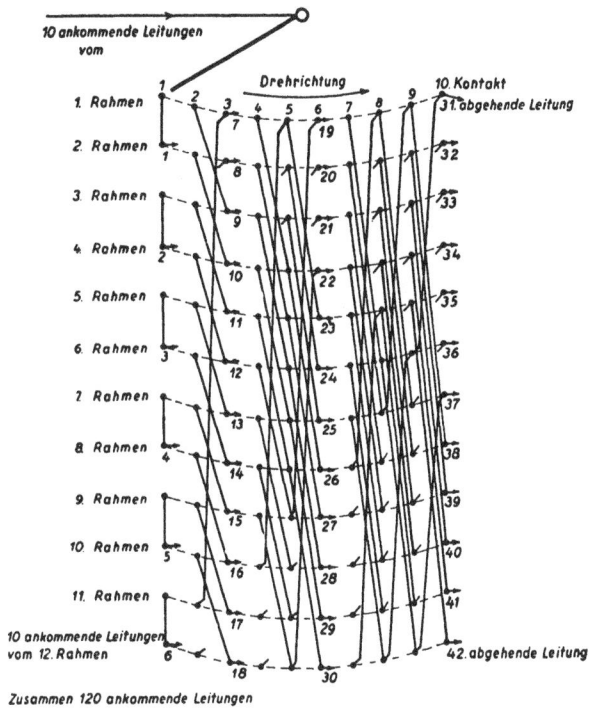

Abb. 53. Mischung und Staffelung.

den dabei aufgetretenen Verlusten. Die eingezeichnete Kurve, die als Mittellinie errechnet ist, gibt die Wählerleistung bei dieser Staffelung an. Es ist zu ersehen, daß in einem derartigen unvollkommenen Bündel die mittlere Leistung bei $1^0/_{00}$ Verlust 24/60 VE beträgt, während bei reiner 10er-Bündelung die mittlere Leistung 16/60 VE betragen würde. Durch die Einführung dieser Staffelung ist also die mittlere Leistung um 50% gesteigert worden. Für diese Steigerung ist kein Kapital aufzuwenden, im Gegenteil, es wird Kapital frei, weil 33% der Wähler der nachfolgenden Stufe gespart werden. Die Einführung einer derartigen Staffelung hat daher einen guten Erfolg gehabt.

Es ist nun versucht worden, die Leistung der Wähler noch weiter zu steigern. Die Betrachtung der Schaltung nach Abb. 51 zeigt, daß sich der Verkehr der oberen Rahmen *1, 2* mit dem Verkehr der unteren Rahmen *11, 12* nicht ausgleichen kann, anderseits sind zwei benachbarte Rahmen, z. B. Rahmen *1* und *2*, mit allen Kontakten vielfachgeschaltet, so daß sich diese beiden Rahmen gegenseitig stark beeinflussen. Führt man nun die Staffelung in der Weise durch, daß sich die Vielfachschaltung der Kontakte mit jedem Wählerschritt nach Abb. 53 ändert, so daß immer die Kontakte anderer Rahmen vielfachgeschaltet werden, so erreicht man dadurch einen besseren Verkehrsausgleich aller Rahmen untereinander.

In Abb. 42 sind die Meßergebnisse einer derartigen Misch- und Staffelschaltung in derselben Weise wie früher aufgetragen. Aus den Meßergebnissen ersieht man, daß in der Hauptverkehrsstunde bei $1^0/_{00}$ Verlust die mittlere Leistung jedes Wählers 30/60 VE beträgt. Gegenüber reinen 10er-Bündeln mit einer Leistung von 15/60 VE in großen Anlagen wäre das eine Verbesserung um 100%.

Welche leistungsverbessernde Wirkung die Misch- und Staffelschaltungen haben, geht aus Abb. 44 hervor, aus der für $1^0/_{00}$ Verlust auch die Leistung der Leitungen bei Verwendung reiner 10er-Bündel ohne jede Mischung und Staffelung in großen Gruppen zu ersehen ist. In Gruppen von 100 Leitungen leisten diese bei reinen 10er-Bündeln nur je 15/60 VE, während die Leistung bei Verwendung von Misch- und Staffelschaltungen auf 30/60 VE steigt. .

Die gute Wirkung der Misch- und Staffelschaltungen bei der Bildung großer unvollkommener Leitungsbündel wurde früher vielfach angezweifelt. Die Schaltungen haben sich aber längst in der Praxis mit Erfolg durchgesetzt und werden heute in großem Umfang an allen möglichen Stellen verwendet. Sie werden benutzt in den Vorwahlstufen bei VW, in den verschiedenen Gruppenwahlstufen, im Netzgruppenverkehr bei Umsteuer- und Mischwählern, im Fernverkehr, in den Fernämtern und an vielen anderen Stellen mehr. Die Vielseitigkeit der Anwendung derartiger Schaltungen in den jeweiligen besonderen Anordnungen hat jedoch mitunter noch gewisse Zweifel über deren Wirksamkeit aufkommen lassen, so daß eine ausführlichere Behandlung dieser Frage zweckmäßig erscheint.

Bei der Bildung von großen vollkommenen Leitungsbündeln ist für die Vergrößerung der erforderlichen Wählerkontaktzahl Kapital aufzuwenden. Entweder müssen die großen Wähler, die Nummernempfänger, selbst eine noch größere Zahl von Kontakten erhalten, um aus einem großen Bündel eine freie Leitung auszusuchen, oder es müssen kleine Mischwähler (MW) mit einer entsprechenden Kontaktzahl eingefügt werden, um die großen Bündel durch doppelte Wahl zu erreichen.

Für die Bildung von großen unvollkommenen Leitungsbündeln wird keinerlei Kapital benötigt, weil die Leistungssteigerung allein durch zweckmäßige Vielfachschaltung der vorhandenen Wählerkontakte erreicht wird. Im Gegenteil, man erspart Kapital, weil durch die bessere Ausnutzung in der

nachfolgenden Stufe an Wählern gespart wird. Unvollkommene Leitungsbündel haben gerade wegen ihrer Wirtschaftlichkeit allgemein in der Technik
die schon erwähnte erhebliche Bedeutung erlangt, wenn sie auch nicht den
Höchstwert der möglichen Ausnutzung erreichen lassen.

Große unvollkommene Leitungsbündel werden bekanntlich gebildet
durch Staffelung und Mischung bei der Vielfachschaltung der Wählerkontakte.
Bei der Staffelung nimmt die Vielfachschaltung der Kontakte mit der Schrittzahl der Wähler zu. Die ersten Wählerkontakte werden sehr wenig, die
letzten Kontakte sehr häufig vielfachgeschaltet. Bei der Mischung wird die
Vielfachschaltung der Wählerkontakte in den einzelnen Staffeln, worunter
man eine Gruppe von Kontakten versteht, die durch eine gleiche Art von
Vielfachschaltung zusammengefaßt sind, ständig verändert, so daß stets
Kontakte anderer Rahmen vielfachgeschaltet werden. Durch die Art der

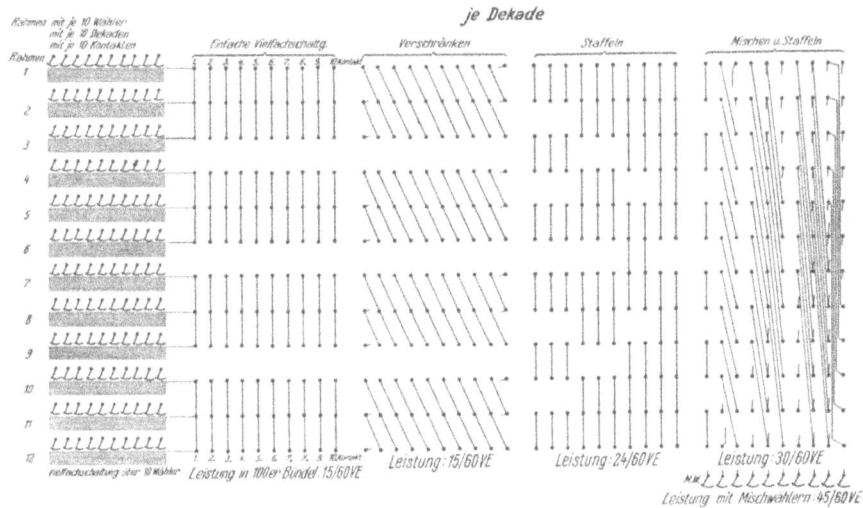

Abb. 54. Verschiedene Arten der Vielfachschaltung von Wählerkontakten.

Staffelung und Mischung ist ein möglichst vollkommener Verkehrsausgleich
zwischen den verschiedenen Wählerrahmen anzustreben, damit die Wählerrahmen sich gegenseitig bei Belastungsschwankungen aushelfen können.

In Abb. 54 ist die Entwicklung von der einfachen Vielfachschaltung
über eine Verschränkung zur reinen Staffelung und zur Misch- und Staffelschaltung nochmals gezeigt. Unter jeder Art der Vielfachschaltung sind die damit erzielten Leistungen in großen Bündeln angegeben. Es sind 12 Rahmen mit
je 10 Wählern dargestellt, deren Kontakte je Rahmen in jeder der 10 Dekaden
unmittelbar vielfachgeschaltet sind. In den Anfängen der Wählertechnik
wurden die Kontakte mehrerer Rahmen unmittelbar vielfachgeschaltet, wie es
bei der einfachen Vielfachschaltung dargestellt ist. Ein Verkehrsausgleich zwischen den Rahmen war nur innerhalb jeder vielfachgeschalteten Gruppe möglich. Die Zahl der vielfachgeschalteten Rahmen richtet sich nach dem Verkehr.

In Abb. 54 sind je 3 Rahmen vielfachgeschaltet, daher 4 Gruppen gebildet worden. Die mittlere Leistung bei 100 nachfolgenden Leitungen oder Wählern in dieser einfachen Vielfachschaltung beträgt bei $1^0/_{00}$ Verlust 15/60 VE. Man kann nun die Vielfachschaltung derart ausführen, daß man nicht alle 1., alle 2. und alle 3. Kontakte der vielfachgeschalteten Rahmen verbindet, sondern den 1. Kontakt des ersten Rahmens mit dem 2. Kontakt des zweiten Rahmens und mit dem 3. Kontakt des dritten Rahmens. Eine derartige Vielfachschaltung nennt man Verschränkung; sie ist in Abb. 54 an zweiter Stelle dargestellt. Eine Verschränkung hat keine leistungssteigernde Wirkung zur Folge, wie es früher vielfach geglaubt wurde, sondern ergibt nur eine gleichmäßige Belastung innerhalb der Gruppe. Es beträgt daher die mittlere Leistung bei 100 nachfolgenden Wählern auch nur 15/60 VE. In der dritten Art der Vielfachschaltung ist das Staffeln gezeigt, eine mit der Schrittzahl zunehmende Vielfachschaltung, bei der ein Verkehrsausgleich vieler Rahmen untereinander möglich ist. Die mittlere Leistung steigt in 100er-Bündeln auf 24/60 VE. Verbessert man den Verkehrsausgleich zwischen den Rahmen noch weiter dadurch, daß man nicht nur die Kontakte der benachbarten, sondern stets die Kontakte anderer Rahmen zur Vielfachschaltung innerhalb der Staffelung heranzieht, wie es in der letzten Art der Vielfachschaltung gezeigt ist, so steigt in dieser Misch- und Staffelschaltung die Leistung auf 30/60 VE. Führt man vor den nachfolgenden Wählern noch Mischwähler ein, so erreicht man damit vollkommene Bündel, bei denen die Leistung in 100er-Bündeln auf 45/60 VE bei $1^0/_{00}$ Verlust steigt. Die Verschränkung bei der Mischung in den einzelnen Staffeln ergibt, wie schon erwähnt, keine Leistungssteigerung und könnte daher ohne Schaden weggelassen werden, sie ergibt aber ein übersichtlicheres Bild.

Derartige Misch- und Staffelschaltungen sind dadurch möglich, daß die Leitungen eines 10er-Bündels bei einer Nullstellung des Wählers von Natur aus ungleichmäßig belastet sind und daß die ersten Leitungen viel, die letzten Leitungen sehr wenig Verkehr führen. Abb. 55*) zeigt die ungleichartige Verkehrsverteilung eines 10er-Bündels und die Leistung der einzelnen Leitungen bei verschiedener Belastung. Die erste Leitung leistet bei einer Belastung von 3,25 VE nahezu 50/60 VE, bei nur 2 VE noch 42/60 VE; die Leistung der folgenden Leitungen fällt sehr schnell ab. Aus diesem Grunde ist eine Vielfachschaltung der letzten Leitungen und ein Verkehrsausgleich der verschiedenen Rahmen darüber ohne weiteres gegeben. Es kommt aber sehr auf die richtige Art der Verkehrsverteilung an.

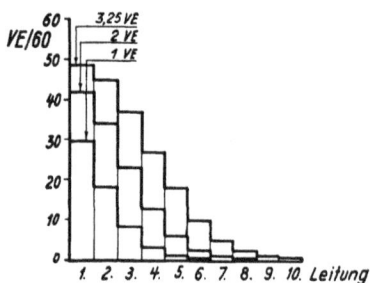

Abb. 55. Leistung der einzelnen Leitungen eines verschieden belasteten unverschränkten 10er-Bündels.

*) F. Lubberger, „Die Wirtschaftlichkeit der Fernsprechanlagen für Ortsverkehr." Verlag Oldenbourg.

Misch- und Staffelschaltungen können zweckmäßig und unzweckmäßig entworfen sein. Je zweckmäßiger sie entwickelt sind, um so größer wird die Leistung der nachfolgenden Wähler sein, wobei aber noch vorausgesetzt werden muß, daß der Verkehrszufluß in den einzelnen Rahmen keine großen Unterschiede aufweisen darf, sondern möglichst gleichmäßig erfolgen soll. Ist das nicht der Fall, so müßte die Misch- und Staffelschaltung die groben Verkehrsunregelmäßigkeiten des Zuflusses in der Art ihres Aufbaues berücksichtigen, wodurch der Aufbau unregelmäßig und damit schwierig wird, was zweckmäßig zu vermeiden ist. Es ist vielmehr ein regelmäßiger Aufbau der Misch- und Staffelschaltungen einem unregelmäßigen vorzuziehen und dafür auf einen gleichmäßigen Verkehrszufluß von den Wählerrahmen zu achten. Da also die Wirksamkeit der Misch- und Staffelschaltungen auch von dem Verkehrszufluß abhängig ist, muß das Bestreben dahin gehen, alle Wählerrahmen möglichst gleichmäßig mit Verkehr zu belasten. Das scheint zunächst gewisse Schwierigkeiten zu machen, weil wegen der Nullstellung der Wähler und des stets von vorn erfolgenden Absuchens der Kontakte die Leitungen schon von vornherein erheblich ungleichmäßig belastet sind. Werden z. B. die vorn liegenden Kontakte der Wähler, die stark belastet sind, zu bestimmten Wählerrahmen geführt und die hinten liegenden Kontakte der Wähler, die schwach belastet sind, zu anderen Wählerrahmen, so werden natürlich die ersten Rahmen stark überlastet, während die letzten Rahmen wenig Verkehr führen. Um die Ungleichheit in der Belastung der Rahmen zu vermeiden, müssen die Zuführungen zu den Wählern in den Rahmen immer so gewählt werden, daß starkbelastete neben schwachbelas-

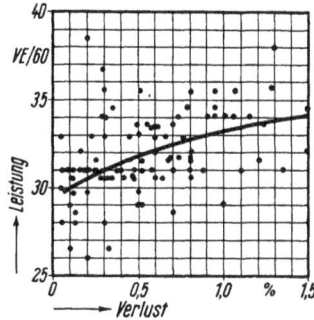

Mischschaltung 1 (80er Bündel, kleine Verluste)

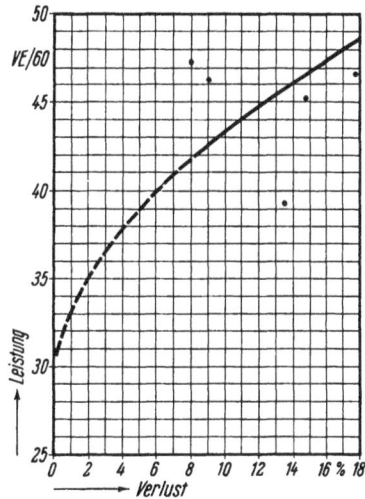

Mischschaltung 2 (80er Bündel, große Verluste)

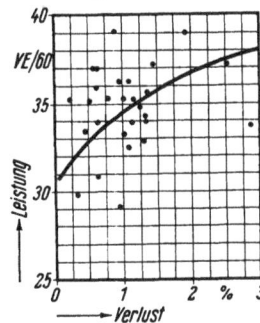

Mischschaltung 3 (120er Bündel, kleine Verluste)

Abb. 56. Gemessene Wählerleistungen in gemischten und gestaffelten 10er-Bündeln.

teten Wählern liegen, so daß alle Rahmen möglichst gleichmäßigen Verkehrszufluß erhalten. Die Wähler in den Rahmen selbst werden natürlich je nach
ihrer Lage im Felde verschieden stark belastet; das hat aber keinen Einfluß
auf den gleichmäßigen Zufluß der nachfolgenden Wählerrahmen, wenn nur die
Gesamtsumme des Verkehrs der Rahmen untereinander möglichst gleich ist.

In Abb. 56 sind der Verkehr und die Leistung der nachfolgenden Wähler
in verschieden großen Misch- und Staffelschaltungen, die richtig aufgebaut
waren und ausgeglichenen Verkehr führten, gemessen und aus den Meßpunkten Schwerlinien abgeleitet worden. Die Mischschaltungen 1 und 2
zeigen Messungen von 8oer-Bündeln für kleine und große Verluste, Mischschaltung 3 von 120er-Bündeln für kleine Verluste. Aus derartigen Schwerlinien wurden die in Abb. 44 durch die Kurven c angegebenen Leistungen
unvollkommener Bündel entwickelt, und zwar gelten die Leistungen für gute,
leicht ausführbare Misch- und Staffelschaltungen von 10er-Bündeln.

Bei richtig entwickelter Misch- und Staffelschaltung führt die letzte Staffel
so wenig Verkehr wie nur irgend möglich. Je größer der Verkehr der letzten
Staffel, um so größer die Verluste. Abb. 57 zeigt die Verkehrsverteilung in
den einzelnen Staffeln verschiedener Misch- und Staffelschaltungen. Die
zu einer Gruppe zusammengefaßten Kontakte gehören immer einer Staffel
an und führen die gleiche Belastung, weil sie gegenseitig verschränkt sind. Der
Vomhundertsatz des Verkehrs kann für jeden Kontakt abgelesen werden.
Man ersieht, daß die Belastung mit der Schrittzahl stets abnimmt, daß aber
die Belastung der letzten Staffel in den verschiedenen Schaltungen verschieden
ist. Daraus ist der Schluß zulässig, daß bei der Mischschaltung 2 wahrscheinlich größere Verluste aufgetreten sind als bei Mischschaltung 3. Das trifft
auch tatsächlich zu, denn Mischschaltung 2 in Abb. 57 entspricht den Meßwerten der Mischschaltung 2 in Abb. 56 und Mischschaltung 3 in Abb. 57
entspricht den Meßwerten der Mischschaltung 3 in Abb. 56.

Die Misch- und Staffelschaltungen werden an den Vielfachfeldern der
Wähler ausgeführt und steigern die Leistung der an diese Felder angeschlossenen Leitungen oder Wähler. Die Art der Vielfachschaltung bestimmt demnach die Ausnutzung der nachfolgenden Wähler, oder auch die Ausnutzung
der Wähler richtet sich nach der Art der Vielfachschaltung an den Kontaktfeldern der vorhergehenden Wählerstufe. Keineswegs wirkt die Art der Vielfachschaltung der Wählerkontakte auf die Ausnutzung der eigenen Wähler

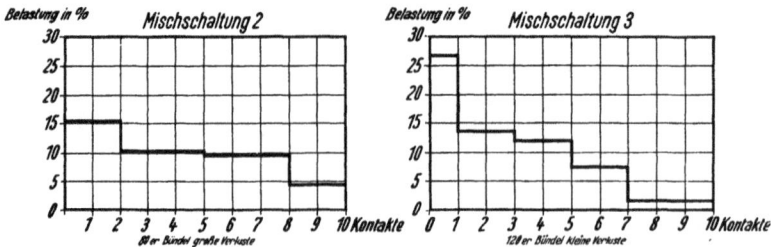

Abb. 57. Belastung der einzelnen Staffeln in Mischschaltungen.

zurück, d. h. die Art der Misch- und Staffelschaltung an den Vielfachfeldern der I. GW wirkt auf die Ausnutzung der II. GW, nicht aber auf die Ausnutzung der I. GW zurück. Die Ausnutzung der LW hängt demnach von der Vielfachschaltung der Kontaktfelder der vorhergehenden GW ab, nicht aber etwa von der Art der Schaltung in den eigenen Kontaktfeldern. Wenn also die Felder der LW in irgendeiner Art vielfachgeschaltet oder gestaffelt werden, so hat das auf die Ausnutzung der LW selbst nicht den geringsten Einfluß. Eine Steigerung in der Ausnutzung der LW kann nur durch eine verbesserte Vielfachschaltung in den Kontaktfeldern der vorliegenden GW erzielt werden. Was hier für LW gesagt wurde, gilt auch für die anderen Wählerstufen. Auch wenn man vollkommene Bündel mit MW oder größerer Kontaktzahl an den Hauptwählern bildet, wird dadurch nur die Leistung der Wähler in der nachfolgenden Stufe, keinesfalls aber die Leistung der eigenen Wähler erhöht.

Die in Abb. 54 gezeigte Misch- und Staffelschaltung wird angewendet in allen Fällen der Vorwärtswahl, also in der Vorwahlstufe mit VW und in allen Gruppenwahlstufen bis zum LW. Auch wenn MW für die Bildung vollkommener Bündel in irgendeine dieser Stufen eingeführt werden, wird die Misch- und Staffelschaltung vor den MW verwendet. Im neuzeitlichen Amts- und Netzgruppenaufbau gibt es keine Stelle mehr, in der nicht von der guten Wirkung der Misch- und Staffelschaltungen ein allgemeiner Gebrauch gemacht wird.

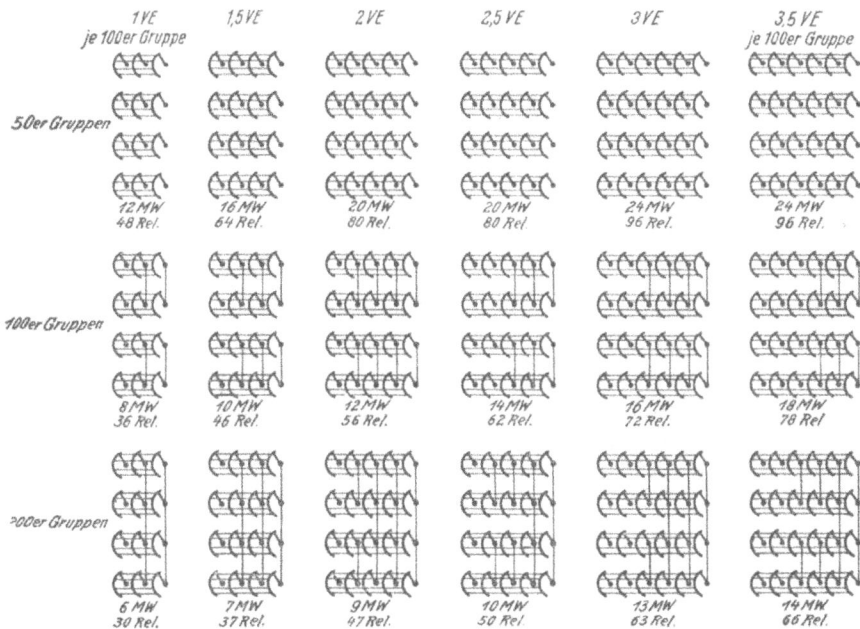

Abb. 58. Staffelung 50teiliger Anrufsucher bei verschiedenen Verkehrswerten in 50er-100er- und 200er-Gruppen.

Auch bei der Rückwärtswahl, besonders bei der Verwendung von AS, kann die Staffelung verwendet werden, um an nachfolgenden Wählern zu sparen. Abb. 58 zeigt verschiedene Staffelungen von 50 kontaktigen AS, die in Gruppen von 50 bis 200 Teilnehmern zusammengefaßt sind. Es sind 6 verschiedene Verkehrswerte angenommen und für jede 50er-AS-Untergruppe soviel AS vorgesehen, wie für den zugrunde gelegten Verkehr erforderlich sind. Wenn man die Belegung der AS so vorsieht, daß sie immer nur in einer bestimmten Richtung, z. B. von links nach rechts der Reihe nach erfolgt, so ist die Einführung der Staffelung ohne weiteres in der Weise möglich, wie Abb. 58 erkennen läßt. Die obere Abteilung zeigt reine 50er-Gruppen, die mittlere Abteilung zu 100er-Gruppen durch Staffelung zusammengefaßte 50er-Gruppen und die untere Abteilung zu 200er-Gruppen zusammengefaßte 50er-Gruppen. Die Staffelung der AS läßt sich beliebig weiter fortsetzen, und die Vielfachschaltung der AS von links nach rechts nimmt, wie bei jeder Staffelung der Vorwärtswahl, zu, je weniger die AS belastet sind.

Durch die Staffelung der AS kann man mit kleinen Wählern beliebig große Gruppen bilden; man erspart nachfolgende Wähler und Relais, wie es in Abb. 58 für verschieden große Gruppen und verschiedenen Verkehr angegeben ist und ersehen werden kann. Unter jeder Gruppe ist die Zahl der nachfolgenden Wähler — hier MW — und die Zahl der erforderlichen Relais angegeben. Man erspart bei 200er-Gruppen gegenüber 50er-Gruppen etwa bis 50% an nachfolgenden Wählern und bis 40% an Relais. Große teure Wähler sind demnach zur Bildung von großen AS-Gruppen nicht erforderlich.

Die Güte von Misch- und Staffelschaltungen wird auf Grund von Verkehrsmessungen und Beobachtungen der auftretenden Verluste beurteilt. Bei der Messung muß der Gesamtverkehr aller Wähler dieser Gruppe mit den Verlusten, die in der vorhergehenden Wählerstufe in der betreffenden Dekade auftreten und die auf die Rufe bezogen werden müssen, erfaßt werden. Die mittlere Leistung der Wähler erhält man, indem man die Gesamtleistung aller Wähler in der HVSt durch die Zahl der Wähler dividiert. Stimmen die mittlere Wählerleistung und die dabei beobachteten Verluste, die auf die Rufe bezogen werden müssen, mit den Wählerleistungen in Abb. 44 überein, so ist die Misch- und Staffelschaltung brauchbar. Ist die gemessene Leistung kleiner oder sind die Verluste größer, so ist die Schaltung noch verbesserungsfähig, oder aber es können auch grobe Unregelmäßigkeiten im Verkehrszufluß vorliegen, die dann zu beseitigen sind. Der Beurteilung müssen aber die Messungen von mehreren HVSt zugrunde gelegt werden, weil die in den Kurven festgelegten Werte Mittelwerte angeben.

Bei -Misch und Staffelschaltungen muß demnach auf einen möglichst guten Verkehrsausgleich innerhalb der Schaltung und auf einen möglichst gleichmäßigen Verkehrszufluß der einzelnen Rahmen geachtet werden. Aber auch der abgehende Verkehr soll die nachfolgenden Wählerrahmen möglichst gleichmäßig belasten, damit nicht dort der Verkehrszufluß ungleichmäßig wird. Früher wurden zur Beurteilung der Misch- und Staffelschaltungen

98

Verkehrsbeobachtungen gemacht und die in einem bestimmten Augenblick in Betrieb befindlichen Wähler besonders bezeichnet. Derartige Übersichten ließen eine Beurteilung zu, wie aus Abb. 59 zu erkennen ist. Es ist zunächst links die beobachtete Staffelschaltung dargestellt, dann sind daneben in einem Felde die Nummern der nachfolgenden Wähler mit ihren Rahmen entsprechend der Schaltung eingetragen; ferner sind zwei weitere Felder mit den in einem bestimmten Augenblick in Betrieb befindlichen Wählern gezeigt. Die jedesmalige Belegung der Wählerzahlen in abgehender Richtung ist darunter angegeben. Die Belegungszahl je Rahmen schwankt, der Verkehrsabfluß ist aber als ausgeglichen anzusehen. Dagegen läßt der Verkehrs-

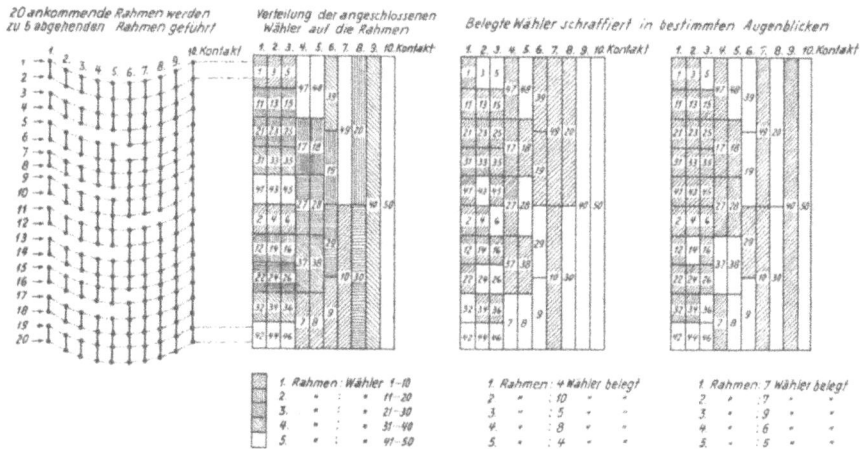

Abb. 59. Staffelschaltung mit Verteilung der angeschlossenen Wähler.

zufluß zu wünschen übrig, denn die mittleren Rahmen (ankommend) zeigen stärkeren Verkehr als die Rahmen *19* und *20*.

Heute wird zur Beurteilung der Leistung der Misch- und Staffelschaltung der Verkehr grundsätzlich gemessen. Zur Beurteilung des Verkehrsabflusses wird der Verkehr in den einzelnen Wählerrahmen in abgehender Richtung ebenfalls gemessen; zur Beurteilung des Verkehrszuflusses und der Betriebsgüte werden die Verluste des ankommenden Verkehrs in den einzelnen Rahmen der vorhergehenden Wählerstufe aufgezeichnet. Haben alle Rahmen ungefähr gleich große Verluste, so ist der Verkehr als ausgeglichen anzusehen. Treten einzelne Rahmen aber mit besonders vielen Verlusten hervor, so sind sie überlastet, und es muß nach einem Ausgleich in den vorhergehenden Wählerstufen gesucht werden.

Misch- und Staffelschaltungen haben sich im Betriebe seit 30 Jahren bestens bewährt. Sie stellen das wirtschaftlichste Verfahren dar, große unvollkommene Bündel mit guter Ausnutzung zu bilden, sind leicht erweiterungs- und dadurch anpassungsfähig und deshalb für alle Zwecke in der Wählertechnik besonders geeignet. Die Grundsätze für den Aufbau richtiger Misch- und Staffelschaltungen sind hiermit bekannt, ebenso ihre Leistungen.

II. Die Bildung von großen vollkommenen Bündeln mit Mischwählern

Um die bestmögliche Ausnutzung von Wählern und Leitungen zu erreichen, müssen vollkommene Bündel gemäß Abb. 44 gebildet werden. Vollkommene Bündel kann man einmal dadurch erreichen, daß Wähler mit vielen Kontakten verwendet werden, man kann aber auch kleine Wähler in mehrfacher Wahl hintereinander mit sog. Mischwählern (MW) verwenden.

Aus Abb. 44 geht hervor, daß man möglichst vollkommene 100er-Bündel anstreben sollte. Wähler mit vielen Kontakten müßten dann möglichst 100 Kontaktgruppen in jeder der 10 Dekaden haben. Jede Kontaktgruppe besteht im Ortsverkehr aus mindestens 3, im Fernverkehr, bei vieradriger Durchschaltung der Fernleitungen, aus mindestens 6 Kontakten. Ein derartiger Wähler muß demnach für Ortsverkehr aus $100 \cdot 3 \cdot 10 = 3000$ Kontakten, im Fernverkehr aus $100 \cdot 6 \cdot 10 = 6000$ Kontakten bestehen. Das würde erheblich große Wähler erfordern. Die Wähler müssen im Betriebe zwischen den Stromstoßreihen aus den 100 Leitungen je Dekade eine freie Leitung aussuchen. Für diesen Zweck stehen etwa 300 ms zur Verfügung. Die Wähler müßten sich demnach auf jede Leitung innerhalb von höchstens 3 ms einstellen, dann prüfen und unter Umständen belegen. Das würde eine Schrittgeschwindigkeit von $\frac{1000}{3} = 333$ Schritten je Sekunde und eine Ansprechzeit des Prüfrelais von etwa 2 ms bedeuten. Wähler mit solcher Schrittzahl gibt es heute erst im Laboratorium, nicht in der Praxis; Prüfrelais mit derartigen Zeiten sind vorhanden, aber sehr empfindlich. Außerdem würden derartige Wähler erhebliche Kapitalien beanspruchen. Der Lösung der Aufgabe mit großen Wählern stehen demnach technische und wirtschaftliche Schwierigkeiten entgegen. Die technischen Schwierigkeiten ließen sich durch Register beseitigen, die aber Wartezeiten bedingen und wieder die wirtschaftlichen Schwierigkeiten vergrößern würden.

Ganz anders liegen die Verhältnisse bei Verwendung kleiner Wähler in unterteilter Wahl. Die gewöhnlichen Nummernempfänger in der Wählertechnik haben entsprechend dem dekadischen System 10 Richtungen mit je 10 Kontaktgruppen. Es können daher nur vollkommene 10er-Bündel gebildet werden. Werden aber noch kleine 10kontaktige Mischwähler dahinter geschaltet, so kann dadurch ein großes vollkommenes 100er-Bündel erreicht werden. In Abb. 60 ist die Schaltung der MW grundsätzlich dargestellt. Jede von den ersten Wählern kommende Leitung ist zu einem MW geführt, der dann eine freie weiterführende Leitung aussucht. Dadurch kann jede von den ersten Wählern ankommende Leitung 10 weitergehende Leitungen erreichen, wodurch sich ein vollkommenes 100er-Bündel ergibt. Über die erste von den ersten Wählern ankommende Leitung können über die MW die weiterführenden Leitungen von 1 bis 10, über die zweite ankommende Leitung die weiterführenden Leitungen von 11 bis 20 usw. erreicht werden. Damit

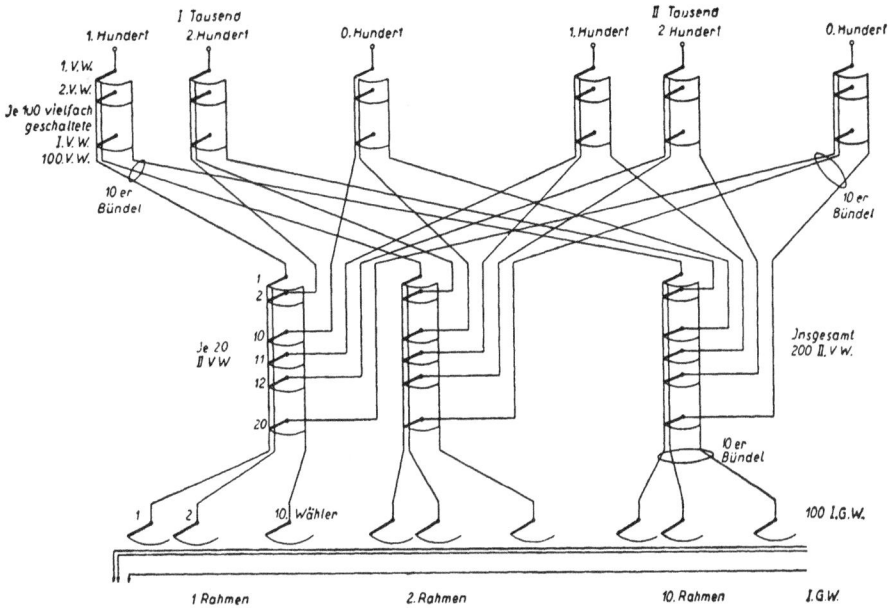

Abb. 60. Verbindungsplan einer mit II. VW ausgerüsteten 2000er-Gruppe.

nicht MW belegt werden, denen keine freien Leitungen zur Verfügung stehen, werden sie in solchen Fällen rückwärts gesperrt. Zur guten Wirksamkeit der MW ist daher diese rückwärtige Sperrung erforderlich. Damit die rückwärtige Sperrung, die im nächsten Abschnitt 12 eingehend behandelt wird, möglichst wenig Einfluß hat, muß eine möglichst gleichmäßige Verkehrsverteilung angestrebt werden, die in Abb. 60 nicht vorhanden ist. Abb. 60 gilt nur grundsätzlich zur Erleichtung des Verständnisses der Wirkungsweise.

Mischwähler lassen sich überall uneingeschränkt in allen Wahlstufen verwenden, wodurch Nummernempfänger erspart werden.

Auch die II. VW sind bekanntlich derartige MW, die eine Ersparung von I. GW bringen. Man erhält durch MW auch in den anderen Stufen ebenso wie bei den I. GW vollkommene Bündel, und die Bestimmung der Zahl der GW richtet sich daher nach Kurven *a*, Abb. 43. Die MW in den Gruppenwahlstufen müssen allerdings etwas andere Bedingungen als die II. VW erfüllen, denn es steht wenig Zeit für das Aufsuchen einer freien Leitung zur Verfügung. . Sie müssen daher schon von vornherein auf einer freien Leitung stehen, sich also vor der Belegung auf eine freie Leitung einstellen. Man bezeichnet sie daher als Mischwähler mit Voreinstellung. Die Zahl der MW wird bestimmt nach Kurven *c*, Abb. 43, weil die Felder der vorhergehenden Wählerstufe gemischt und gestaffelt sind.

Man kann aber Ersparnisse an der Zahl der MW und auch bei den II. VW durch Anwendung von Sparschaltungen machen. Diese Sparmaßnahmen gründen sich auf folgende Überlegungen:

Da die Leitungen von den ersten Kontakten der 10er-Bündel gemäß Abb. 55 hoch ausgenutzt werden, so daß durch die Einfügung von MW keine besondere Steigerung mehr möglich wird, kann man die Leitungen von den ersten Kontakten unmittelbar zu den Wählern der nachfolgenden Stufe und nicht erst über MW führen. Nur die weiteren Kontakte werden über MW geführt.

Die Zahl der unmittelbaren Leitungen und die Zahl der über MW geführten kann man verschieden wählen. Eine zweckmäßige Methode, die bei einer guten Ersparung von Wählern doch eine genügende Ausnutzung der nachfolgenden Wähler ergibt, ist die folgende:

Die Leitungen der ersten 3 Kontakte werden unmittelbar, die Leitungen der restlichen 7 Kontakte werden über MW geführt. Als Zahl der MW wird die Hälfte der bei guter Mischung und Staffelung erforderlichen Wähler verwendet. Bei dieser Zahl, die noch Reserven enthält, werden an die Vielfachschaltung noch keine großen Anforderungen gestellt. Die MW belegen ebenfalls die von den unmittelbaren Leitungen erreichbaren Wähler, suchen daher die noch nicht in Betrieb befindlichen Wähler heraus. Jeder nachfolgende Wähler kann daher sowohl unmittelbar als auch mittelbar über MW belegt werden. Der größte Teil des Verkehrs geht über die unmittelbaren Leitungen zu den nachfolgenden Wählern, während über die MW nur der Spitzenverkehr geführt wird. Damit nun wieder 100er-Bündel gebildet werden, müssen die MW 15teilig sein. Abb. 61 zeigt eine derartige Anordnung aus der zu ersehen ist, wie die MW in Verbindung mit Misch- und Staffelschaltungen verwendet werden.

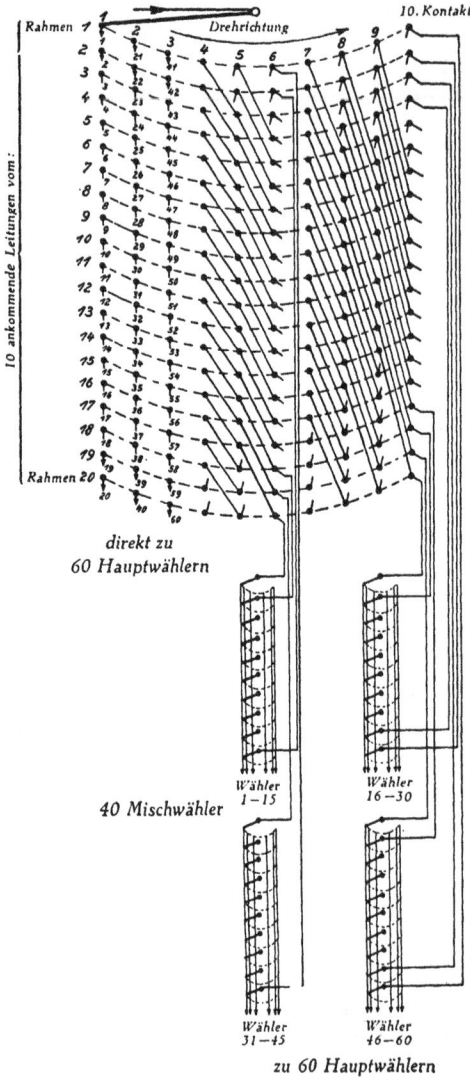

Abb. 61. Sparschaltung für Mischwähler.

102

Bei dieser Anordnung fließt über die MW nur 20 bis 30% des Gesamt-verkehrs.

Die Einschaltung der MW und die Anwendung der Sparschaltung soll an Beispielen noch ausführlicher erläutert werden, weil mitunter Mißver-ständnisse vorgekommen sind.

Der einfachste Fall ist die Verwendung der seit über 30 Jahren einge-führten MW als II. VW ohne Sparschaltung. Diese Verteilung ist aus Abb. 62 zu ersehen, worin, gegenüber der bisher bekannten Anordnung, gezeigt ist, wie aus einer 100er-Gruppe durch weitere Unterteilung ohne Vermehrung der Vorwähler-Kontakte eine größere Zahl von Leitungen herausgeführt wird und 100 I. GW erreicht werden können. Auch bei diesem einfachsten Fall ist auf die Vermeidung von besonderen Verlusten zu achten.

Es soll z. B. ein Verkehr von 4,5 VE je 100er-Gruppe über II. VW auf I. GW verteilt werden. Dafür sind erforderlich:

13 Ausgänge je 100er-Gruppe,
22 Ausgänge je 200er-Gruppe,
40 Ausgänge je 400er-Gruppe,
200 II. VW und 100 I. GW.

Es werden gemäß Abb. 62 40 Untergruppen zu je 50 Teilnehmer gebildet, dann 10 Untergruppen zu je 20 II. VW, deren vielfachgeschaltete Kontakte unmittelbar zu den I. GW führen. Aus den 100er-Gruppen der I. VW, die nochmals unterteilt sind, um die Zahl der Leitungen aus einer Untergruppe

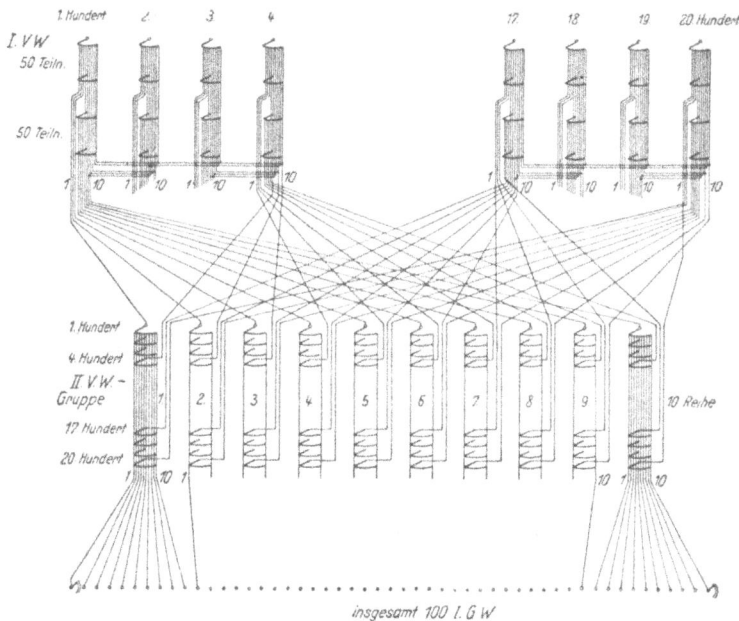

Abb. 62. 2000 Teilnehmer in 40 Untergruppen über 200 II. VW zu 100 I. GW.

zu vergrößern, führen die Leitungen zu den II. VW in einer Anordnung, die
eine möglichst gleichmäßige Belastung der I. GW ermöglicht. Dabei ist
zu berücksichtigen, daß die I. VW eine Nullstellung haben, die II. VW
aber nicht. Das bedeutet, die Leitungen von den I. VW sind nicht
gleichwertig, weil die ersten Leitungen sehr starken, die letzten sehr schwachen
Verkehr führen, während diejenigen aus einer Gruppe von II. VW gleichwertig sind. Aus der ersten Untergruppe der I. VW führen die Leitungen
zu den ersten II. VW der 10 Untergruppen, aus der zweiten Untergruppe
zu den zweiten II. VW, aus der dritten Untergruppe zu den dritten II. VW
usw., wobei aber der Beginn der Reihenfolge wechselt. Aus der ersten Untergruppe führt die erste Leitung zur ersten Untergruppe der II. VW, aus der
zweiten Untergruppe führt die erste Leitung zur zweiten Untergruppe,
aus der dritten Untergruppe führt die erste Leitung zur dritten Untergruppe
der II. VW usw. Die Numerierung der Leitungen ist aus Abb. 62 zu ersehen.

Bei dieser einfachen Anordnung, die zweckmäßig und unzweckmäßig
ausgeführt werden kann, ist wie erwähnt darauf zu achten, daß die Verteilung
des Verkehrs so vollkommen wie möglich wird. Wenn z. B. alle ersten Leitungen von den Untergruppen der I. VW zu der ersten Untergruppe der II. VW
führen, deren Leitungen zu denselben I. GW Zugang haben, alle zweiten
Leitungen zu der zweiten Untergruppe der II. VW usw., alle letzten Leitungen
zu der letzten Untergruppe der II. VW und I. GW, so ist ganz klar, daß die
ersten I. GW, weil der größte Teil des Verkehrs sich auf den ersten Leitungen
der I. VW abwickelt, vollkommen überlastet sind. Hier wird also die rückwärtige Sperrung tatsächlich einen großen Einfluß haben, und es werden dadurch mehr Verluste auftreten als bei besserer Verteilung. Sorgt man aber
dafür, daß die ersten Leitungen ebenso wie die zweiten und letzten Leitungen
auf alle Untergruppen in der oben angegebenen Weise gleichmäßig verteilt
werden, so wird ein vollkommener Verkehrsausgleich erzielt. Die GW werden gleichmäßig belastet, und der Einfluß der rückwärtigen Sperrung wird ein
Minimum und kann dann vernachlässigt werden, wenn die Zahl der Ausgänge
aus einer Untergruppe nicht zu knapp bemessen wird. In der Form, bei der
jeder Teilnehmer 100 I. GW erreichen kann, sind bisher viele Anlagen ausgeführt worden, bei denen durch Messungen die der Rechnung zugrunde gelegten Werte bestätigt worden sind.

Diese Verteilung ist verhältnismäßig einfach; viel schwieriger ist es, bei
Anwendung der Sparschaltung die richtige Verteilung zu ermitteln, so daß der
Einfluß der rückwärtigen Sperrung ein Minimum wird. In großen Bündeln beträgt bekanntlich die Ausnutzung der Leitungen etwa 45/60 VE.
Diejenigen Leitungen der VW, die schon eine Ausnutzung in dieser Größenordnung haben, können daher unmittelbar zu I. GW geführt werden. Man kann
daher unbedenklich die II. VW der ersten Leitungen aus den Untergruppen
sparen und nur die letzten Leitungen über II. VW führen.

Die Anordnung der Mischwähler mit Sparschaltung, die allgemein in
der Praxis verwendet wird, ist folgende:

Alle vorhandenen I. GW werden zunächst unmittelbar über die ersten
Leitungen aus den VW-Untergruppen erreicht, während die letzten Leitungen
über die MW nochmals zu denselben GW führen. Die doppelte Erreichbarkeit der I. GW über unmittelbare und mittelbare Leitungen hat den Zweck,
den bestmöglichen Verkehrsausgleich und damit die beste Leistung bei klein-
stem Aufwande zu erzielen. Sie ist besonders zweckmäßig, weil der Verkehr
in den einzelnen Untergruppen erheblichen Schwankungen unterworfen ist
und die gute Ausnutzung der I. GW über die unmittelbaren Schritte nicht
immer gewährleistet wird. Da die Schwankungen in den einzelnen Untergruppen einer großen Gruppe anscheinend nicht so bekannt sind, soll die
Tafel 9 derartige Schwankungen in den einzelnen Tagesstunden zeigen.

Gemessene Verkehrswerte von 10 Untergruppen mit je 100 Teilnehmern an 2 Tagen.

Untergruppen.

Zeit	1	2	3	4	5	6	7	8	9	10
					1. Tag					
8 bis 9	4,07	3,40	3,92	4,55	2,76	3,60	2,75	3,63	2,31	4,85
9 „ 10	3,38	3,77	4,15	4,07	3,09	2,96	3,17	3,16	2,21	3,07
10 „ 11	4,22	3,35	3,57	4,56	3,01	3,66	3,22	3,82	3,16	3,06
11 „ 12	3,49	3,05	3,27	3,81	3,82	4,30	2,67	2,71	2,85	2,67
12 „ 8	15,45	11,78	12,75	17,02	14,56	10,64	12,00	8,54	12,20	10,75
8 bis 8	30,61	25,35	27,66	34,01	27,24	25,16	23,81	21,86	22,73	24,40
					2. Tag					
8 bis 9	3,34	2,98	2,94	2,67	3,20	2,96	2,55	2,75	2,66	3,52
9 „ 10	3,82	3,74	2,46	3,03	3,34	3,63	2,64	4,08	3,78	3,48
10 „ 11	3,71	4,05	3,29	4,78	3,77	4,07	3,08	3,44	3,20	3,14
11 „ 12	3,69	3,69	4,15	3,60	3,29	2,82	3,04	2,86	2,50	3,21
12 „ 8	13,55	14,49	11,10	10,04	10,96	12,86	11,27	7,65	11,92	10,68
8 bis 8	28,11	28,95	23,94	24,12	24,56	26,34	22,58	20,78	24,06	24,03

Tafel 9.

Man ersieht daraus, daß die Schwankungen in den Untergruppen bis zu
35% vom Mittelwert der gesamten Gruppe betragen. Die Werte sind in einer
bestehenden Anlage gemessen worden, worin alle Gruppen praktisch gleich
sind, aber der Verkehr doch erhebliche Schwankungen zu derselben Zeit
zeigt. Auf Grund derartiger Beobachtungen ist die Anordnung der MW
mit Sparschaltung und doppelter Erreichbarkeit der I. GW entwickelt worden. Es werden also dann bei denjenigen Gruppen, die einen starken Verkehr
haben, die GW, die von den gerade schwachbelasteten Untergruppen unmittelbar erreicht werden, aber nicht voll ausgenutzt sind, über die II. VW
mitbenutzt.

Eine andere Methode ist die, eine besondere Gruppe von Wählern für
die über MW erreichten I. GW zu bilden, die dann also nur für den Spitzenverkehr der gerade starken Verkehr führenden Untergruppen benutzt werden.

Diese Methode ist unzweckmäßig und erfordert mehr I. GW als die erste Methode, weil ein Verkehrsausgleich zwischen den gerade stark- und schwach-sprechenden Untergruppen über die unmittelbar erreichbaren I. GW nicht vorhanden ist. Sie wird deshalb in der Praxis kaum verwendet, so daß sich ein weiteres Eingehen auf die Besonderheiten erübrigt.

Wie viel nun durch die Sparschaltung nach der ersten Methode an MW erspart werden kann, ist eine besondere Frage. Je mehr eingespart wird, um so sorgfältiger muß die Verteilung ausgearbeitet werden, damit keine besonderen Verluste auftreten. Man kann 10, 20, ja sogar 50 und 60% der MW sparen, wenn sehr sorgfältig gearbeitet wird. Aus wirtschaftlichen

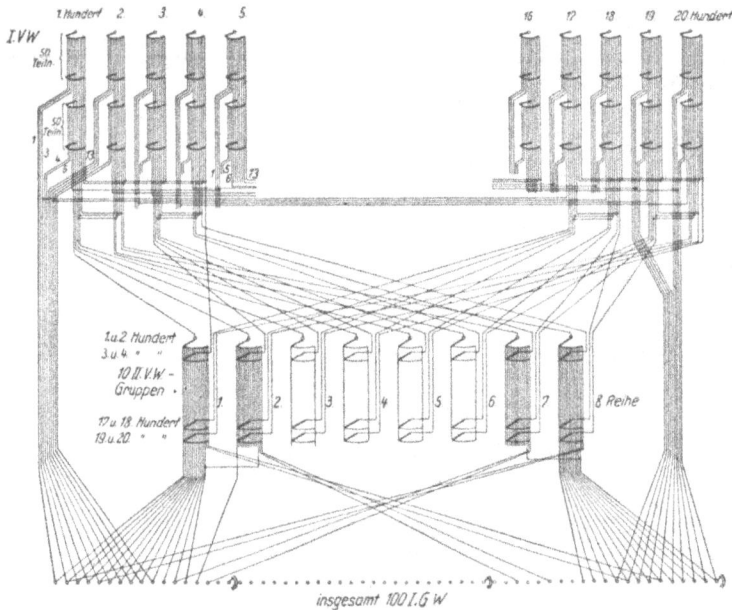

Abb. 63. 2000 Teilnehmer in 40 Untergruppen über 80 II. VW zu 100 I. GW in Sparschaltung.

Gründen wird man stets versuchen, bis zu einer Ersparnis von 50 bis 60% zu kommen. Der Aufbau einer derartigen Gruppierung geschieht z. B. für eine Gruppe von 2000 Teilnehmern mit dem früher zugrunde gelegten Verkehr von 4,5 VE je 100er-Gruppe, wobei nur 80 II. VW vorgesehen werden sollen, folgendermaßen:

Die ersten drei Leitungen aus den I. VW-Untergruppen, die etwa 40/60 bis 50/60 VE leisten, und die bei starkem Verkehr, wie schon gezeigt, noch weiter unterteilt werden können, werden unmittelbar zu I. GW geführt; die sieben letzten Leitungen verlaufen über MW, die aber in diesem Falle 15 kontaktig genommen werden, damit eine gute Verteilung erzielt wird und jeder Teilnehmer wieder in der Lage ist, mindestens 100 I. GW zu erreichen. Die unmittelbaren Leitungen, das sind je drei aus den 40 unterteilten Untergruppen,

106

führen nacheinander zu den I. GW wie Abb. 63 zeigt. Es ist unzweckmäßig, zuerst alle ersten Leitungen aus den Untergruppen der Reihe nach und dann alle weiteren Leitungen ordnungszahlmäßig zu den I. GW zu führen, weil dann wieder eine Überlastung gewisser I. GW und damit deren Vielfachfeld eintritt. Dann werden in diesem Fall acht Untergruppen von je 10 II. VW mit je 15 vielfachgeschalteten Kontakten gebildet und die Leitungen von den I. VW in der früher angegebenen Weise versetzt zu den II. VW geführt. Die erste Untergruppe beginnt bei 1, die zweite bei 2 usw. Von den II. VW führen zunächst $8 \cdot 12 = 96$ Leitungen zu den I. GW. Die weiteren Leitungen von den II. VW werden zweckmäßig auf die I. GW verteilt. Hier muß besonders die Belastung jedes einzelnen I. GW nach Möglichkeit aus der Wertigkeit der zu ihm führenden Leitungen errechnet und die Verteilung so gewählt werden, daß alle I. GW etwa gleichen Verkehr führen, damit auch das Vielfachfeld der I. GW nicht ungleichmäßig belastet wird. Abb. 63 läßt eine solche Verteilung erkennen.

Werden in dieser Weise die MW verwendet, und wird die Verkehrsverteilung von den I. VW auf die MW und auf die I. GW mit Sorgfalt durchgeführt, unter Berücksichtigung der Wertigkeit der Leitungen, so gilt die festgelegte Berechnungsmethode, deren Richtigkeit in mehr als 20 jährigem Betrieb in den verschiedenen Anlagen einwandfrei bestätigt worden ist.

Aber nicht nur in der Vorwahlstufe, sondern auch in den Gruppenwahlstufen werden die MW, die dann Voreinstellung haben, mit dem größten Vorteil verwendet, wobei der Aufbau und die Berechnung der früher angegebenen Weise entsprechen.

MW sind nach wie vor das wirtschaftlichste Mittel, große Bündel mit bester Leitungsausnutzung zu bilden.

Die Einschaltung von MW in Verbindungsleitungen läßt Abb. 64 erkennen. Sind 50 VE zu übertragen, so sind dafür bei Mischen und Staffeln 100 Leitungen erforderlich. Schaltet man 100 MW ein, so werden nur noch 70 Wähler erforderlich. Schaltet man die MW im erreichten Amt ein, so erspart man nur Wähler, aber keine Verbindungsleitungen. Die richtige Einschaltung der MW muß im Ausgangsamt erfolgen. Durch Sparschaltung lassen sich dann noch 50% der MW ersparen.

MW haben eine große Bedeutung für die Bildung beliebiger vollkommener Bündel, finden aber auch vielfach Verwendung bei der zwanglosen Vereinigung verschiedener Verkehrsflüsse.

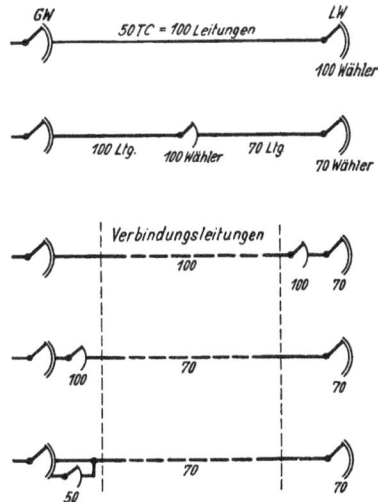

Abb. 64. Einschaltung von Mischwählern zwischen Wählerstufen.

Die Bedeutung und der wirtschaftliche Einfluß der MW wachsen mit dem Wert der angeschlossenen Leitungen. Je wertvoller diese Leitungen sind, um so größer ist der wirtschaftliche Nutzen. Demzufolge werden MW innerhalb eines Amtes nur als II. VW in der Vorwahlstufe verwendet. Im Ortsverbindungsverkehr, zur besseren Ausnutzung der Verbindungsleitungen, steigt ihre Anwendung. Die größte Bedeutung haben die MW im Fernverkehr, damit die wertvollen Fernleitungen in der denkbar besten Weise ausgenutzt werden. Im Ortsverkehr schalten die MW die Sprechleitungen zweidrähtig durch, während sie im Fernverkehr die Sprechleitungen vierdrähtig durchschalten müssen. Sie müssen schnell arbeiten, damit sie sich mit dem Nummernempfänger zwischen den Stromstoßreihen rechtzeitig einstellen. Aus diesem Grunde hat man MW mit Voreinstellung oder auch Relaismischwähler eingeführt. Bei der Verwendung von Motorwählern ist Voreinstellung nicht erforderlich.

12. Die rückwärtige Sperrung

In der Wählertechnik werden Leitungen oder Wähler von Hand gesperrt, wenn eine Störung oder eine sonstige Hemmung des Betriebes vorliegt. Nach Beseitigung der Hemmung, was unter Umständen längere Zeit dauern kann, wird die Sperrung wieder von Hand aufgehoben. Die Sperrung selbst kann erfolgen durch Entfernen der Prüfspannung oder auch durch Anlegen der Besetztspannung.

Genau dieselbe Art der Sperrung und ihre Aufhebung kann aber auch während des Betriebes selbsttätig erfolgen und Wähler und Leitungen dann gewöhnlich nur kurzzeitig aus dem Verkehr ziehen, wenn ihre Belegung nicht zu einer vollständigen Verbindung führen kann. Diese selbsttätige Regelung der Sperrung ist bei II VW und MW erforderlich, um deren gute, leistungssteigernde Wirkung zu erhalten, und wird dann rückwärtige Sperrung genannt. Eine rückwärtige Sperrung ist überall dort erforderlich, wo Rufe in mehrfacher, freier Wahl auf belegungsfähige Verbindungsglieder, denen freie Ausgänge zur Verfügung stehen, verteilt werden sollen. Die Außerbetriebsetzung von Wählern und Leitungen von Hand wird einfach Sperrung, die selbsttätige Außerbetriebsetzung rückwärtige Sperrung genannt.

Die rückwärtige Sperrung ist sehr wertvoll bei II. VW und MW zur richtigen Steuerung des Verkehrs, damit nicht Wähler belegt werden, denen keine freien Ausgänge zur Verfügung stehen, und damit zur Erreichung des besten Wirkungsgrades. Läßt dieser zu wünschen übrig, so ist nicht die rückwärtige Sperrung die eigentliche Ursache der minderen Leistung, sondern es liegt ein Mangel entweder in der Zahl der Ausgänge oder in der Verkehrsverteilung durch unzweckmäßige Vielfachschaltung der Wähler vor. Ohne rückwärtige Sperrung würde die Leistung in allen Fällen noch viel kleiner werden. Beispiele werden dies erläutern.

Verteilt man in ordentlicher Vielfachschaltung 2000 Anschlüsse mit 10 kontaktigen I. VW und mit 10 Ausgängen je 100er-Gruppe über 200 II. VW zu 100 I. GW, so erwartet man eine Leistung von 75 VE bei $1^0/_{00}$ Verlust. Es treten aber schon bei etwa 58 VE Verluste an den I. VW einzelner 100er-Gruppen auf, ohne daß die rückwärtige Sperrung eingesetzt hat. Die betreffenden 100er-Gruppen führen dann einen Verkehr von $\dfrac{58}{20} = 2,9$ VE, der mit Zuwachs nach Abb. 46 3,25 VE beträgt, bei dem $1^0/_{00}$ Verluste auftreten. Man darf daher nicht schließen, daß der Einfluß der rückwärtigen Sperrung $\dfrac{(75 - 58)}{75} \cdot 100 = 23\%$ sei, sondern in diesem Falle sind die Verluste ohne den Einfluß der rückwärtigen Sperrung allein durch die zu geringe Zahl der Ausgänge aus den 100er-Gruppen aufgetreten. Wenn man 100 I. GW richtig mit 75 VE ausnutzen will, müssen die 100er-Gruppen einen Verkehr von $\dfrac{75}{20} = 3,75$ VE mit einem Zuwachs nach Abb. 46 auf 4,25 VE zulassen. Nach den Wählerbestimmungskurven Abb. 43 werden dafür bei $1^0/_{00}$ Verlust 13 Ausgänge erforderlich. Um 13 Ausgänge trotz nur 10 kontaktiger I. VW zu erreichen, werden die 100er-Gruppen in je zwei 50er-Untergruppen unterteilt und die dann erhaltenen 20 Ausgänge zu 13 in zweckmäßiger Staffelung zusammengefaßt. Vier derartige 100er-Gruppen mit je 13 Ausgängen können durch Staffeln und Mischen zu einer großen 400er-Gruppe zusammengefaßt werden, die einen Verkehr von $3,75 \cdot 4 \cdot 1,05 = 15,8$ VE führen kann, wobei 5% als Zuwachs nach Abb. 31 Kurve 4 zu rechnen ist. Für diesen Verkehr sind 40 Ausgänge erforderlich, für die gesamte 2000er-Gruppe daher $5 \cdot 40 = 200$ Ausgänge. Die im ersten Fall verwendeten 200 II. VW können daher zahlenmäßig unverändert beibehalten werden. Man erhält dann 2000 Anschlüsse mit 13 Ausgängen je 100er-Gruppe, 200 II. VW und 100 I. GW, die 75 VE leisten sollen.

Diese Leistung hängt aber noch ab von der richtigen Verteilung des Verkehrs über die Wähler. Läßt diese zu wünschen übrig, so wird die erwartete Leistung auch nicht erreicht bzw. es treten größere Verluste auf als zugrunde gelegt sind. Ist z. B. die Verteilung derart, daß die ersten Leitungen aller I. VW-Gruppen zu den ersten Rahmen der II. VW und I. GW, die zweiten Leitungen zu den zweiten Rahmen usw. führen, so sind natürlich die ersten Rahmen infolge der Nullstellung der I. VW und der Belegung der Leitungen immer von der ersten Leitung ab stark belastet, während die letzten sehr wenig Verkehr führen. Die Folge ist, daß die ersten Rahmen ständig besetzt sind und rückwärtig sperren. Ist z. B. die Hälfte der Rahmen bei etwa 50 in Betrieb befindlichen I. GW besetzt, so ist auch die Hälfte der Zugänge rückwärtig gesperrt. Eine 100er-Gruppe, die 13 Ausgänge haben sollte, hat dann nur noch die Hälfte zu ihrer Verfügung. Es ist klar, daß dann Verkehrsklemmungen mit Verlusten eintreten müssen. Der schuldige Teil ist aber nicht die rückwärtige Sperrung, sondern die unzweckmäßige Verkehrsverteilung. Ohne rückwärtige Sperrung würden die Verluste durch Belegen von Wählern ohne freie Ausgänge noch viel größer sein. Es ist eine solche Verteilung anzustreben, daß möglichst alle Rahmen gleichmäßig belastet werden, so daß die rückwärtige Sperrung erst bei starkem allgemeinem Verkehr, wenn mehr als 88 I. GW von den zur Verfügung stehenden 100 besetzt sind, einzusetzen beginnt.

Außer einer guten gleichmäßigen Verkehrsverteilung sieht man aber möglichst noch reichlich Ausgänge aus den 100er-Gruppen vor, was praktisch ohne Aufwendung von Mitteln, allein durch zweckmäßige Vielfachschaltung der Ausgänge, möglich ist. In dem behandelten Fall rechnet man z. B. statt 13 Ausgängen 14 Ausgänge je 100er-Gruppe und faßt 5 derartige Gruppen mit 50 Ausgängen zusammen, oder aber man sieht sogar 15 Ausgänge je 100er-Gruppe vor und faßt 10 derartige Gruppen mit 100 Ausgängen zusammen, so daß auch in diesem Falle nicht mehr als 200 II. VW erforderlich werden. Bei reichlichen Ausgängen aus den 100er-Gruppen hat das Außerbetriebsetzen einzelner Ausgänge durch die rückwärtige Sperrung keinen besonderen Einfluß, weil immer noch genügend Ausgänge zur Verfügung bleiben.

Grundsätzlich ist zu sagen, daß niemals die rückwärtige Sperrung Schuld an Leistungsminderung haben kann, denn ohne diese Sperrung würde die Leistung bei der zugrunde gelegten Betriebsgüte, wie schon erwähnt, noch viel kleiner sein. Die rückwärtige Sperrung tritt bei einer genügenden Zahl von Ausgängen zu früh ein bei Mängeln in der Verkehrsverteilung, die behoben werden können; sie tritt bei richtiger Verteilung zu Recht ein, bei starkem Verkehr und bei Schwankungen desselben, wenn in allen Rahmen die letzten Wähler zum Verkehr herangezogen werden, was nicht geändert werden kann. Bei richtiger Verkehrsverteilung, bei der alle I. GW-Rahmen gleichmäßigen Verkehr erhalten, tritt die rückwärtige Sperrung einzelner II. VW-Rahmen erst auf, wenn von 100 erreichbaren I. GW etwa 88 besetzt sind. Die rückwärtige Sperrung einiger II. VW-Rahmen hat dann keine Bedeutung, wenn die I. VW-Gruppen reichlich Ausgänge haben, weil dann noch genügend Ausgänge zur Verfügung bleiben. Erst wenn mit wachsendem Verkehr die Zahl der rückwärtig gesperrten II. VW-Rahmen wächst, was etwa bei 95 belegten I. GW eintritt, ist ein gewisser geringer Einfluß wahrnehmbar. Diese geforderte gleichmäßige Verkehrsverteilung über alle Rahmen wirkt auch sehr günstig auf die Ausnutzung der hinter den I. GW liegenden Wähler, die dann in den Misch- und Staffelschaltungen eine gute Leistung führen können. Bei reichlichen Ausgängen aus den I. VW-Gruppen, wie erwähnt, und bei richtiger, gleichmäßiger Verteilung des Verkehrs kann der Einfluß der rückwärtigen Sperrung vernachlässigt werden. Treffen diese Voraussetzungen nicht zu, so kann der Einfluß erheblich sein.

Alles was hier über die rückwärtige Sperrung in der Vorwahlstufe gesagt wurde, gilt auch für die rückwärtige Sperrung der MW in den Gruppenwahlstufen und für alle sonstigen Anwendungen von MW.

Erfolgt die Verteilung der Rufe in mehrfacher freier Wahl, z. B. auf die Verbindungsglieder von Arbeitsplätzen in Fernämtern, und werden Verbindungsglieder und Arbeitsplätze gesperrt und aus dem Verkehr gezogen, so wächst mit der Zahl der aus dem Verkehr gezogenen Verbindungsglieder und Arbeitsplätze natürlich der Einfluß der rückwärtigen Sperrung. Schuld an der dann auftretenden Leistungsminderung ist wieder nicht die rückwärtige Sperrung, sondern die durch die willkürlichen Sperrungen erzeugte unregelmäßige Verkehrsverteilung. Man muß daher bei derartigen Außerbetriebsetzungen von Arbeitsplätzen mit einer verminderten Leistung der Verbindungsglieder rechnen, was gewöhnlich ohne Bedeutung ist, weil derartige Außerbetriebsetzungen nur außerhalb der HVSt erfolgen, wo sowieso nicht alle Verbindungsglieder benötigt werden. Für Sparschaltung mit teilweiser doppelter Wahl gelten dieselben Grundsätze.

Man kann daher für die rückwärtige Sperrung folgendes aussagen:

1. Die rückwärtige Sperrung verursacht in keinem Fall eine Leistungsverminderung, sondern stets eine Leistungssteigerung;

2. ist die Leistung der Wähler zu gering und unter Umständen der Einfluß der rückwärtigen Sperrung groß — z. B. mehr als 5% —, so liegt ein Mangel entweder in der Zahl der Ausgänge aus den Gruppen oder in der Verkehrsverteilung vor;

3. die Forderung nach einer gleichmäßigen Verkehrsverteilung ist nicht nur mit Rücksicht auf den Einfluß der rückwärtigen Sperrung sondern auch auf die gute Ausnutzung der nachfolgenden Wählerstufe zu stellen.

13. Der Verkehr zu den Dienststellen

Der Verkehr zu den Dienststellen, der gewöhnlich über die Dekade Null der I. GW verläuft, ist nicht von untergeordneter Bedeutung, wie mitunter angenommen wird, sondern er verdient volle Beachtung und wird mit zunehmender Ausbreitung des Fernsprechers noch erheblich an Bedeutung zunehmen. Zunächst kann festgelegt werden, was alles zum Dienstverkehr gerechnet werden kann; das ist folgender Verkehr:

1. Zur Störungs- und Beschwerdestelle,
2. zur Auskunftsstelle,
3. zur Meldestelle,
4. zur Telegrammaufnahme,
5. zum Auftragsdienst,
6. zur Zeitansage,
7. zu Nachrichtenstellen,
8. zum Überfallkommando,
9. zur Feuerwehr,
10. zur Unfallmeldestelle.

Das sind zahlreiche und unterschiedliche Verkehrsarten, die nicht in allen Fällen heute schon über die Verkehrsrichtung des Dienstverkehrs geführt werden, sondern noch mitunter auf die Nummer eines gewöhnlichen Anschlusses gelegt sind. Über die Bedeutung der einzelnen Dienststellen und die angenäherte Größe des jeweiligen Verkehrs kann folgendes ausgesagt werden.

Zu 1. Die Störungs- und Beschwerdestelle, die noch in Orts- und Fernverkehr unterteilt werden kann, wird nicht nur zur Anmeldung von Störungen und Beschwerden, sondern auch für alle nicht alltäglichen Erscheinungen des Betriebes irgendwelcher Art in Anspruch genommen, die durchaus keine Störungen oder Beschwerden zu sein brauchen. Z. B. ein Teilnehmer sei dauernd besetzt, ein Teilnehmer meldet sich nicht, ein Teilnehmer kann überhaupt nicht erreicht werden usw. Die Belastung dieser Stelle ist daher nicht ganz unwesentlich. Man kann den Verkehr etwa in der Größenordnung von 0,05 Anrufen je Tag und Anschluß mit einer mittleren Belegungsdauer von $t_m = 1$ min annehmen.

Zu 2. Die Auskunftsstelle, die auch in Auskünfte für Orts- und Fernverkehr unterteilt werden kann, wird für alle möglichen Auskünfte in Anspruch genommen, wie Nummernveränderungen, Außerbetriebsetzungen, Verzögerungen usw. Der Verkehr kann etwa in der Größenordnung des Verkehrs der Störungsstelle mit gleichem C und t_m angenommen werden.

Zu 3. Die Meldestelle, die unterteilt werden kann in gewöhnlichen Fernverkehr und Sofortverkehr, dient der Anmeldung der von den Beamtinnen herzustellenden Fernverbindungen. Die Zahl der täglichen Anmeldungen je Anschluß ist Abb. 20 zu entnehmen. Für reine Anmeldungen beträgt t_m etwa 1 min. Wenn die Fernverbindungen aber im Sofortverkehr, ohne Rückwärtsaufbau einer neuen Verbindung zum Anrufenden hergestellt werden, ist die Belastung erheblich größer, denn die mittlere Belegungsdauer beträgt dann $t_m =$ etwa 3,5 bis 4,5 min. Bei der Bestimmung des Verkehrs zur Meldestelle muß daher die Art des Fernverbindungsaufbaues beachtet werden.

Zu 4. Die Telegrammaufnahme, die unterteilt werden kann in Europa- und Überseedienst, dient zur Anmeldung von aufzugebenden Telegrammen durch Fernsprecher. Das eigentliche Zusprechen der Telegramme erfolgt gewöhnlich nicht über die von den Teilnehmern aufgebaute Verbindung, sondern die Beamtin der Telegrammaufnahme stellt eine neue Verbindung zum Teilnehmer her, über die dann das Telegramm zur Aufnahme zugesprochen wird. Der Rückwärtsaufbau erfolgt zur Sicherstellung der Gebühren mit der dadurch erfolgten Prüfung der Nummer des Anmeldenden. Für die Zahl der Telegrammaufnahmen je Tag und Anschluß kann mit etwa ein Fünftel der Ferngesprächsanmeldungen gerechnet werden; die mittlere Belegungsdauer beträgt etwa $t_m = 1$ min.

Zu 5. Der Auftragsdienst dient verschiedenen Zwecken, gibt Auskünfte verschiedener Art, besonders tritt er aber in Abwesenheit der Teilnehmer, die ihn in Anspruch nehmen, zur Bedienung aller Anrufe ein. Er nimmt Gespräche entgegen, übermittelt den Inhalt später dem Teilnehmer und beantwortet stets alle ankommenden Anrufe, wobei er gewissermaßen einen Sekretär ersetzt. Bei seiner vielfachen Inanspruchnahme ist der Verkehr nicht unwesentlich. Man kann ihn in der Größenordnung der Störungs- und Beschwerdestelle annehmen.

Zu 6. Die Zeitansage hat sich überall gut eingeführt, ist sehr beliebt und wird daher sehr in Anspruch genommen. Je Anschluß und Tag kann bei Gesprächsgebührentarif etwa mit 0,2 Belegungen gerechnet werden. Die durchschnittliche Belegungsdauer ist allerdings sehr kurz und beträgt nur $t_m =$ etwa 0,25 min. In Anlagen mit Pauschaltarif hat man schon bis zu 7 Belegungen je Anschluß und Tag beobachtet, was wegen der unproduktiven hohen Belastung unerwünscht ist. In Anlagen mit Pauschaltarif sind allgemein kostenlose Mitteilungen aller Art nicht zu empfehlen.

Zu 7. Nachrichtenstellen, die selbsttätig gewisse Nachrichten, wie Wettermeldungen, Sport- und Börsennachrichten sowie Tagesneuigkeiten, verbreiten, werden in der Zukunft auch einen großen Verkehr aufweisen. Über die zu erwartende Größe des Verkehrs kann noch nicht viel gesagt werden, weil Erfahrungen noch nicht vorliegen. Man wird aber bei dem allgemeinen Interesse für derartige Nachrichten, z. B. Ergebnisse von sportlichen Veranstaltungen oder Auftreten wichtiger Ereignisse, annehmen können, daß der Verkehr zeitweise erheblich sein wird. Die Belastung der Amtseinrichtungen wird groß, erheblich größer als bei der Zeitansage, weil die Zeitdauer einer Nachricht etwa 3 min beträgt und deshalb t_m in dieser Größenordnung liegen wird. Rechnet man mit derselben Belegungszahl wie bei der Zeitansage, aber mit einer 12mal größeren Belegungsdauer, so wird auch der Verkehrswert 12mal so groß wie bei der Zeitansage.

Zu 8, 9 und 10. Polizei-, Feuermeldungen und Rufe zur Unfallmeldestelle kommen nur bei Ereignissen vor, haben daher keinen regelmäßigen Verkehr, über den etwas ausgesagt werden könnte. Wenn aber Ereignisse auftreten sollten, dann muß mit einem starken Gleichzeitigkeitsverkehr gerechnet werden.

Dieser Überblick über den Dienstverkehr zeigt, daß er von erheblicher Bedeutung sein kann, noch erheblich an Bedeutung durch die zukünftige starke Entwicklung dieses Verkehrs zunehmen wird und deshalb sehr beachtet werden muß. Auch die Größe des Dienstverkehrs ist in der HVSt zu messen oder zu berechnen und die Ausrüstung dafür zu bestimmen, wobei die vorzusehenden unter Umständen recht großen Reserven berücksichtigt werden müssen.

In Abb. 65 wird ein Überblick über den Dienstverkehr mit einer angenommenen Größe eines Amtes mit 10000 Anschlüssen gegeben. Wenn auch der Dienstverkehr in den verschiedenen Anlagen verschieden ist, so kann doch daraus die Bedeutung der einzelnen Arten dieses Verkehrs bezüglich der Größe der jeweiligen Verkehrswerte ersehen werden. Der Verkehr jeder

I 6W

→ Teilnehmerverkehr 300 VE

Dienstverkehr 32,8 VE

II 6W

→ Störungsstelle 10000·0,05·$\frac{2}{20}$·0,12 = 1 VE
→ Auskunftsstelle   1 VE
→ Meldestelle   10000·0,6·$\frac{2}{20}$·0,14 = 14 VE
→ Telegrammaufnahme $\frac{2}{5}$·14 = 2,8 VE
→ Auftragsdienst   = 1 VE
→ Zeitansage 10000·0,2·$\frac{2}{50}$·0,12 = 1 VE
→ Nachrichtenstelle 10000·0,2·$\frac{2}{20}$·0,12 = 12 VE
→ Überfallmeldestelle
→ Feuermeldestelle
→ Unfallmeldestelle

$\overline{32,8\ VE}$

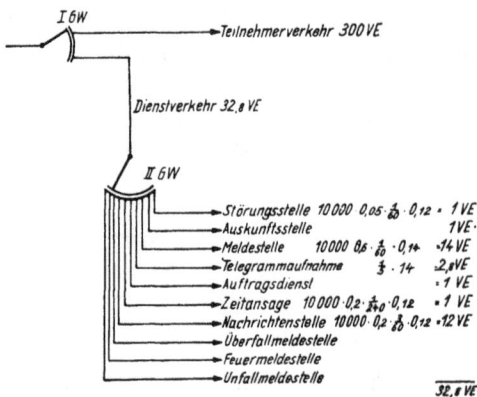

Abb. 65. Dienstverkehr eines Amtes mit 10000 Anschlüssen.

Dienststelle ist in der HVSt ausgerechnet, mit kleiner Konzentration, so daß der Verkehrswert für eine große Gruppe gilt und der Gesamtverkehr summiert werden kann. Für die Ausrüstung jeder einzelnen Stelle ist dann mit Zuwachs für zeitliche Verkehrsschwankungen zu rechnen. In Anlagen, in denen nicht alle diese Verkehrsarten über die Richtung zu den Dienststellen geführt bzw. noch gar nicht vorhanden sind, wird natürlich dieser Verkehr in den einzelnen Fällen nicht berücksichtigt. Für die zukünftige Entwicklung und für die vorzusehenden Reserven sind aber alle diese Verkehrsarten in Rechnung zu ziehen.

14. Querverbindungen, ihre Leistungssteigerung und Leistungsbestimmung

Das typische Netz für den Handbetrieb mit Wartezeiten ist das Maschennetz mit gewissermaßen vielen Querverbindungen zur Vermeidung des Durchgangsverkehrs; dasjenige für den Wählerbetrieb mit Sofortverkehr dagegen ist das Sternnetz ohne jede Querverbindung. Das Sternnetz gründet sich auf das Bündelungsgesetz, nach dem die Leistung der Leitungen mit der Größe der Bündel erheblich zunimmt. Um große Bündel mit guter Leistung zu erhalten, müssen viele kleine Bündel zu wenigen großen zusammengefaßt werden, wodurch zwanglos das Sternnetz mit gesteigertem Durchgangsverkehr entsteht. Querverbindungen, die im gewöhnlichen Verkehr wegen ihrer kleinen Leitungszahl eine sehr geringe Leistung haben und die dem Sternnetz und damit dem Bündelungsgesetz widersprechen — denn das Netz nähert sich durch Zersplitterung der Bündel wieder dem Maschennetz — sind daher an sich nicht begründet.

Es gibt aber ein Mittel, das Bündelungsgesetz auch auf Querverbindungen anzuwenden und damit die Leistung der Leitungen zu steigern. Das Mittel ist der „gesteuerte" Umsteuerverkehr, durch den die Querverbindungen stets zuerst zum Verkehr in der betreffenden Richtung herangezogen werden, während im Besetztfalle der Querverbindungen der Verkehr in gewöhnlicher Weise über die Hauptbündel des Sternnetzes verläuft. Bei diesem Umsteuerverkehr entstehen auf den Querverbindungen keine Verluste, sondern nur im Hauptbündel; die Betriebsgüte ist daher nur von der Belastung und der Leistung des Hauptbündels abhängig. Beim einfachen Umsteuerverkehr, bei dem ohne Rücksicht auf das Besetztsein der Querverbindungen umgesteuert wird, kann die Leistung der Querverbindungen ohne Zunahme der Verluste nicht gesteigert werden. Demzufolge wird der einfache Umsteuerverkehr bei großen Querverbindungsbündeln verwendet, die an sich schon eine genügende Leistung haben; der gesteuerte Umsteuerverkehr dagegen wird für kleine Querverbindungsbündel mit sonst unbefriedigender Leistung benutzt. Eine nähere Betrachtung des Umsteuervorganges und der dabei auftretenden Verkehrsteilung, die in ihrer Einfachheit noch nicht überall bekannt ist, wird dies weiter erläutern.

In Abb. 66 sind als einfaches Beispiel drei Ämter mit ihren Verbindungsleitungen dargestellt. Amt 1 soll das Hauptamt einer Netzgruppe, die Ämter 2

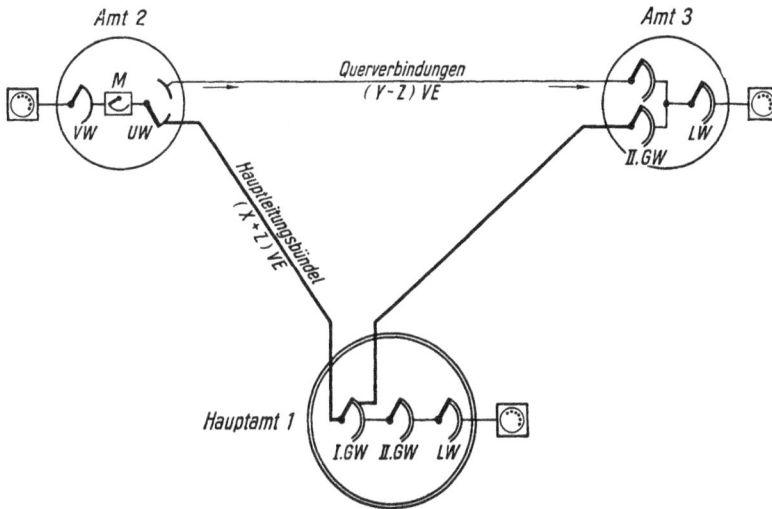

M = Mitläufer, UW = Umsteuerwähler.

Abb. 66. Umsteuerverkehr über Querverbindungen.

und 3 sollen gewöhnliche Netzgruppenämter sein, die mit dem Hauptamt unmittelbar verbunden sind, während zwischen den Ämtern 2 und 3 noch Querverbindungen vorhanden sein sollen. Es wird in der Untersuchung nur der abgehende Verkehr des Amtes 2 betrachtet, das Ergebnis trifft aber auch für den Verkehr anderer Ämter bei gleicher Anordnung, also allgemein zu. In der Netzgruppe soll ein einheitliches Nummernverzeichnis mit verdeckten Kennzahlen zugrunde gelegt werden.

Leitet ein Teilnehmer des Amtes 2 eine Verbindung nach Amt 3 ein, so stellt sich zunächst sein *VW* auf einen freien Umsteuerwähler *UW* ein, der mit einem Mitlaufwerk *M* ausgerüstet ist, und belegt eine Verbindungsleitung zum Hauptamt. Wählt der Teilnehmer das Amt 3, so gibt es zwei Verbindungsmöglichkeiten; entweder der Wähler im Amt 1 wird durch die Nummernwahl eingestellt und belegt in gewöhnlicher Weise eine Leitung nach Amt 3, oder aber das Mitlaufwerk M in Amt 2 veranlaßt den Umsteuerwähler

UW, die Verbindung zum Hauptamt 1 freizugeben und eine freie Querverbindung unmittelbar zum Amt 3 zu belegen. Alle weiteren Schaltvorgänge sind gewöhnlicher Art. Wird nach der Wahl des Amtes 3 in allen Fällen umgesteuert, ohne Rücksicht darauf, ob Querverbindungen zum Amt 3 frei sind oder nicht, so ist gewöhnlich die Leistung der Querverbindung recht klein und entspricht nur ihrer geringen Bündelgröße; wird aber nur dann umgesteuert, wenn wirklich Querverbindungen frei sind, während beim Besetztsein der Querverbindungen die Verbindungen über das Hauptamt 1 nach Amt 3 verlaufen, so entstehen grundsätzlich auf der Querverbindung keine Verluste. sondern nur auf dem Hauptbündel, entsprechend dem Verkehr und der Leistung dieser Leitungen. Die Leistung des Querverbindungsbündels wird bei dieser Umsteuerung außerordentlich gesteigert, ohne daß Verluste auftreten, und die Leistung hängt nur vom angebotenen Verkehr und der Zahl der Querverbindungsleitungen ab. Die Zahl wird gewöhnlich nicht berechnet, sondern wird entsprechend der Größe des Verkehrs frei gewählt, sofern Querverbindungen nicht schon vorhanden sind. Nur der im Hauptbündel übrigbleibende Verkehrswert wird ermittelt und bestimmt zusammen mit dem Grundverkehr des Hauptbündels die Zahl der Leitungen. Die Ermittlung der verschiedenen Verkehrswerte geschieht wie folgt.

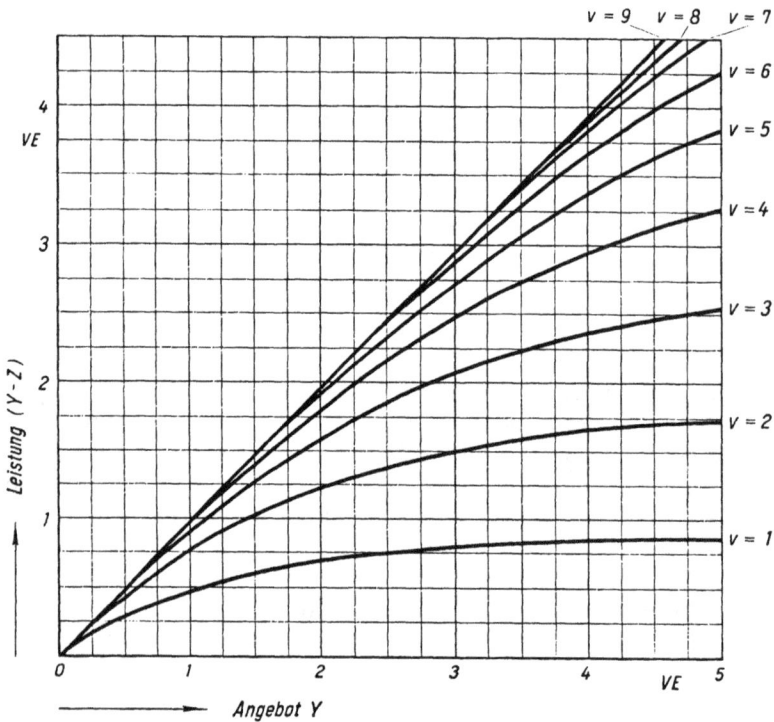

Abb. 67. Leistung der Querverbindungsbündel mit $v = 1$ bis 8 Leitungen im Umsteuerverkehr.

Zur Bestimmung des auf dem Hauptbündel verbleibenden Verkehrs-
restes sind von Lubberger[1]) zunächst Kurven für die Leistung der 1., 2., 3.
usw. Leitung eines Bündels bei einem gewissen angebotenen Verkehr entwickelt
worden. Aus diesen Kurven wurden weitere Kurven abgeleitet, die die Gesamtleistung von Bündeln mit 1, 2, 3 und mehr Leitungen ersehen lassen. Abb. 67
zeigt diese Kurven; auf der Waagerechten ist der angebotene Verkehr, auf der
Senkrechten die Gesamtleistung des Querverbindungsbündels angegeben. Man
ersieht, daß z. B. bei einem Angebot von 1 VE eine Leitung 0,5 VE, zwei
Leitungen 0,75 VE und drei Leitungen 0,9 VE, bei einem Angebot von 2,5 VE
eine Leitung 0,75 VE, zwei Leitungen 1,4 VE und drei Leitungen 1,9 VE
leisten. Aus Abb. 67 ist daher die Leistung der Querverbindungen aus dem
Angebot ohne weiteres abzulesen.

Bezeichnet X den Grundverkehr von Amt 2 nach Amt 1, Y den den
Querverbindungen angebotenen Verkehr zwischen Amt 2 und Amt 3 und Z
den Rest des Verkehrs von Amt 2 nach Amt 3, der von den Querverbindungen
nicht aufgenommen wird und deshalb über das Hauptamt 1 nach Amt 3
fließt, so ist der zu leistende Verkehrswert:

auf dem Hauptbündel zwischen Amt 2 und Amt $1 = X + Z$,

auf dem Querverbindungsbündel zwischen Amt 2 und Amt $3 = Y - Z$.

Der Verkehrswert $Y - Z$ kann Abb. 67 entnommen werden, woraus sich
Z aus $Z = Y - (Y - Z)$ ergibt.

Während der Verkehrswert $Y - Z$ zur Beurteilung der Leistung der
Querverbindungen von Wert ist, interessiert hier besonders der Wert Z.
Um die Rechnung zu ersparen, sind die Kurven in Abb. 67 schon von Lubberger auf Z umgewertet worden, so daß der Verkehrswert Z unmittelbar
abgelesen werden kann. Abb. 68 zeigt diese Kurven, die den verbleibenden
Verkehrsrest Z auf dem Hauptbündel angeben, wenn ein Verkehr Y den Querverbindungen angeboten wird. Auf der Waagerechten ist wieder der angebotene Verkehr Y angegeben, auf der Senkrechten kann der Restverkehr Z,
der auf dem Hauptleitungsbündel zurückbleibt, für verschieden große Querverbindungsbündel abgelesen werden. Die Kurven ergeben z. B. folgendes:

Wenn einer Querverbindung mit 1 Leitung $Y = 1$ VE angeboten wird,
bleibt ein Verkehrsrest von $Z = 0,5$ VE auf dem Hauptbündel zurück. Wenn
das Querverbindungsbündel aus 2 Leitungen besteht und $Y = 2$ VE angeboten
werden, bleibt ein Verkehrsrest von $Z = 0,75$ VE übrig. Wenn im Querverbindungsbündel 3 Leitungen vorgesehen sind und $Y = 3$ VE angeboten
werden, bleibt ein Rest von $Z = 0,9$ VE zurück. Sind auf dem Hauptbündel
von Amt 2 zum Hauptamt 1, ohne den Verkehr zwischen Amt 2 und 3, beispielsweise $X = 20$ VE zu leisten und werden dem Querverbindungsbündel,
bestehend aus 2 Leitungen, $Y = 2$ VE von Amt 2 nach Amt 3 angeboten,
so bleibt ein Verkehrsrest von $Z = 0,75$ VE auf dem Hauptbündel zurück,
der über Hauptamt 1 fließt, und das Hauptbündel muß für einen Verkehr

---

[1]) F. Lubberger: Die Wirtschaftlichkeit der Fernsprechanlagen für den Ortsverkehr. Oldenbourg, München 1933.

von $X + Z = 20 + 0{,}75 = 20{,}75$ VE ausreichen. Mit diesem Verkehrswert wird die Leitungszahl für die zugrunde gelegte Betriebsgüte ermittelt.

Da nun auf dem Querverbindungsleitungen grundsätzlich keine Verluste auftreten, könnte die Leitungszahl des Hauptbündels mit etwas größeren Verlusten bestimmt werden, weil die Verluste auch auf die Querverbindungen mitbezogen werden können. Gewöhnlich ist aber der Verkehr über die Querverbindungen im Verhältnis zum Verkehr des Hauptbündels sehr klein, z. B. nur 10% und weniger, so daß die Leitungszahl des Hauptbündels mit einem Verlust von 1,1% gegenüber 1% bestimmt werden könnte. Diese Differenz in der Betriebsgüte ist aber so gering, daß sie praktisch, besonders mit Rück-

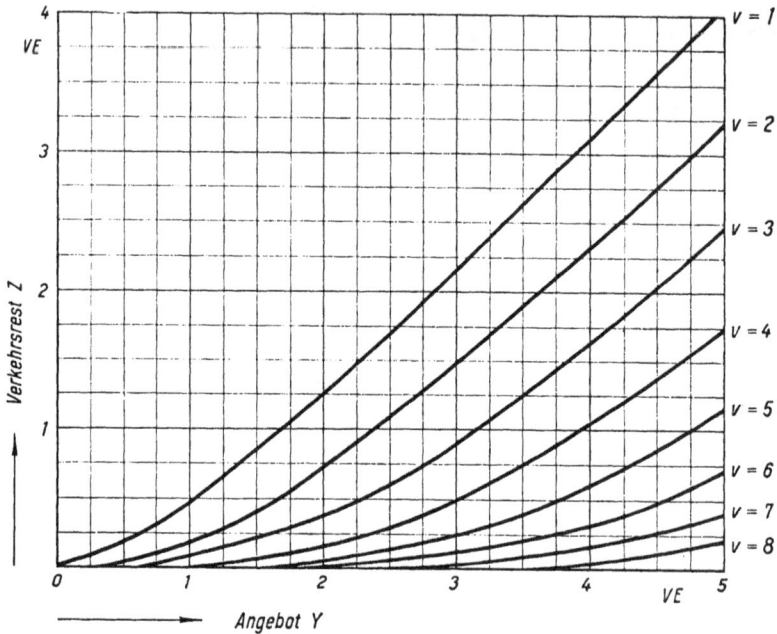

Abb. 68. Verkehrsrest auf dem Hauptbündel bei Umsteuerverkehr über Querverbindungsbündeln mit $v = 1$ bis 8 Leitungen.

sicht auf die Leitungszahl, kaum verwertet werden kann. Es wird daher gewöhnlich auf die Anwendung eines größeren Verlustes auf dem Hauptbündel bewußt verzichtet.

Gruppenzuschläge oder -abzüge finden bei dieser Verkehrsteilung, wenn das Hauptbündel groß ist, keine Anwendung; denn aus dem Verkehr über das Hauptbündel wird nur so viel Verkehr abgeschöpft, wie die Querverbindungen führen können.

Die Ermittlung des auf dem Hauptbündel zurückbleibenden Restverkehrs der Querverbindungen Z ist auf Grund der Kurvenschar in Abb. 68 sehr einfach. Die Zahl der Leitungen des Hauptbündels wird in gewöhnlicher Weise an Hand der Wählerbestimmungskurven, des errechneten Verkehrswertes und der zugrunde zu legenden Betriebsgüte festgestellt. Die Errechnung der Verkehrsteilung von Amt 3 nach Amt 2 erfolgt in ähnlicher Weise.

Die Leistung der Leitungen des Querverbindungsbündels wird gewöhnlich zwischen 30/60 bis 40/60 VE liegen, weil wenigen Leitungen verhältnismäßig starker Verkehr angeboten wird. Die Leistung der Leitungen des Hauptbündels wird ähnlich sein, weil starker Verkehr in großen Bündeln zu bewältigen ist. Man kann daher in grober Annäherung sagen, daß die Leistung der Leitungen des Querverbindungsbündels in der Größenordnung der Leitungen des Hauptbündels liegt, jedenfalls nicht in der gewöhnlichen Leistung kleiner Bündel von 1/60 bis 6/60 VE.

Querverbindungen im gewöhnlichen Verkehr und im einfachen Umsteuerverkehr sind wegen ihrer kleinen Bündel und geringen Leistung unwirtschaftlich. Im gesteuerten Umsteuerverkehr dagegen steigt die Leistung auf diejenige großer Bündel, so daß in diesem Falle Querverbindungen berechtigt sein können. Abb. 67 gibt die Leistung von Querverbindungen im gesteuerten Umsteuerverkehr an. Durch diesen Umsteuerverkehr entstehen auf den Querverbindungen, deren Zahl beliebig gewählt werden kann, keine Verluste. Die Belastung des Hauptbündels wird durch den von den Querverbindungen nicht bewältigten Verkehr vergrößert; mit dem Gesamtverkehr wird die Leitungszahl an Hand der Wählerbestimmungskurven bei der zugrunde gelegten Betriebsgüte bestimmt. Mit Hilfe der Kurven in Abb. 68 ist der auf dem Hauptbündel verbleibende Verkehrswert abhängig vom Angebot und der Zahl der Querverbindungsleitungen und damit auch die Verkehrsverteilung auf Hauptbündel und Querverbindungsbündel einfach zu ermitteln.

15. Doppeltgerichteter Verkehr

Durch die Einführung des doppeltgerichteten Verkehrs lassen sich erhebliche Ersparnisse erreichen. Es ist bekannt, daß gewöhnlich zwischen zwei Ämtern der Verkehr in abgehender und ankommender Richtung in zwei getrennten Bündeln verläuft. Sind die Bündel klein, so ist auch die Ausnutzung der Leitungen klein. Eine Verbesserung der Ausnutzung und damit Ersparung von Leitungen erhält man besonders bei kleinen Bündeln dann, wenn man die beiden Bündel mit gerichteten Leitungen zu einem Bündel mit doppeltgerichteten Leitungen zusammenlegt. Eine kurze Betrachtung wird die Wirksamkeit dieses Verfahrens sofort zeigen.

Verlaufen z. B. zwischen zwei Ämtern zwei Bündel mit je 5 Leitungen, so leistet jedes Bündel bei $1^0/_0$ Verlust 1,5 VE oder jede Leitung 18/60 VE. Legt man diese beiden Bündel zu einem Bündel zusammen, so leistet das ganze Bündel 4,4 VE oder jede Leitung 27/60 VE. Man hat daher eine Leistungssteigerung je Leitung von 9/60 VE erzielt. Nun bedingt aber die Einführung des doppeltgerichteten Verkehrs einen erheblichen Mehraufwand an Geräten gegenüber dem gerichteten Verkehr. Während bei gerichtetem Verkehr nur am Ende der Leitung ein Wähler erforderlich ist, sind bei doppeltgerichtetem Verkehr am Anfang und am Ende jeder Leitung je eine Relaisübertragung und je ein Wähler erforderlich. Der Mehraufwand beträgt also zwei Relaisübertragungen und einen Wähler. Man wird daher die Zahl der doppeltgerichteten Leitungen so klein wie nur irgend möglich wählen. Es ist nicht notwendig, alle Leitungen doppeltgerichtet auszuführen, weil es nie vorkommen wird, daß das ganze Leitungsbündel in einem bestimmten Augenblick für den Verkehr in einer Richtung benutzt wird, sondern es wird genügen, wenn nur ein Teil der Leitungen, der dann für den Spitzenverkehr herangezogen wird, doppeltgerichtet ausgeführt wird.

Die Frage ist, wieviel Leitungen muß man doppeltgerichtet vorsehen, um das Höchstmaß an Leistung bei dem geringsten Aufwand zu erzielen. Die Rechnung, die stets mit gewissen Sicherheiten erfolgen soll, damit nicht die Verluste unerwünscht wachsen, soll an Beispielen durchgeführt werden.

Verlaufen zwischen zwei Ämtern 6 Leitungen, so leisten diese nach Abb. 43 Kurve 1 2 VE. Das wäre der höchste Summenverkehr, den diese 6 Leitungen in der HVSt, auch wenn der Verkehr von beiden Seiten durch diese Bündel hindurchfließt, leisten können. Angenommen, der Verkehr fließt von beiden Seiten durch das Bündel und der abgehende und ankommende Verkehr seien gleich, so muß zunächst der wirkliche mittlere Verkehrswert für die Verkehrsteilung aus der Zuwachskurve Abb. 46 ermittelt werden. Daraus ergibt sich für 2 VE ein wirklicher mittlerer Verkehrswert des ganzen Bündels von 1,6 VE; je Richtung kann daher ein wirklicher mittlerer Verkehrswert von $\dfrac{1,6}{2} = 0,8$ VE fließen. Für die Leitungszahlbestimmung muß

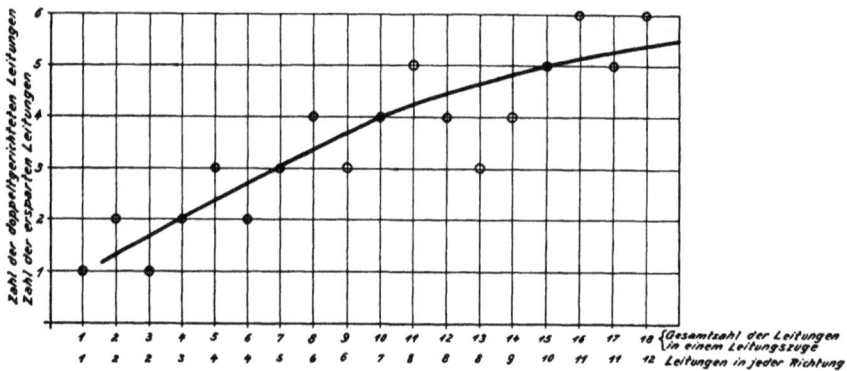

Abb. 69. Anzahl der doppeltgerichteten und ersparten Leitungen in einem Leitungszuge.

wieder mit Zuwachs gerechnet werden, so daß sich ein Verkehrswert von 1,1 VE ergibt. Dafür sind nach Abb. 43 4 Leitungen erforderlich. Das bedeutet, daß in dem 6er-Bündel 2 Leitungen doppeltgerichtet sein müssen, während je 2 Leitungen nach jeder Richtung hin gerichtet bleiben. Da bei ungerichtetem Verkehr in jeder Richtung 4 Leitungen erforderlich sind, mit 6 Leitungen — davon 2 doppeltgerichtet — aber der Verkehr bewältigt werden kann, sind durch den doppeltgerichteten Verkehr 2 Leitungen erspart worden. Die ersparte Leitungszahl ist also gleich der Zahl der erforderlichen doppeltgerichteten Leitungen. Durch den teilweise doppeltgerichteten Verkehr werden die Ausrüstungen von 4 Leitungen an Übertragungen und Wählern erspart.

Ein anderes Beispiel: Es seien 10 Leitungen vorhanden, die in einem Bündel 4,4 VE leisten. Je Richtung kämen dann bei einem wirklichen Mittelwert von 4 VE gemäß Zuwachs aus 4,4 VE, $\frac{4}{2} = 2$ VE mit Zuwachskurve auf 2,4 VE in Betracht. Für diesen Verkehr werden bei Richtungs-

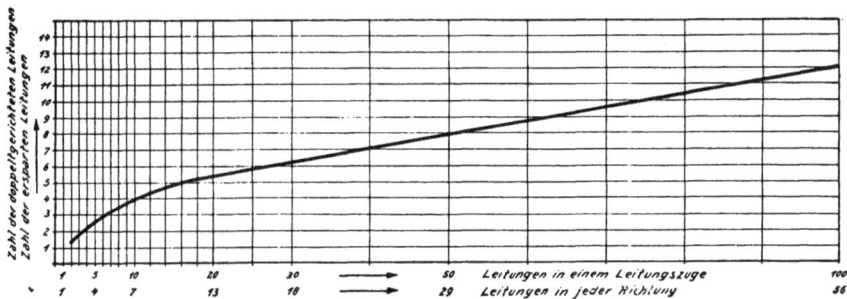

Abb. 70. Anzahl der doppeltgerichteten und ersparten Leitungen in einem Leitungszuge.

verkehr 7 Leitungen je Richtung erforderlich, d. h. man muß 4 doppeltgerichtete Leitungen vorsehen und je 3 gerichtete Leitungen für jede Richtung. Erspart werden auch hier 4 Leitungen, gleich der Anzahl der notwendigen doppeltgerichteten Leitungen und die Ausrüstung von 6 Leitungen. Die Ergebnisse der Rechnung für die verschiedenen Leitungszahlen sind aus der Tafel 10 zu ersehen. In den Abb. 69 und 70 sind Kurven dargestellt, die die Zahl der erforderlichen doppeltgerichteten Leitungen und damit gleichzeitig die Zahl der ersparten Leitungen in Abhängigkeit von der Gesamtzahl der Leitungen angeben. Aus Abb. 69 sind die genauen Werte für kleine Bündel zu ersehen, während Abb. 70 die allgemeine Lage der Kurven auch für große Bündel erkennen läßt. Weiter ist aus Abb. 69 die Anordnung der doppeltgerichteten Leitungen zu erkennen, wobei vorausgesetzt wird, daß die gerichteten Leitungen stets für den Verkehr zuerst benutzt werden, während die doppeltgerichteten Leitungen, wie die Mischwähler bei Sparschaltung, nur für den Spitzenverkehr herangezogen werden dürfen.

Es fragt sich, unter welchen Umständen ist die Einführung des doppeltgerichteten Verkehrs wirtschaftlich, wobei hier nur die Höhe des Anlagekapitals in Rechnung gezogen werden soll. Man kann allgemein sagen, jede richtig eingeführte, doppeltgerichtete Leitung erspart eine besondere Leitung, wie auch aus der Tafel hervorgeht. Es stehen sich also gegenüber: Die Kosten der erforderlichen Geräte für die doppeltgerichtete Leitung, also für 2 Übertragungen und einen Wähler, und die Kosten der Leitung selbst. Die Leitungskosten sind nun in den verschiedenen Anlagen recht verschieden. Sie sind abhängig von der Größe des Leitungsbündels, von der Art der Leitungen, von der Art und Schwierigkeit der Verlegung. Sie können schwanken von 60

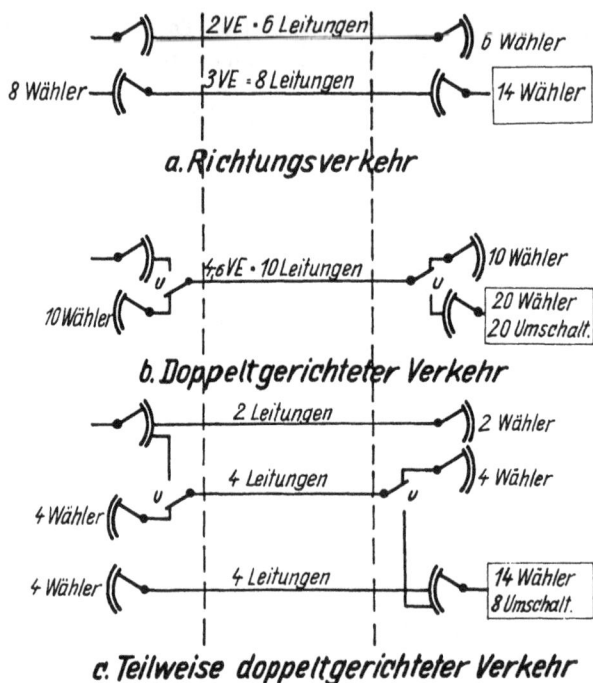

Abb. 71. Ersparnis bei doppeltgerichteten Leitungen.

bis 300 RM. je km. Da der Mehraufwand einer doppeltgerichteten Leitung in der Größenordnung von etwa 400 bis 500 RM. liegt, sind die Anlagekosten erst zwischen 1,3 und 8 km einander gleich.

Die Rechnung ist bei 1% Verlust für vollkommene Bündel durchgeführt worden, das Resultat ändert sich praktisch nicht, wenn der Rechnung andere Verluste zugrunde gelegt werden. Bei dieser Rechnung ist vorausgesetzt, daß der Verkehr in beiden Richtungen gleich ist. Ist das nicht der Fall, so muß die Rechnung in derselben Form für ungleiche Belastung beider Richtungen durchgeführt werden.

In Abb. 71 wird ein Beispiel mit ungleichem Verkehr in beiden Richtungen gezeigt. Unter *a* ist der gewöhnliche Richtungsverkehr, unter *b* der doppeltgerichtete Verkehr und unter *c* der teilweise doppeltgerichtete Verkehr dargestellt. In allen drei Fällen wird dieselbe Verkehrsleistung zugrunde gelegt. Die Verkehrs- und Wählerbestimmung erfolgt in derselben Weise wie vorher und in Abschnitt 9 beschrieben worden ist. 6 Leitungen leisten 2 VE, 8 Leitungen 3 VE. Zur Bildung der Summe müssen die wirklichen Mittelwerte festgestellt werden, die sich zu 1,6 VE und 2,6 VE ergeben. Die Summe ergibt 4,2 mit Zuwachs auf 4,6 VE, wofür 10 Leitungen genügen. Es sind 4 doppeltgerichtete sowie 2 und 4 gerichtete Leitungen vorzusehen. Der Mehraufwand dafür beträgt 4 zusätzliche Wähler und 8 Übertragungen.

Gesamt-leitungs-zahl	Gesamt-Leistung Verkehrseinheiten 60	Leistung je Richtung	Leitungen je Richtung	Doppeltger. Leitungen Ersparte Leitungen
2	15	12	2	2
3	36	24	2	1
4	60	36	3	2
5	90	52	4	3
6	120	72	4	2
7	160	90	5	3
8	190	106	6	4
9	230	125	6	3
10	270	144	7	4
11	300	160	7	3
12	350	182	8	4
13	390	205	9	5
14	430	225	9	4

Tafel 10.

16. Gemeinschaftsumschalter und Wählsternschalter

Die allgemeine Einführung von Gemeinschaftsumschaltern, die einen volkstümlichen, billigen Fernsprechanschluß mit ermäßigten Grundgebühren ermöglichen, wird auf die Ausbreitung des Fernsprechers einen erheblichen Einfluß haben, wird doch teilweise dadurch eine Verdoppelung der Sprechstellenzahl erwartet. Auf eine gewöhnliche Teilnehmerleitung, die dann Gemeinschaftsleitung genannt wird, werden hierbei bis zu 10 Sprechstellen wahlweise über den Gemeinschaftsumschalter sowohl bei dem Verkehr in abgehender als auch in ankommender Richtung geschaltet. Der Anschluß dieser Sprechstellen und damit die Vergrößerung deren Zahl erfolgt nicht im Amt selbst, sondern bei den Teilnehmern, wo der Gemeinschaftsumschalter aufgehängt wird. Trotzdem sind aber Anschlüsse im Amt für die Gemeinschaftsumschalter erforderlich, weil die Gemeinschaftsleitungen auf Anschlußglieder gelegt werden müssen. Eine Überschlagsrechnung wird den Einfluß der Gemeinschaftsumschalter auf den Ausbau der Wählerämter zeigen.

Ein Amt mit 10000 Anschlüssen soll mit Gemeinschaftsumschaltern ausgerüstet werden, wodurch ein Zuwachs von — angenommen — 10000 Sprechstellen erwartet werden soll. Ein Gemeinschaftsumschalter hat eine Anschlußmöglichkeit von 10 Sprechstellen, von denen angenommen wird, daß im Mittel 8 angeschlossen werden. Es sind daher im Amt $\dfrac{10000}{8} = 1250$ Anschlüsse für Gemeinschaftsleitungen vorzusehen. Da einige Vollanschlüsse sich aber auf Gemeinschaftsumschalter umlegen lassen werden, so werden diese Anschlüsse frei und können für Gemeinschaftsleitungen verwendet werden. Bei einer Neuanlage sollte man von vornherein gleich bis zu 10% der Anschlüsse für Gemeinschaftsumschalter für den Fall ihrer allgemeinen Einführung vorsehen. Natürlich wird die Einführung nicht plötzlich, sondern langsam mit der Zeit erfolgen.

Der Verkehr auf den Gemeinschaftsleitungen von und zu den Gemeinschaftsumschaltern, an denen grundsätzlich nur Teilnehmer mit schwachem Verkehr angeschlossen werden, wird sich von dem gewöhnlicher, mittelstark sprechender Anschlüsse nicht viel unterscheiden. Man rechnet im allgemeinen für derartige schwachsprechende Anschlüsse der Gemeinschaftsumschalter eine Belegung in abgehender und eine in ankommender Richtung täglich, wobei etwa $1^0/_0$ Verlust entsteht. Bei vollem Ausbau mit 10 Teilnehmern erhält man daher täglich für einen derartigen Amtsanschluß 10 abgehende und 10 ankommende Belegungen. Da ein Anschluß erst bei etwa 60 abgehenden Belegungen je Tag als überlastet erscheint, ist die Belastung der Leitungen zu Gemeinschaftsumschaltern ohne weiteres zulässig und sind besondere Vorkehrungen im Amt für diesen Verkehr nicht erforderlich. Jeder Gemeinschaftsleitung ist aber noch eine Übertragung mit den Gesprächszählern der 10 Sprechstellen im Wähleramt zugeordnet, für die Raum zur Aufstellung vorgesehen werden muß.

Wählsternschalter sind kleine Unterzentralen wie die früheren Gruppenstellen für 10 bis 20 Sprechstellen, mit gewöhnlich auch starkem Verkehr, dienen nicht zur Förderung der Ausbreitung des Fernsprechers mit billigem Tarif, sondern ermöglichen eine weitgehende Dezentralisierung und bringen damit Ersparnisse an Netzkosten. Sie haben mehrere 3 bis 5 Leitungen zum Amt, und es können daher auch Sprechstellen mit stärkerem Verkehr angeschlossen werden. Bei 10 Sprechstellen und 3, 4 oder 5 Leitungen zum Amt kann bei $1^0/_0$ Verlust jede Sprechstelle je Tag 7,5...12,5 oder 18 abgehende Belegungen ausführen. Ihre Einführung wird bei weitem nicht den Einfluß der Gemeinschaftsumschalter erreichen. Im Amt können sie wie kleinere Mehrfachanschlüsse mit 3 bis 5 Amtsleitungen behandelt werden, die entweder zwischen die gewöhnlichen Anschlüsse eingestreut oder in besondere Gruppen zusammengefaßt werden können. An den LW ist die Auswahl einer freien Leitung zum Wählsternschalter wie bei den Mehrfachanschlüssen vorzuschen. Im Amt sind ebenfalls, wie bei den Gemeinschafts-umschaltern, Übertragungen erforderlich, für deren Aufstellung Raum bean-sprucht wird. Gemeinschaftsumschalter und Wählersternschalter arbeiten ohne eigene Batterie.

17. Mehrfachanschlüsse

Mehrfachanschlüsse, die allgemein starken Verkehr führen, werden zweckmäßig besonders behandelt. Es gibt Mehrfachanschlüsse mit den ver-schiedensten Zahlen von Amtsleitungen, mit wenigen, zwei oder drei, aber auch mit vielen, bis zu 100 und noch mehr Amtsleitungen. Je nach der Größe wird besonders der ankommende Verkehr etwas verschieden geregelt.

Zunächst ist es bei großen Mehrfachanschlüssen zweckmäßig, die Ver-kehrsrichtungen auf den Amtsleitungen zu trennen und Richtungsverkehr einzuführen, weil nie alle vorhandenen Amtsleitungen in einer Richtung benutzt werden. Eine Halbierung der Amtsleitungszahl in je eine Hälfte für ankommenden und eine Hälfte für abgehenden Verkehr bringt aber nicht die größtmögliche Leistung, weil Verkehrsschwankungen vorhanden sind. In Abschnitt 15 ist gezeigt, wie Leitungen mit doppeltgerichtetem Verkehr zweckmäßig geteilt werden. Es gibt je eine Gruppe für die beiden Richtungen getrennt und eine gemeinsame Gruppe, die doppeltgerichtet betrieben und erst zum Verkehr herangezogen wird, wenn die Leitungen der jewei-ligen Richtung besetzt sind. Für einen Mehrfachanschluß von z. B. 100 Lei-tungen werden danach 44 Leitungen in jeder Richtung und 12 doppeltgerich-tete Leitungen vorgesehen, so daß in jeder Richtung 56 Leitungen zur Verfü-gung stehen. Man erspart dadurch mehr als 40% an Vorwahleinrichtungen und Nummern an den LW, ohne den Verkehr zu beeinflussen. Richtungs-verkehr in dieser Form würde sich schon von 4 Amtsleitungen ab empfehlen, um so mehr, als Aufwendungen für die Trennung der Richtungen nicht ent-stehen.

Die Anrufglieder der Amtsleitungen für den abgehenden Verkehr, ein-fach und doppeltgerichtet, werden zweckmäßig über mehrere 100er-Gruppen gleichmäßig verteilt und zwischen die gewöhnlichen Teilnehmer eingestreut, damit ein guter Verkehrsausgleich erzielt wird. Es muß damit angestrebt werden, alle Gruppen möglichst gleichmäßig zu belasten.

Die Amtsleitungen für den ankommenden Verkehr, einfach und doppelt-gerichtet, müssen auf Nummern am LW liegen, über die nach Wahl einer be-stimmten Nummer jede dieser Amtsleitungen durch selbsttätige Auswahl einer freien Leitung erreicht werden muß. Wenn keine Auswahl freier Amtsleitungen an den LW vorgesehen wird, steigt die Zahl der unwirtschaftlichen Be-setztverbindungen außerordentlich an. Für den Anruf der Mehrfachanschlüsse am LW werden die Mehrfachanschlüsse gewöhnlich in mehrere Klassen, je nach ihrer Größe, geteilt.

Häufigkeit der beanspruchten Leitungen.

Leistung jeder beanspruchten Leitung.

Leistung der Bündel vom Gesamtverkehr aller beobachteter Stunden.

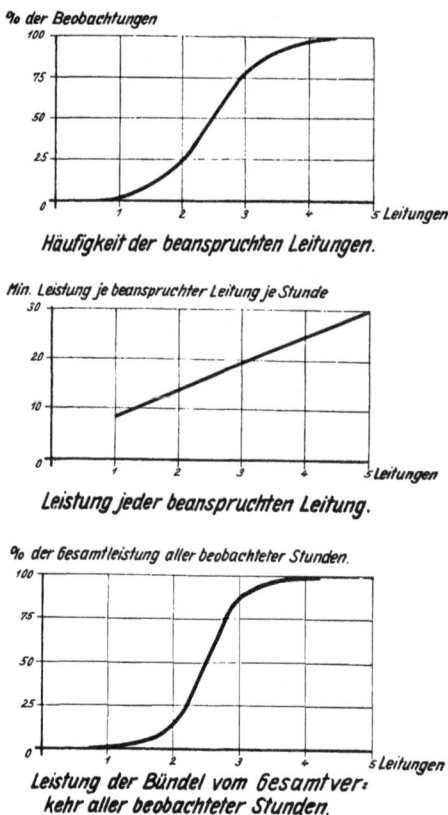

Abb. 72. Abgehender Verkehr eines Mehrfachanschlusses mit 10 Amtsleitungen.
Mittlere Leistung jeder der 10 Leitungen über
alle beobachteten Stunden 5,6 min.

Die erste Klasse umfaßt die
Mehrfachanschlüsse mit wenigen
Amtsleitungen, die am häufigsten
vorkommen. Diese Mehrfachanschlüsse werden in die 100er-Grup-
pen zwischen den gewöhnlichen
Anschlüssen eingestreut. Die LW
dieser Gruppen erhalten eine Ein-
richtung, die die Auswahl einer
freien Amtsleitung beim Anruf
derartiger Mehrfachanschlüsse veranlaßt.

Die zweite Klasse von Mehrfachanschlüssen umfaßt solche
mittlerer Größe, die zu LW in besonderen Gruppen geführt sind, zu
denen nur derartige Mehrfach-
schlüsse gehören. Die Auswahl
freier Amtsleitungen erfolgt wieder
durch die LW selbst, die aber im
Gegensatz zu den gewöhnlichen
LW in jedem Falle nach der
Nummernwahl weiterdrehen und
freie Amtsleitungen aussuchen.

Zur dritten Klasse gehören
große und größte Mehrfachanschlüsse, die in der Minderheit
sind. Sie liegen ebenfalls in besonderen LW-Gruppen, deren LW
nach der Nummernwahl stets
weiterdrehen und freie Amtsleitungen aussuchen. Zur Auswahl freier Amtsleitungen bei den größten Mehrfachanschlüssen genügen aber die 10 Auswahl-
möglichkeiten der LW nicht mehr, und es werden deshalb MW hinter den
LW eingeschaltet, die die größten Bündel ausprüfen können.

Die Berechnung der Ausrüstung dieser Klassen in Zahl der LW je Gruppe
und Zahl der MW je Mehrfachanschluß unterscheidet sich nicht von dem
bisher behandelten Berechnungsverfahren. Die Zahl der erforderlichen
Wähler jeder Gruppe LW und MW wird aus den Wählerbestimmungskurven,
abhängig vom Verkehrswert und der Betriebsgüte abgelesen.

Wie sich der abgehende Verkehr eines Mehrfachanschlusses mit 10 Amtsleitungen während der Hauptverkehrszeit auswirkt, läßt Abb. 72 erkennen.
Es ist oben die Zahl der in Anspruch genommenen Amtsleitungen für den
abgehenden Verkehr, abhängig von der Häufigkeit der Beobachtungen aufgetragen. Man ersieht aus der Abbildung, daß für diesen Verkehr bis zu 5

126

Leitungen erforderlich sind und daß der größte Teil des Verkehrs von 3 Leitungen bewältigt wird. Weiter sieht man in der Mitte die Leistungssteigerung der Amtsleitungen mit zunehmender in Anspruch genommener Zahl der
Leitungen. Unten ist die Verteilung der Gesamtleistung aller beobachteten
Stunden auf die jeweilig erforderliche Leitungszahl dargestellt. Die mittlere
Leistung über alle beobachteten Stunden jeder der 10 zur Verfügung
stehenden Leitungen betrug nur für den Verkehr in abgehender Richtung
5,6 min, erreicht daher nicht die zulässige Belastungsgrenze sogar der
Einzelleitungen. Wenn der ankommende Verkehr gleich dem abgehenden
ist, müssen die Amtsleitungen den doppelten Verkehr bewältigen. Man sieht,
daß die Leistung der Amtsleitungen verhältnismäßig groß und der Richtungsverkehr ohne jede Einschränkung möglich ist.

Abb. 73 zeigt die Gesamtleistung von 15 LW mehrerer gleichartiger
Gruppen, die mit Mehrfachanschlüssen der Klasse 2 beschaltet waren. In

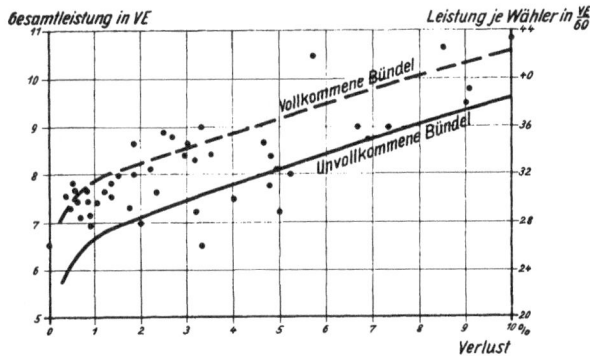

Abb. 73. Leistung von je 15 LW mehrerer gleichartiger LW-Gruppen
mit Mehrfachanschlüssen.

dem Felde sind die gemessenen Gesamtleistungen mit den beobachteten
jeweiligen Verlusten je HVSt als Punkte dargestellt. Auf der Senkrechten ist
die Gesamtleistung, auf der Waagerechten sind die Verluste in Vomhundertsätzen aufgetragen. Es läßt sich auch die mittlere Leistung jedes Wählers
rechts ablesen. Die Leistungskurven vollkommener und unvollkommener
Bündel dieser Größe sind zum Vergleich ebenfalls eingezeichnet. Da die LW
über Misch- und Staffelschaltungen, also über unvollkommene Bündel erreicht werden, kann man feststellen, daß die Gesamtleistung im Vergleich
mit der Leistung unvollkommener Bündel allgemein recht hoch liegt. Man
kann daraus schließen, daß die Misch- und Staffelschaltungen gut ausgearbeitet waren, einen guten Verkehrsausgleich ermöglichten und daß
der Verkehrszufluß zu den Misch- und Staffelschaltungen recht gleichmäßig war. Die Leistung der LW in diesen Schaltungen ist daher eine recht
befriedigende.

18. Reserven

Bei der Bestimmung der Ausrüstung eines Wähleramtes müssen die vorzusehenden Reserven für die gewöhnliche Entwicklung, das ist das ständige Wachsen der Anschlußzahl, und für die außergewöhnliche Entwicklung, das ist die zukünftige Änderung des Fernbetriebes, die Erweiterung des Dienstverkehrs und die Einführung der Gemeinschaftsumschalter, mit berücksichtigt werden. Zunächst werden Reserven in der Zahl der Anschlüsse vorgesehen.

Da die Ausbreitung des Fernsprechers ständig zunimmt, dessen jährlicher Zuwachs an Anschlüssen im Mittel etwa 5% beträgt, sind Reserven in der Zahl der Anschlußglieder festzulegen. Der jährliche Zuwachs kann zwischen 3% und 10% liegen, in außergewöhnlichen Fällen hat man schon bis 50% beobachtet. Der Zuwachs ist daher sehr zu beachten. Die Größe der Reserven richtet sich nach dem jeweiligen jährlichen Zuwachs und der leichten Erweiterungsmöglichkeit des Wählersystems. Im allgemeinen genügen Reserven für 3 Jahre. Zweckmäßig werden diese Reserven nicht gemeinsam in eine besondere Gruppe gelegt, sondern über die ganze Anlage, d. h. über alle Gruppen, verteilt, so daß man dann im Betriebe beobachten kann, welche Gruppen wenig und welche Gruppen stark belastet sind, um danach den Zuwachs nach der Art des Verkehrs künftig auf die einzelnen Gruppen verteilen zu können.

In vollausgebauten Gruppen großer Ortsnetze würden zunächst keine weiteren Reserven für die GW- und LW-Stufen vorzusehen sein, weil der Verkehr je Tag und Anschluß nicht mit zunehmender Anschlußzahl des Ortsnetzes weiter wächst. In kleineren Ortsnetzen dagegen wächst der Verkehr, wie aus Abb. 20 hervorgeht, daher ist dieses Wachsen bei der Bestimmung der Wählerzahl in den Reserven zu berücksichtigen. Aber in allen Netzen, auch in großen Ortsnetzen, kann ein Wachsen des Verkehrs eintreten, wenn neue Verkehrsmöglichkeiten, z. B. Einführung von Zeitansage, Nachrichtenstellen usw., eingeschaltet werden. Es ist daher zweckmäßig, in allen Fällen mindestens Raumreserven vorzusehen, damit eine leichte Erweiterungsmöglichkeit vorhanden ist. Es empfiehlt sich allgemein, gewisse Raumreserven auch für unvorhergesehene Verkehrsänderungen in Rechnung zu ziehen, wodurch dann auch die Möglichkeit gegeben ist, die Verbindungsglieder in stark unterschiedlichen Gruppen gegeneinander auszutauschen und dem jeweiligen Verkehr besser anzupassen.

Bei der Berücksichtigung der außergewöhnlichen Entwicklung ist ebensowohl Vorsorge zu treffen für die zukünftige starke Ausbreitung des Selbstwählfernverkehrs. Der Selbstwählfernverkehr, der recht stark sein wird, weil wahrscheinlich mehr als 80% des Fernverkehrs in dieser Form abgewickelt werden sollen, wird gewöhnlich über die Richtung des Dienstverkehrs verlaufen. Da künftig diese Richtung noch mehr durch Einführung weiterer Verkehrsarten ausgebaut werden wird, z. B. durch Zeitansage, Nachrichtenstellen usw., muß dem weiteren Ausbau dieser Richtung besonders große Beachtung geschenkt werden und sind genügend Erweiterungsmöglichkeiten vorzusehen. Es ist daher in Zukunft mit einer erheblichen Erweiterung des Dienstverkehrs gemäß Abschnitt 13 zu rechnen, was bei der Bestimmung der Reserven zu beachten ist.

Bei der Bestimmung der Reserven ist auch die Einführung der Gemeinschaftsumschalter, die unter Umständen bis zu 10% der Anschlüsse für die Gemeinschaftsleitungen beanspruchen können, und der Wählsternschalter, deren Einfluß aber bei weitem nicht so groß sein wird wie derjenige der Gemeinschaftsumschalter, in Rechnung zu ziehen. Außer den Anschlußgliedern selbst werden dafür auch Übertragungen benötigt, die aufgestellt werden müssen und Raum beanspruchen.

Es ergibt sich, daß zur Berücksichtigung der zukünftigen Entwicklung erhebliche Reserven, mindestens Raumreserven an den entsprechenden Stellen vorzusehen sind, damit eine ungehinderte Entwicklung ermöglicht wird, ohne die spätere Übersichtlichkeit der Anlage zu beeinträchtigen.

19. Besonderheiten

Interessenfaktor

Hat eine Anlage mehrere Ämter, so müssen zum Bestimmen der Zahl der Verbindungsleitungen die Beziehungen der Ämter untereinander in Rechnung gezogen werden. Ist der Verkehr zwischen den Ämtern genau gemessen und daher bekannt, so ist das Bestimmen der Leitungszahl sehr einfach und erfolgt nach den mitgeteilten Kurven. Ist der Verbindungsverkehr unbekannt, so muß er nach folgender Formel errechnet werden:

Bezeichnen A, B, C usw. die Ämter und VE_a die Belegungsstunden in der Hauptstunde des Amtes A, die hinter den I. GW zu allen Ämtern weiterfließen, VE_b die Belegungsstunden in der Hauptstunde des Amtes B, die

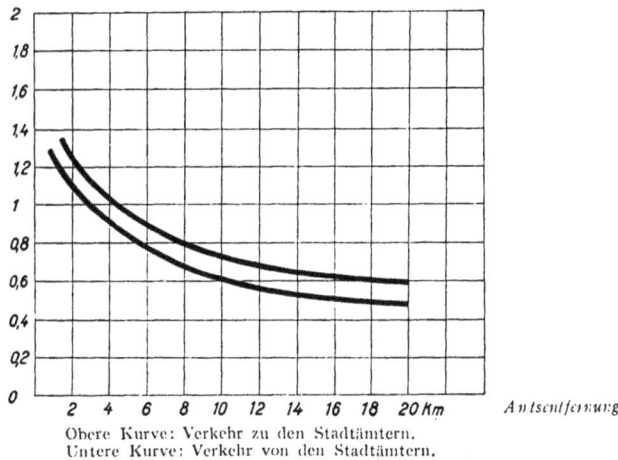

Obere Kurve: Verkehr zu den Stadtämtern.
Untere Kurve: Verkehr von den Stadtämtern.

Abb. 74. Interessenfaktor „f" in Fernsprechämtern.

ebenfalls hinter den I. GW zu allen Ämtern weiterfließen usw., so ist der Verkehrswert des Verbindungsverkehrs zwischen A und B:

$$W\,a \cdot b = \frac{VE_a \cdot VE_b}{VE_a + VE_b + VE_c}\ \text{usw.} \cdot f,$$

d. h. der Verkehrswert zwischen

$$A\ \text{u.}\ B = \frac{\text{Produkt der Verkehrswerte der Ämter}\ A \cdot B}{\text{Summe der Verkehrswerte aller Ämter}} \cdot f,$$

f bedeutet hierbei einen Interessenfaktor, der abhängig von den Interessen der Teilnehmer zueinander und von der Entfernung der Ämter ist.

Aus Abb. 74 ist die Größe des Interessenfaktors, abhängig von der Entfernung der Ämter, zu ersehen. Die Kurven geben Mittelwerte an und sind aus zahlreichen Messungen des Verkehrs Berliner Ämter entstanden. Die obere Kurve ergibt den Faktor für den Verkehr zu den Stadtämtern und die untere Kurve denjenigen für den Verkehr von den Stadtämtern.

Die Feststellung des Verkehrswertes der Verbindungsleitungen verschiedener Ämter mit Hilfe des Interessenfaktors muß aber mit größter Vorsicht erfolgen, weil dieser Verkehr ganz besonderen zeitlichen Schwankungen unterworfen ist. Er fließt gewöhnlich vormittags zu den Stadtämtern hin und nachmittags von den Stadtämtern zurück. In der Zwischenzeit treten verschiedene Schwankungen zwischen den Stadtämtern auf. An dieser Stelle ist daher besondere Vorsicht geboten, zumal die Kurven auch nur annähernde Mittelwerte angeben.

Einfluß hoher Leistung auf die nachfolgende Stufe.

Eine weitere Besonderheit ist die Steigerung der Wählerleistung einer nachfolgenden Stufe durch die hohe Leistung der Wähler in der vorhergehenden Stufe selbst. Werden diese Wähler z. B. mit 45/60 VE bei $1^0/_{00}$ Verlust ausgenutzt und verläuft der gesamte Verkehr dieser Stufe ohne jeden Abzug in einer Dekade, so beträgt auch in dieser Dekade die Leistung jeder Leitung selbst bei angeschlossenen reinen 10er-Bündeln 45/60 VE. Da aber der Verkehr am Wähler sich größtenteils in mehrere Teile entsprechend den

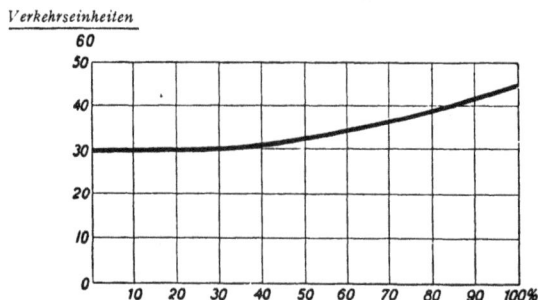

Abb. 75. Ausnutzung der GW oder der Verbindungsleitungen hinter Wählern mit einer Ausnutzung von 45/60 Verkehrseinheiten
(Kurve für Mischung und Staffelung von 10er-Bündeln).

verschiedenen Dekaden spaltet und ein Teil des Verkehrs in der Wählerstufe steckenbleibt, kommen derartige Fälle in der Praxis nicht vor. In Abb. 75 ist eine Kurve gezeigt, bei der die Leistung der nachfolgenden Wähler angegeben wird, wenn ein großer Vomhundertsatz des Verkehrs in eine Dekade geht, die vorhergehenden Wähler mit 45/60 VE ausgenutzt werden und die nachfolgenden Wähler zehnteilig, gestaffelt und gemischt sind. Man ersieht daraus, daß die nachfolgenden Wähler eine Ausnutzung von 39 min haben, wenn 80% des Verkehrs in eine Dekade gehen. Bei 1% Verlust verläuft die Kurve in gleicher Weise zwischen 33/60 VE und 49,5/60 VE. Auf diese Wirkung hat schon Christensen, Kopenhagen, aufmerksam gemacht.

Münzfernsprecher

Münzfernsprecher, die unterschiedlich, aber gewöhnlich sehr stark belastet sind, zeigen, wie alle überlasteten Anschlüsse, einen besonderen Verkehr, der nicht mehr dem reinen Zufall entspricht, sondern der durch Wartezeiten der Sprechgäste etwas ausgeglichen ist. Die unterschiedliche Belastung der Münzfernsprecher richtet sich nach ihrer Aufstellung. Münzfernsprecher an Verkehrsknotenpunkten haben eine vollkommen andere Belastung als solche in ruhigen Vororten. An Verkehrsknotenpunkten, wie Bahnhöfen, großen Plätzen und Postämtern, ist die Belastung außerordentlich hoch. Es können an den Münzfernsprechern an diesen Orten täglich bis zu 100 Gespräche und noch mehr hergestellt werden. Dieser zeitweise sehr starke Verkehr muß bei der Einordnung der Anschlüsse beachtet werden, bringt dann aber weiter keine Schwierigkeiten, weil solche Fernsprecher im gewöhnlichen Verkehr nicht angerufen werden. Nur Münzfernsprecher auch für Fernverkehr haben Anrufmöglichkeit und können vom Fernamt angerufen werden. Bei der großen volkswirtschaftlichen Bedeutung der Münzfernsprecher, die nicht nur von Sprechgästen ohne Hausanschluß, sondern auch von solchen mit eigenem Hausanschluß benutzt werden, wird die Ausbreitung noch erheblich zunehmen, um so mehr als die wirtschaftliche Grundlage vollkommen gesichert ist. Anschlüsse von Münzfernsprechern können entweder im Wähleramt zwischen die Teilnehmeranschlüsse eingestreut oder in besondere Gruppen zusammengefaßt werden. Die Ausrüstung einer derartigen Gruppe mit Verbindungsgliedern richtet sich natürlich nach dem Verkehr; z. B. können 100 I. GW schon von 200 bis 250 Münzfernsprechern voll ausgenutzt werden.

Gefahrzeit

Ein weiteres Interesse beansprucht noch die Gefahrzeit, das ist diejenige Zeit, in der alle Leitungen eines Bündels besetzt sind, bei der daher Verluste auftreten, wenn neue Rufe in diese Zeit fallen, und der Zusammenhang zwischen Verlusten und Gefahrzeit. In Abb. 76 sind die gemessenen Gefahrzeiten von 10er-Bündeln, abhängig von der jeweiligen Leistung der Bündel in VE, aufgetragen. Es ergibt sich ein großes Streufeld, aus dem eine Schwerlinie, die die mittlere Gefahrzeit, abhängig von der Leistung angibt, ent-

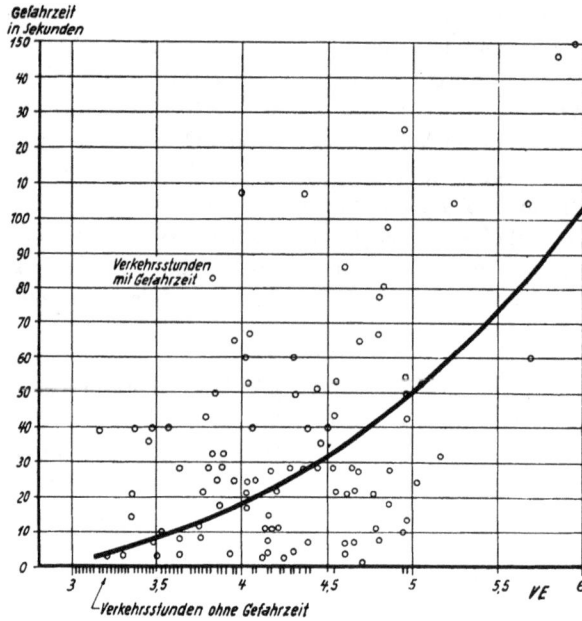

Abb. 76. Gemessene Gefahrzeit eines 10er-Bündels abhängig von der Leistung in VE.

wickelt wurde. Die Linie zeigt, daß z. B. bei einer Leistung eines 10er-Bündels von 4 VE die mittlere Gefahrzeit 18 s, bei 5 VE 50 s beträgt. Aus dieser Linie für die Gefahrzeit ist eine weitere Linie in Abb. 77 abgeleitet worden, die den Zusammenhang von Gefahrzeit und Verlusten eines 10er-Bündels ersehen läßt. Die Linie gibt an, daß z. B. 1% Verlust 32 s und 5% Verlust 80 s Gefahrzeit entspricht.

Die Teilnehmerzahl ist in allen Leistungskurven, auch den Wählerbestimmungskurven, nicht unmittelbar enthalten, d. h. die Teilnehmerzahl

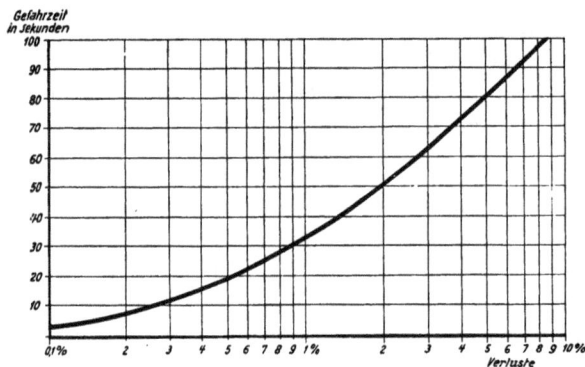

Abb. 77. Gefahrzeit abhängig von den Verlusten eines 10er-Bündels.

132

ist auf die Wählerleistung ohne Einfluß. Für den gewöhnlichen Verkehr trifft dieses auch voll und ganz zu, wie viele sorgfältige Beobachtungen an allen möglichen Amtsstellen unter verschiedenen Bedingungen ergeben haben. Nur in sehr wenigen Sonderfällen mit übergewöhnlichem Verkehr, wo durch irgendwelche Wartezeiten ein Ausgleich des Verkehrs herbeigeführt wird, ist ein solcher Einfluß denkbar.

20. Die Berechnung der erforderlichen Leitungen und Wähler im Fernverkehr

Die Fernleitungen werden beim Wählerbetrieb mit Sofortverkehr in derselben Weise willkürlich belegt wie die Leitungen in den Ortsämtern. Wenn der Verkehr und die Wählerleistung im Fernverkehr in gleicher Weise sich verhalten und wie im Ortsverkehr schwanken, ist der Fernverkehr denselben Gesetzen bezüglich Ausnutzung der Leitungen und Wähler unterworfen wie der Ortsverkehr. Es würden deshalb auch dieselben Grundsätze und Regeln für die Berechnung der Leitungen und Wähler wie im Ortsverkehr gelten.

Der Fernverkehr setzt sich wie der Ortsverkehr zusammen aus $C =$ der Zahl der Belegungen allgemein, aus $c =$ der Zahl der Belegungen in der HVSt, aus $t_m =$ der mittleren Belegungsdauer und aus der Konzentration k. C richtet sich nach dem jeweiligen Verkehr, t_m ist größer als im Ortsverkehr und beträgt im Fernverkehr etwa 3,5 bis 4,5 min, die Konzentration ist ebenfalls größer als im Ortsverkehr und kann wie dort stark schwanken.

C ist gewöhnlich im Fernverkehr verschieden vom Ortsverkehr. Wie sich die Zahl der Ferngespräche je Anschluß und Tag in Deutschland bei verschieden großen Ortsnetzen verhält, kann aus den Kurven in Abb. 20 im Abschnitt 3 ersehen werden. In ganz kleinen Ortsnetzen beträgt sie etwa 1,2 Gespräche, in großen Ortsnetzen fällt sie etwa auf 0,2 Gespräche. Die Gesprächswerte müssen bei der Ermittlung der Verkehrswerte zur Bestimmung der erforderlichen Fernleitungszahl auf Belegungen durch gewisse Zuschläge umgerechnet werden. Für den Fernverkehr genügen etwa 3% auf die Zahl der Gespräche, weil die vielen Einflüsse des Ortsbetriebes im Fernbetrieb nicht vorhanden sind.

Die mittlere Belegungsdauer liegt zwischen 3,5 und 4,5 min, abhängig auch davon, ob die Fernverbindungen mit Vorbereitung oder sofort hergestellt werden. Abb. 21 läßt die praktisch gleichbleibende Belegungsdauer, die aus vielen Messungen zu ermitteln ist, erkennen. Die mittlere Belegungsdauer im Ortsverkehr beträgt zum Vergleich 1,2 bis 1,8 min.

Die Konzentration ist im Fernverkehr allgemein größer als im Ortsverkehr, ist ebenfalls wie im Ortsverkehr größer bei kleinen als bei großen Gruppen und schwankt ebenfalls erheblich. Abb. 25 läßt die Konzentration mit ihren erheblichen Schwankungen bei kleinen und großen Gruppen im Fernverkehr erkennen. Danach liegt die mittlere Konzentration bei kleinen Gruppen bei etwa 18%, bei großen Gruppen bei etwa 16%.

Aus diesen Faktoren kann der Verkehrswert des Fernverkehrs für jede Gruppe errechnet werden, der aber daraufhin zu prüfen ist, ob er ein wirklicher Mittelwert ist, wobei besonders auf die Konzentration zu achten ist.

Zur Feststellung, ob zur Bestimmung der Fernleitungszahl der Fernverkehr dem Ortsverkehr gleichartig ist und dieselben Methoden angewendet werden können, sollen zunächst Orts- und Fernverkehr miteinander verglichen werden. Abb. 78 zeigt die Schwankungen des Fernverkehrs einer Gruppe von

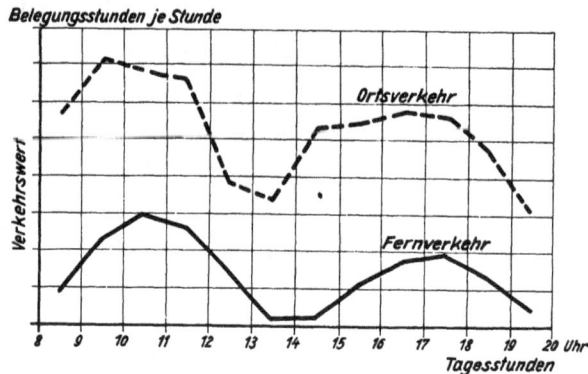

Abb. 78. Schwankungen des Orts- und Fernverkehrs von Fernsprech-Wähleranlagen während des Tages.

Teilnehmern oder eines Amtes im Vergleich zu den Schwankungen des Ortsverkehrs während eines Tages. Es ergeben sich dieselben zeitlichen Schwankungen und dieselben Charakteristiken der beiden Verkehrsarten, so daß ein Unterschied, abgesehen von seiner Größé, daraus nicht abgeleitet werden kann. Aus dieser Verkehrskurve ersieht man aber schon, daß die Konzentration im Fernverkehr größer sein muß als im Ortsverkehr, weil der Fernverkehr in den schwachen Verkehrszeiten erheblich weiter abfällt als der Ortsverkehr. Abb. 79 läßt die Verkehrsschwankungen gewisser Gruppen des Fernverkehrs während der HVSt im Vergleich zu denen des Ortsverkehrs erkennen, die ebenfalls vollkommen gleichartig sind, dieselben wahrschein-

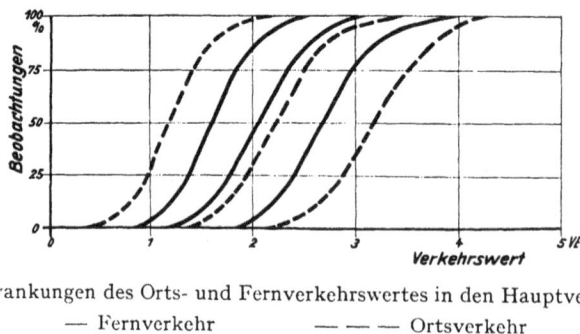

Abb. 79. Schwankungen des Orts- und Fernverkehrswertes in den Hauptverkehrsstunden.
—— Fernverkehr   — — — Ortsverkehr

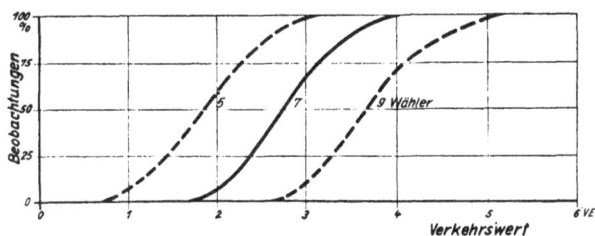

Abb. 80. Schwankungen der Wählerleistung kleiner Gruppen in den Hauptverkehrsstunden des Orts- und Fernverkehrs.

— Fernverkehr   — — — Ortsverkehr

lichen Abweichungen haben und deshalb keinen Unterschied zeigen. Abb. 80
zeigt die Schwankungen der Wählerleistung im Fernverkehr für 7 Wähler,
verglichen mit denjenigen des Ortsverkehrs für 5 und 9 Wähler in der HVSt,
die vollkommen mit denen im Ortsverkehr übereinstimmen, ebenfalls dieselben wahrscheinlichen Abweichungen zeigen und die auch im Fernverkehr
entsprechend dem Ortsverkehr größer als die der Verkehrsschwankungen

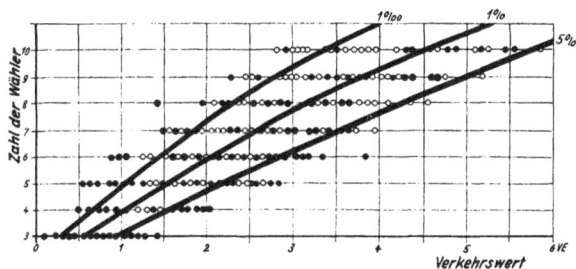

Abb. 81. Schwankungen des Verkehrwertes und der Wählerleistung kleiner Gruppen
in den Hauptverkehrsstunden des Orts- und Fernverkehrs mit Wählerbestimmungskurven für $1^0/_{00}$, $1^0/_0$ und $5^0/_0$ Verlust.

● Fernverkehr   O Ortsverkehr

sind. Abb. 81 zeigt die Leistung der Wähler und Leitungen im Fernverkehr,
ebenfalls im Vergleich zum Ortsverkehr während der HVSt, mit den Wähler-
leistungskurven, aus denen auch die Schwankungen der Wählerleistung ersehen werden können. Die Punkte geben den gemessenen Verkehr und die
dafür benötigte Wählerzahl je für Orts- und Fernverkehr an. Irgendein
Unterschied der beiden Verkehrsarten ist auch aus diesem Bilde nicht abzuleiten. Nach diesen Untersuchungen ist ein Unterschied in bezug auf die
Wählerleistung und ihre Schwankungen sowie auf den Verkehr und seine
Schwankungen zwischen Orts- und Fernverkehr nicht nachzuweisen; sie
sind daher in dieser Richtung als gleichwertig anzusehen. Ein Einfluß der
verschiedenen Belegungszahlen, der verschiedenen Belegungsdauer und der
verschiedenen Konzentration des Orts- und Fernverkehrs im Verkehrswert

ist in diesem Bereich nicht zu erkennen. Die Wählerleistung hängt auch im Fernverkehr nur vom Verkehrswert und der Bündelgröße ab.

Die Zahl der erforderlichen Leitungen und Wähler richtet sich daher im Fernverkehr wie im Ortsverkehr allein nach der Größe des Verkehrs, der sich aus Belegungszeiten und nicht aus Gesprächszeiten ergibt und der in Verkehrseinheiten $VE = c \cdot t_m$ je HVSt angegeben wird.

Es sind deshalb im Fernverkehr dieselben Berechnungsarten für den Verkehrswert und dieselben Bestimmungsarten für die Zahl der erforderlichen Leitungen und Wähler mit denselben Kurven wie im Ortsverkehr zu verwenden.

In den eigentlichen Fernnetzen gibt es keine Teilnehmeranschlüsse, die ausschließlich in den Ortsnetzen vorhanden sind. Der Fernverkehr besteht daher nur aus Durchgangsverkehr, demzufolge nur aus Fernleitungen und Wählern für Durchgangsverkehr. Die Berechnungen erstrecken sich daher nur auf diese Verbindungsglieder.

Zur Bestimmung der Zahl der Fernleitungen ist für jedes Fernleitungsbündel der Verkehrswert, das ist die Gesamtbelegungszeit in der HVSt, zu ermitteln und dann an Hand der Wählerbestimmungskurven Abb. 43 die Leitungs- oder Wählerzahl bei einer bestimmten Betriebsgüte abzulesen. Die Bestimmung der Verkehrswerte muß wie im Ortsverkehr mit Vorsicht erfolgen, weil vielfach besonders im Fernverkehr verschiedene Meinungen über Zahl, Dauer sowie Konzentration der Fernverbindungen bestehen, wozu dann noch der Einfluß der Zuschläge, die die zeitlichen Verkehrsschwankungen berücksichtigen, zu beachten ist. Der Verkehrswert, der zur Bestimmung der Wählerzahlen verwendet werden soll, wird ebenfalls aus der Belegungszahl und mittleren Belegungsdauer errechnet. Sind nur Gesprächswerte angegeben, so müssen diese in Belegungswerte umgewertet werden. Im alten Handbetrieb des Fernverkehrs war infolge der großen Leerlaufzeiten mitunter die Belegungszeit doppelt so groß wie die Gesprächszeit. Im Wählerbetrieb ist der Unterschied des schnellen Auf- und Abbaues der Verbindungen wegen nicht mehr sehr groß, und es kann mit einer etwa 10% größeren Belegungszeit als die Gesprächszeit gerechnet werden. Diese um 10% größere Belegungszeit entfällt, und die Belegungszeit im Wählerbetrieb ist dann etwa gleich der Gesprächszeit im Handbetrieb, wenn es sich bei der Angabe um die bezahlte Gesprächszeit handelt, weil die Gespräche stets vor dem Ende der bezahlten Zeit beendet werden. Wenn auch die Zahl der Besetztrufe mitunter groß ist, so sind diese Rufe doch so kurz, daß sie durch den angegebenen Vomhundertsatz als Zuschlag zur Gesprächszahl vollkommen erfaßt werden. Das Produkt des Verkehrswertes darf auch im Fernverkehr stets nur aus gleichartigen Faktoren gebildet werden, so daß sich entweder Gesprächs- oder Belegungswerte ergeben.

Sind die Verkehrswerte richtig ermittelt, so fragt es sich, welche Betriebsgüte der Berechnung zugrunde zu legen ist. Man ist geneigt, wegen der guten Ausnutzung der wertvollen Fernleitungen verhältnismäßig hohe Verluste zuzulassen, auch mit dem Hinweis darauf, daß im großen Fernnetz mit Herstellung der Fernverbindungen von Beamtinnen keine wirklichen Verluste auftreten, sondern nur gewisse Wartezeiten vorkommen, weil dieselbe Verbindung etwas später von der Beamtin nochmals hergestellt wird und weil diese Verzögerungen nur in den HVSt auftreten und nicht während der übrigen Tagesstunden. Andererseits muß man aber auch beachten, daß sehr viele, bis zu 5 Stufen im großen Fernnetz und unter Umständen im zwischenstaatlichen Verkehr noch mehr, bis zu 4 und 6 Stufen in den kleinen Fernnetzen und weitere Stufen in den Ortsnetzen vorhanden sind, deren Verluste sich effektiv summieren, wie in Abschnitt 7 nachgewiesen wurde. Während 1% Verlust je Stufe ohne weiteres zulässig erscheint, denn 12 Stufen ergeben insgesamt nur $v = \sqrt{12} = 3{,}5\%$ Verluste, erscheinen allgemein 5% Verlust je Stufe etwas viel, weil 12 Stufen dann schon $v = \sqrt{300} = 17{,}3\%$ Verlust ergeben, was schon recht hoch ist. Es wird sich daher empfehlen, in öffentlichen Fernnetzen allgemein mit 1 bis höchstens 2% Verlust je Stufe zu rechnen und nur in wenigen Fällen etwas mehr, bis höchstens 5% zuzulassen. Schon bei 2% Verlust je Stufe kommen bei 12 Stufen $v = \sqrt{48} = 7\%$ Verlust vor. Die Gesamtverluste bei größeren Einzelverlusten werden etwas geringer sein, weil in den Ortsnetzen nur 1% und $1^0/_{00}$ zugelassen werden. Die Gesamtverluste sind nur als Beispiel angegeben worden.

Mit dem ermittelten Verkehrswert und der zugrunde zu legenden Betriebsgüte kann dann die Fernleitungs- und Wählerzahl aus den Wählerbestimmungskurven des Ortsverkehrs für vollkommene Bündel abgelesen werden. Vollkommene Bündel werden nach den früheren Ausführungen mit Mischwählern in Sparschaltung gebildet, deren notwendige Anzahl gemäß Abschnitt 11 ermittelt werden kann.

Die Zahl der Fernleitungen und Wähler, Nummernempfänger oder Mischwähler wird daher für alle Fernämter mit Durchgangsverkehr mit den Verkehrswert-Berechnungsarten und den Wählerbestimmungskurven des Ortsverkehrs ermittelt. Die Berechnung der Ausrüstung der von Beamtinnen besetzten Fernämter und die Zahl der Verbindungsglieder erfolgt in gleicher Weise. Die Zahl der Verbindungsglieder je Arbeitsplatz ergibt sich aus der Leistung der Verbindungsglieder, aus der Leistung der Beamtinnen und aus der Belegungsdauer je Fernverbindung.

Die Berechnung der Mischwähler für die Anrufverteilung auf freie Verbindungsglieder freier Arbeitsplätze erfolgt ähnlich wie die der Vorwahlstufe in den Ortsnetzen.

Zusammenfassung

Die Wählerberechnung bildet eine der wirtschaftlichen Grundlagen der Wählertechnik. Es ist einfach, wenn der Verkehrswert für eine Gruppe bekannt ist, dafür aus den Wählerbestimmungskurven die erforderliche Wählerzahl bei einer bestimmten Betriebsgüte, entsprechend der Art des Bündels abzulesen; es ist aber schwierig, den richtigen Verkehrswert zu ermitteln, weil der Verkehr außerordentlich schwankt und die Faktoren, aus denen der Verkehrswert gebildet wird, meistens mit Fehlern behaftet sind. Um diese Fehler auszuschalten, ist es zweckmäßig, den gemessenen mittleren Verkehrswert einer großen Gruppe für die Wählerberechnung zugrunde zu legen. Weiter ist dazu die Kenntnis der genauen Verkehrsverteilung innerhalb einer Anlage erforderlich, wobei gewisse Verkehrsarten, z. B. der Dienstverkehr, nicht zu unterschätzen sind. Zur Ermittlung der richtigen Verkehrswerte jeder Gruppe einer Anlage ist eine große Reihe von Angaben notwendig, die nicht immer vollständig und fehlerfrei gegeben werden. Hier müssen die Erfahrungen der Praxis einsetzen, um die Angaben richtigzustellen. Auf Grund dieser gewöhnlich unsicheren Unterlagen kann nicht eine allgemeine Bürgschaft gegeben werden, daß eine Anlage den Ansprüchen der Teilnehmer genügt, sondern man kann nur gewährleisten, daß eine Wähleranlage einen bestimmten Verkehr mit einer gewissen Betriebsgüte bewältigt.

Die Wählerzahlberechnung mit den Aufgaben der Verkehrswertbestimmung und der Verkehrsteilung läßt sich unter Beseitigung der Vomhundertsatzrechnungen und der mehrfachen Zuschläge durch eine einzige Zuwachskurve, die die zeitlichen Verkehrsschwankungen berücksichtigt, vereinfachen und erleichtern, wobei jede beliebige Verkehrsteilung und jeder beliebige Verkehrszusammenfluß einfach berechnet werden kann.

Bei der Bestimmung der Ausrüstung einer Anlage ist die zukünftige Entwicklung sehr zu beachten, die eine Änderung des Fernverkehrs in zum großen Teil Selbstwählfernverkehr, eine Erweiterung des Dienstverkehrs z. B. zu Nachrichtenstellen, und die Einschaltung von Gemeinschaftsumschaltern und Wählsternschaltern umfaßt. Die zukünftige Entwicklung kann einen recht erheblichen Einfluß auf die Ausrüstung von Wählerämtern haben, was bei der Planung und bei der Bestimmung der Ausrüstung sehr zu berücksichtigen ist.

Zum Bestimmen der Ausrüstung einer Wähleranlage lassen sich folgende grundlegenden Leitsätze aufstellen:

1. Die Wirtschaftlichkeit steht an erster Stelle und entscheidet die Maßnahmen.

2. Die Bildung großer, möglichst 100er-Bündel an allen Stellen mit Hilfe von einfachen und billigen Mitteln ist anzustreben.

3. Bei wertvollen Leitungen, wie Fernleitungen, sind vollkommene Bündel vorzusehen.

4. Die zur Wählerbestimmung anzuwendende Kurve richtet sich stets nach der Kontaktzahl und der Misch- und Staffelschaltung der vorhergehenden Wählerstufe, bei der zugrunde zu legenden Betriebsgüte.

5. Größte Vorsicht beim Bestimmen der Verkehrswerte der Wählergruppen, ganz besonders aber bei den Verkehrswerten der Verbindungs- und Fernleitungen.

6. Die Anlage, besonders mit den vorzusehenden Reserven, ist so auszubilden, daß sie sich leicht sogar unvorhergesehenen Verkehrsänderungen anpassen läßt.

7. Als Betriebsgüte empfiehlt sich allgemein 1% Verlust je Wählerstufe.

Literatur vom Verfasser.

Die Herstellung großer vollkommener Bündel in selbsttätigen Fernsprechanlagen. Zeitschr. f. Fernmeldetechnik, Jahrg. 22, Heft 4.

Berechnung der Wählerzahl in selbsttätigen Fernsprechämtern. ETZ 1924, Heft 11.

Die zweckmäßige Verteilung des Verkehrs durch Mischwähler. Zeitschr. f. Fernmeldetechnik, Jahrg. 32, Heft 8.

Die Leistung der Leitungen in großen unvollkommenen Bündeln, gebildet aus gemischten und gestaffelten 10er-Bündeln. TFT. 36, Heft 8.

Die Bezeichnung des Verkehrswertes in der Fernsprechtechnik. ETZ 1937, Heft 37.

Die Schwankungen des Fernsprechverkehrs und die Leistung der Betriebsmittel in den Wählerämtern. Techn. Mitteilungen des Fernmeldewerkes, Juni 1939, Bd. Fg. 2, Heft 10; Sept. 1939, Bd. Fg. 3, Heft 1.

Querverbindungen, ihre Leistungssteigerung und Leistungsbestimmung. Techn. Mitteilungen d. Wernerwerks für Fernsprechgerät, August 1941.

Die Gesamtbetriebsgüte in den Wählerämtern und die Summierung der Verluste in den Wählerstufen. Zeitschr. f. Fernmeldetechnik, Jahrg. 41, Heft 11.

Die stündliche und tägliche Betriebsgüte in den Wählerämtern. Zeitschr. f. Fernmeldetechnik, Jahrg. 41, Heft 12.

Sachverzeichnis

Fernsprechtechnik

Eine Reihe herausgegeben von Dr.-Ing. Fritz Lubberger.

Die Stromversorgung von Fernsprech-Wählanlagen
Von Dipl.-Ing. Helmut Grau. 2. Auflage. 132 Seiten, 96 Abbildungen, Gr.-8⁰. 1943. Hlw. RM. 7.60.

Fernsprech-Wählanlagen
Von Dr.-Ing. Emanuel Hettwig. 2. Auflage. 373 Seiten, 204 Abbildungen, Gr.-8⁰. 1942, Hlw. RM. 12.80.

Überblick über alle Fernsprech-Ortsanlagen mit Wählbetrieb
Von Prof. Dr.-Ing. Fritz Lubberger. 7. Auflage. 319 Seiten, 251 Abbildungen, Gr.-8⁰. 1941. Lw. RM. 16.—.

Meßverfahren der Funkmutung
Von Dipl.-Ing. Dr. Volker Fritsch. 220 Seiten, 174 Abbildungen. Gr.-8⁰. 1943. Hlw. RM. 14.—.

Grundriß der Fernsehtechnik
Von Dr. Franz Fuchs. 108 Seiten, 129 Abbildungen, 2 Tafeln. Gr.-8⁰. 1939. Brosch. RM. 2.80.

Grundriß der Funktechnik
Von Dr. Franz Fuchs. 23. Auflage. 213 Seiten, 340 Abbildungen. Gr.-8⁰. 1942. Brosch. RM. 5.20.

Taschenbuch für Fernmeldetechniker
Von Obering. H. W. Goetsch. 10. Auflage. 787 Seiten, 1222 Abbildungen. 8⁰. 1943. Hlw. RM. 16.—.

Fernschreib-Wählanlagen, Telegrafenanlagen mit Wählbetrieb
Von Dr.-Ing. habil. Emanuel Hettwig und Dipl.-Ing. Helmut Korto. Erscheint im Herbst 1943.

Grundlagen der Fernmeldetechnik
Von Dipl.-Ing. Immo Kleemann. 2. Auflage. 351 Seiten, 166 Abbildungen. 8⁰. 1943. Hlw. RM. 7.—.

Studien über Aufgaben der Fernsprechtechnik
Von Direktor Max Langer.

Band 1: Ortsverkehr. 2. Auflage in Vorbereitung.
Band 2: Fernverkehr. 3. Auflage in Vorbereitung.
Band 3: Wählerzahlberechnung.

Taschenbuch für Fernmeldemonteure

Von Ernst Plaß.

Band 1: **Planung von Fernmeldeanlagen.** 377 Seiten, 46 Abbildungen. 8⁰. 1941. Hlw. RM. 10.—.

Band 2: **Bau von Fernmeldeanlagen.** 2. Auflage erscheint 1944.

Band 3: **Instandhaltung von Fernmeldeanlagen.** 168 Seiten, 96 Abbildungen. 8⁰. 1942. Hlw. RM. 3.50.

Geregeltes Nebenstellenwesen. Technik und Wirtschaft der Privatnebenstellenanlagen unter Berücksichtigung der neuen Fernsprechordnung.

Von Karl Scheibe und Heinz Wolffhardt. 256 Seiten, 60 Abbildungen. Gr.-8⁰. 1940. Lw. RM. 9.60.

Uhr und Strom. Ein Handbuch über elektrische Uhren.

Von Karl Scheibe und Josef Stamm. 208 Seiten, 150 Abbildungen. Gr.-8⁰. 1943. Hlw. RM. 9.—.

Übertragungstechnik

Von Telegraphendirektor Dipl.-Ing. Rud. Winzheimer. 238 Seiten, 207 Abbildungen. Gr-8⁰. 1929. Brosch. RM. 9.—, Hlw. RM. 10.80.

Einführung in die Wähltechnik

Von Dipl.-Ing. Erwin Winkel. 139 Seiten, 20 Abbildungen im Text, 75 Abbildungen, Verkettungs- und Schaltzeitplänen in zwei Beiheften. Gr.-8⁰. 1942. Hlw. RM. 8.50.

Zeitschrift für Fernmeldetechnik
Werk- und Gerätebau

Herausgegeben von

Baurat Dipl.-Ing. Immo Kleemann

24. Jahrgang 1943. Jährlich erscheinen 6 Hefte in der Größe DIN-A 4. Der Bezugspreis beträgt jährlich RM. 10.—.

Die Zeitschrift erscheint im 24. Jahrgang unter der Mitarbeit von bekannten Wissenschaftlern und Fachleuten der Praxis. Das Hauptarbeitsfeld sind Veröffentlichungen aus den Fachgebieten: Fernsprechtechnik - Telegraphentechnik - Signaltechnik - Fernwirktechnik - Übertragungstechnik.

R. OLDENBOURG · MÜNCHEN 1 UND BERLIN

www.ingramcontent.com/pod-product-compliance
Lightning Source LLC
Chambersburg PA
CBHW081227190326
41458CB00016B/5703